Sohn der Sonne

Moyra Caldecott

Sohn der Sonne

1 2 3 4 5 6 7 8 9 06 05 04 03 02 01 00 99 98 97 96

Sohn der Sonne
Moyra Caldecott

Copyright © Moyra Caldecott 1986, 1990

Für die deutsche Ausgabe
Copyright © Neue Erde GmbH 1996

Titel der englischen Ausgabe:
Son of the Sun

Übersetzung:
Christiane Schöniger und Andreas Lentz
Lektorat:
Andreas Lentz

Titelseite:
Illustration: Bettina Harders Bick
Gestaltung: Fred Hageneder

Buchgestaltung, Typographie und Innenillustrationen:
Fred Hageneder/Dragon Design

Printed in Germany

Satz: Dragon Design

Gesamtherstellung: Fuldaer Verlagsanstalt, Fulda

ISBN 3-89060-312-2

Neue Erde Verlag GmbH
Rotenbergstr. 33 - 66111 Saarbrücken
Deutschland - Planet Erde

Ich erzähle dies, dreitausend Jahre
nachdem die Ereignisse stattgefunden haben.
Merke sie gut.
Sie enden nicht mit meinem Tod,
und sie werden nicht mit deinem enden.

Abb. 1: Echnaton und Nofretete erscheinen dem Volk am Palastfenster

Inhalt

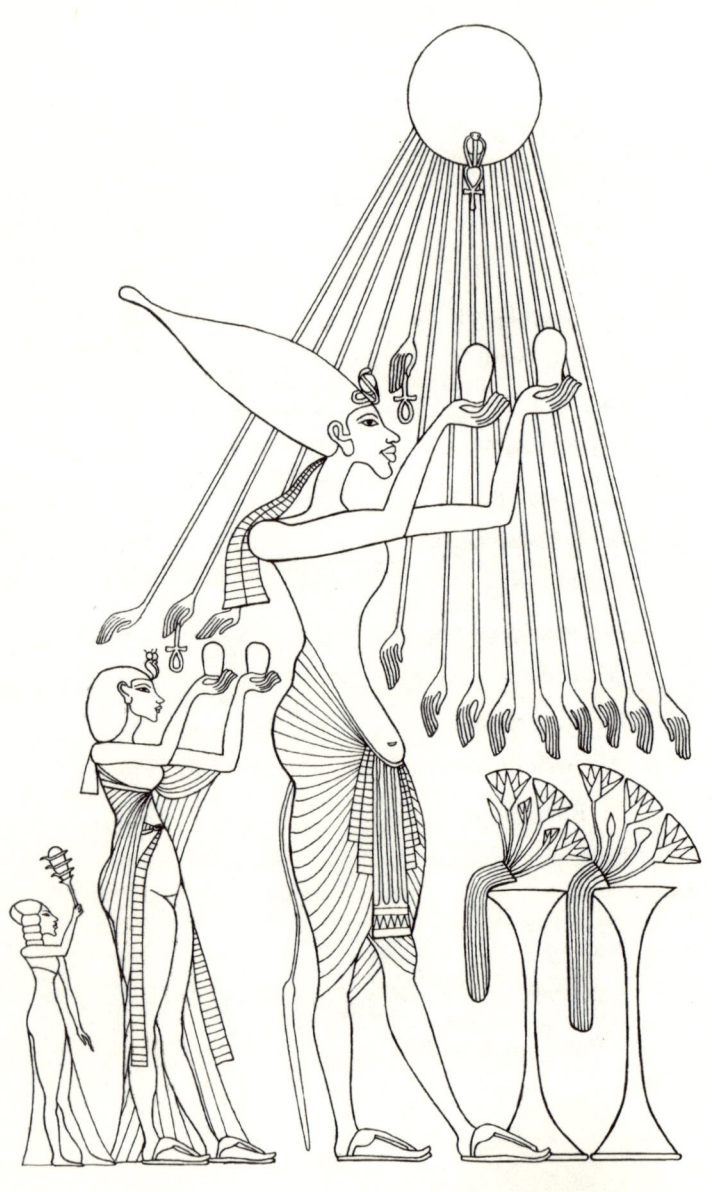

Abb. 2: Echnaton, Nofretete und ihre Tochter Meritaton opfern dem Aton

Vorwort

Diese Geschichte beruht auf der kurzen, aber bemerkenswerten Herrschaft Echnatons während der achtzehnten Dynastie Ägyptens, circa 1353 - 1335 v. Chr. Sie wird von seinem Halbbruder Djehuti-kheper-Ra erzählt.

Die gesamte Periode Echnatons ist immer noch eine Sache, in der Archäologen und Ägyptologen auf Mutmaßungen und detektivische Arbeit angewiesen sind. Ich habe Hinweise in Büchern und Museen und in Ägypten selbst gesucht. Wo ich konnte, habe ich eifrig geforscht, und wo nicht, habe ich mich auf meine Intuition verlassen. Schließlich habe ich mich J. R. Harris und Julia Samson in der Meinung angeschlossen, daß Nofretete selbst nach Echnatons Tod kurz regierte und den Thronnamen Semenchkare annahm. Soweit ich weiß, ist dies der erste Roman, der sich auf diese neue Forschung stützt.

Auch wenn ich mich in diesem Roman so eng wie möglich an das hielt, was die Geschichtsschreibung heute weiß, interessierte mich während des Schreibens die spirituelle Reise der Protagonisten immer stärker – die Reise, an der wir alle teilnehmen, ob wir es wissen oder nicht – und immer weniger die politischen Machenschaften eines längst untergegangenen Königreiches.

Die Geschichte beginnt mit den Leiden eines Jungen, Orakel oder Medium, der gerade für drei Tage lebendig in eine Pyramidenkammer eingeschlossen wird, damit er eine Astralreise zu den Reichen der Götter unternehmen kann, um darum zu bitten, daß die Wasser des Nils steigen und lebensspendenden Schlamm auf die Felder bringen mögen. Die Geschichte folgt ihm in seiner einsamen Verzweiflung bis er der hoch angesehene Begleiter eines Königs und eine wichtige Figur in einer außergewöhnlichen Revolution wird.

Zu dieser Zeit sind die Hohepriester des Gottes Amun, der durch den weiblichen Pharao Hatschepsut ein Jahrhundert zuvor an erste Stelle gesetzt wurde, reich und mächtig genug, um es mit einem König aufzunehmen.

Abb. 3: Echnaton (rechts) und ›Djehuti-kheper-Ra‹

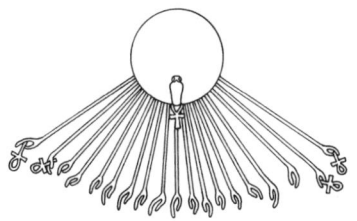

Die Schwelle

Heute ist die Wahl mein: Ich lebe oder sterbe.

Wenn ich das »Haus der Vielen Schwellen« betrete, die alte Pyramide, das Grab, welches kein Grab ist, ist es meine Aufgabe als Orakel in die Welten der Götter zu reisen, gekleidet nur in mein Seelen-Doppel, dort Fürsprache zu halten für mein Volk, zu bitten um die steigenden Wasser, die Überschwemmung des Nil, der jährlich den reichen schwarzen Schlamm auf unser Ackerland bringt, auf daß wir Nahrung haben und gedeihen. In diesem Jahr, im Jahr zuvor und in dem Jahr davor sind die Wasser nicht zur Zeit gestiegen, die Felder versengten und verdorrten in der Hitze, die Saat verschrumpelte, die Menschen starben Hungers. Nicht gewöhnliche Gebete werden an diesem Tag vonnöten sein. Das Orakel selbst wird über die Erdenwelt hinausgeschickt, gehalten von einem dünnen, silbernen Lebensfaden, um unmittelbar mit den Göttern zu sprechen. Ist das getan, muß ich mit ihrer Antwort in meinen Körper zurückkehren, zurück in mein Leben des Wartens, mein Leben des Dienens, mein Leben, welches kein Leben ist.

Heute ist die Wahl mein, und ich habe beschlossen, nicht zurückzukehren. Ich werde mich töten.

Die Musik, die ich höre? Eine Flöte spielt eine Melodie so einsam wie mein Herz.

Habe ich Angst? Ja, ich habe Angst. Ich bin der Überbringer des Orakels. Ich spreche mit den Göttern; aber ich habe keinen Namen, der mein eigen ist. Wie werden mich die Geistwesen rufen zum Wiegen in die Halle des Osiris? Welchen Namen wird in der Waagschale mein Herz tragen, wenn es neben Maats Feder der Wahrheit und Gerechtigkeit liegt? Wie einem Feind oder Verbrecher wurde mir ein Name vorenthalten, schlimmer noch, er wurde mir versagt seit meiner Geburt.

Es ist bekannt, daß ein Mensch aus neun Substanzen besteht. Er hat seinen Schatten, sein Doppel, seine Seele, seinen Geist und seinen Körper. Er hat sein Herz, seinen Verstand und seine Kraft. Er hat seinen Namen. Ins Leben kommt er geblendet von Glanz, in den Tod geht er wissend, was er weiß. Aber wo immer er hingeht, ist sein Name mit ihm. In der Stille, im Warten, im Lauschen verliert sich der Schrei des Einen ohne Namen. Weil ich keinen Namen habe, werde ich nicht weiterleben, wenn ich gestorben bin. Ich werde ein Nichts werden und zurück in die Leere fallen.

Ich sehe einen Stern, heller als jeder andere Stern, der noch immer an Nuts Brustwarze hängt, als Ra sich erhebt. Es ist Sopdt, der Stern unter dem ich geboren bin, der Stern, der die steigenden Wasser ankündigen sollte. Ich nenne ihn Befreier, Löscher des Feuers, Bringer des Lebens, aber er antwortet nicht. Seit drei Jahren ist er ein trockener Stern, erbarmungslos: keine Überschwemmung folgte auf seinen Wink, kein Osirisches Grün erweckte die Gerste zum Leben oder lockte die Getreidesprossen aus der Erde.

Sie gaben mir keinen Namen in einer Welt, in der alles einen Namen hat, aber vielleicht werde ich, der Namenlose, in meinem Tode benannt werden: Befreier, Löscher des Feuers, Bringer des Lebens. Ich werde die Decke des Wassers über die Welt ziehen, wenn ich sterbe, und werde sie so reich zurücklassen wie sie mich arm ließ, so voll Hoffnung wie sie mich ohne Hoffnung ließ.

Gespiegelt im Teich zu meinen Füßen schimmert der Stern kurz auf zwischen den schlafenden Lilien und verschwindet dann, verschluckt von der Sonne.

Nun ist er nur noch Erinnerung.

Im Westen sinkt der volle Mond.

Der Tag, an dem ich zu sterben beschlossen habe, bricht an.

Vom dunklen Haus kommen die Priester, meine Kerkermeister, leise tapsend auf den Pflastersteinen des Hofes. Ich höre ihre Stimmen, die mich leise schelten, fühle ihre Hände, die mich in die Dunkelheit zurückzerren, gerade als der Himmel in Licht zerbirst.

Im Innern brennen die Lampen noch, denn dort ist immer Nacht. Ich hätte nicht im hochummauerten Hof sein dürfen. Ich habe die ersten Beschwörungen verpaßt, und jetzt ist keine Zeit mehr, sie zu wiederholen. Ich werde ohne die vollständige Anrufung auf meine gefährliche Reise gehen müssen. Das macht nichts. Unsere Worte sind nur Ausgeburt der Zeit.

Ich werde meines Nachtgewandes entledigt, mein Kopf wird geschoren, dann in den harten, bemalten hölzernen Kopfputz gezwängt, der der Welt weismacht, daß, obwohl niedriger als der niedrigste Mensch, da ich keinen eigenen Namen habe, ich mächtiger bin als der mächtigste, denn ich spreche für die Götter.

Ich? Spreche für die Götter!

Warum schreie und tobe ich nicht, jetzt, da sie mich in ihre zeremoniellen Gewänder ziehen und zwängen? Einige von denen, die sie Götter nennen, sind nicht mehr als Diener des Höchsten, und andere sind nichts als benannte Eigenschaften und Aspekte des Einen, der über allen anderen steht. Die Priester lehren – aber sie haben nichts gelernt. Und ich? Ich fürchte meine Kerkermeister. Ich fürchte den körperlichen Schmerz, den sie mir zufügen können, wenn ich nicht gehorche. Aber am meisten fürchte ich die Dämonen der Dunkelheit, die sie heraufbeschwören, um mich zu peinigen.

Auch diesmal schweige ich. Aber dieses Mal weiß ich, daß mein Leiden ein Ende haben wird und die Lüge, die ich lebe. Ich werde von dieser Reise nicht zurückkehren. Ich werde für immer unerreichbar für sie sein, fern ihren scheußlichen Flüchen und schmerzenden Peitschen.

Sie sprechen nie zu mir, außer um mir Befehle zu erteilen. Wie kann man zu einer Person ohne Namen sprechen? Aber sie reden untereinander und ich höre, der König selbst wird da sein, um der Prozession und der Versiegelung beizuwohnen. Soll ich zu ihm rufen? Soll ich ihm sagen, wie sie mich behandeln, wie sie lügen? Die Stimmen, mit denen ich spreche, sind falsch, Tricks von Ma-nan, den sie Priester des Amun nennen. Das werde ich dem König sagen. Ich werde es mit meiner Stimme hinausrufen, die noch nie außerhalb dieses Hauses zu hören war. Ich werde ihm alles sagen, ich werde meine Schergen vernichten. Ich werde ihr Gebäude der Macht zum Einsturz bringen. Bettler werden sie anspeien, Hunde ihr Wasser an ihnen lassen.

Ma-nan verengt seine Augen und schaut mich an. Ich war mir nie sicher, ob er Gedanken lesen kann oder ob er nur die Zeichen des Gesichtes scharfsinnig zu deuten weiß. Er schaut mich genau an, und dann flüstert er etwas, das ich nicht verstehe, dem Dünnen zu, der sich ständig vor ihm verbeugt. Diese Kreatur, Pi-en, (sogar er hat einen Namen) schlurft davon und kommt mit einigen dünnen Stäbchen dieses Harzes, das ich so hasse, wieder angelaufen.

Nein! Dieses mal schreie ich und winde ich mich, aber Ma-nan hält mich fest mit Armen wie ein Schraubstock. Meine Knochen brechen fast unter seinem Griff. Schon ist des Harz entzündet und der Rauch weht vor meine Nase. Ich versuche, nicht zu atmen, aber meine Lungen lehnen sich auf, und schließlich, nachdem sie schier unerträglichen Schmerz ertragen haben, halte ich es nicht mehr aus und sauge das widerwärtige Zeug ein, Sets verfluchten Atem, des dunklen Gottes giftigen Brodem.

Ah, aber jetzt ist der Schmerz verschwunden und ich schwebe, schwebe auf weichen Kissen aus Luft... Schlaf ist nah... Treibe ich zu meinem goldenen Lager oder tragen mich die Männer? Ich bin so fügsam wie eine Puppe, als sie die Arme auf meiner Brust anordnen und die Insignien meines hohen Amtes in meine Hände legen. Sie glätten meine Brauen und schließen meinen Mund für mich. Und dann wird ein drittes Auge mit Khol auf meine Stirn gezeichnet, mit zerstoßenem Malachit und Lapislazuli – das Auge, welches sieht, was gewöhnliche Augen nicht sehen können. Dann werden die schwarzen Vogelfedern in die vier Ecken gesteckt und wir sind bereit für die großen Nubier, die so schnell auf Ma-nans Ruf hin kommen.

Ich muß eingedöst sein, denn nun sind wir draußen. Mein Körper fühlt sich dumpf an, und ich kann meinen Kopf nicht bewegen, um zu sehen, was seitlich von mir geschieht. Die Schultern der Männer kann ich sehen, die mich tragen, die großen schwarzen Federn, die in der Luft flattern, und den überaus hohen, gewölbten Himmel, vollkommen blau, vollkommen klar. Ich versuche, mich an den Stern Sopdt zu erinnern, doch selbst diese Erinnerung verblaßt. Meine Zunge schmeckt Bitterkeit, aber ich kann nicht sprechen. Ma-nan hat mir diesen grausamen Streich schon früher gespielt. Im Inneren meines Kopfes schreie ich. Aber niemand kann es hören.

Die Tragbahre neigt sich, als die Nubier eine Rampe hinabschreiten. Ohne meinen Kopf zu bewegen, kann ich die Menge nun sehen, tausende und aber tausende von Menschen, nach vorne drängend, zerlumpt, staubig, hungrig und ängstlich, streben sie vorwärts, um einen flüchtigen Blick auf das große Orakel zu werfen, das mit Hapi sprechen wird, dem großen Flußgott, und mit Osiris, der gestorben war und dennoch Leben schenkte, der begraben war und wieder auferstand. Er wird das grüne und goldene Getreide in unser Land zurückbringen und die Menschen vor dem Hungertod retten. Sie sehen mich in Gold gehüllt, mit kraftvollen magischen Zeichen bemalt. Sie sehen nicht den, der im Haus der Dunkelheit lebt, ein Gefangener der Einsamkeit. Wenn sie genauer hinschauten, könnten sie die Tränen aus meinen Augenwinkeln rinnen sehen.

Wir erreichen ebenen Boden, und ich kann die Menschen nicht mehr sehen – die Eltern, die nach den Händen ihrer Kinder greifen, die Jungen, die den Mädchen nachstellen. Die Tränen hören auf zu fließen, doch noch immer spüre ich die unangenehme Dumpfheit in meinen Schläfen. Die Bitterkeit schlingt einen Knoten in mein Herz.

Er ist so fest, daß er alles Leben aus mir herausquetscht... Sollen sie tun, was ihnen beliebt, am Ende dieses Tages werden sie keine Macht mehr über mich haben. Ich weiß aus Erfahrung, daß die Wirkung des harzigen Rauches nur eine bestimmte Zeit anhält. Ma-nan schätzt sehr gekonnt die Menge ab, die er verwenden muß, um mich für eine bestimmte Zeit gefügig zu halten. Er weiß aber auch, daß er nicht zuviel nehmen darf, damit ich noch »auftreten« kann, wenn die Zeit dafür gekommen ist.

Heute gibt es eine ganz besondere Vorstellung. Statt zum Tempel zu gehen wie gewöhnlich, geleitet man mich zu einer Pyramide, dem »Haus der Vielen Schwellen«, um mich darin einzuschließen. Dort wird es keinen Priester geben, der mich belästigt, wenn ich den Teil meiner Seele, den wir Ka nennen, von meinem Körper abspalte. Im Tode ist das Ka natürlicherweise vom Körper entbunden und kann sich frei durch die vielen Reiche von Materie und Geist, von Erde und Himmel bewegen. Im Leben können gewöhnlich nur Eingeweihte eines hohen Grades die verschiedenen Substanzen ihres Seins voneinander trennen, während sie immer noch mit dem Körper verbunden bleiben. Ich bin dafür ausgebildet worden – und für nichts anderes.

»Was, wenn die Götter mein Begehr zurückweisen, wenn sie sich weigern, den zwei Ländern die Wasser zu spenden?« fragte ich Ma-nan. »Muß ich diese Botschaft den Menschen überbringen?«

Ich lese in Ma-nans Gesicht, daß die Worte, die ich überbringe, von ihm wie immer neu zusammengefügt werden, listig, zweideutig und ohne Zögern.

Die Nubier bleiben stehen.

Wohl deshalb, weil wir uns nun an Bord der Barke begeben werden, die uns auf dem Fluß zum »Haus der Vielen Schwellen« bringen wird. Da wird Gesang zu hören sein. Die Ruderer werden rhythmisch singen und das Wasser wird an die Wände des Bootes schlagen. Es scheint eine längere Verzögerung als sonst zu geben, und meine Muskeln schmerzen von der erfolglosen Anstrengung, meinen Kopf zu heben, um zu sehen, was los ist.

Plötzlich steht ein Mann neben mir und schaut in mein Gesicht herunter. Neben ihm ist ein bleicher, schlaksiger junger Mann, dessen gekräuselter Rock und goldener Kragen viel zu groß an ihm wirken. Der ältere Mann ist breitschultrig und kräftig, und die Doppelkrone auf seinem Haupt paßt genau. Der König persönlich! Und wahrscheinlich der Prinz, der ihm nachfolgen wird.

Nun sollte ich sprechen und ihnen erzählen, was ich weiß und wie ich behandelt werde. Doch obwohl meine Stimme, zuerst noch stokkend, dann mit jedem Augenblick kräftiger werdend, mir selbst klar erscheint, weiß ich, daß er nicht ein einziges Wort hört. Ich beginne zu rufen, zu schreien, zu flehen, aber er hört nichts, sieht nichts außer dem schönen, jungen bemalten Körper mit dem maskengleichen Gesicht, der vollkommen ruhig auf seinem goldenen Lager liegt.

»Schau in meine Augen«, schreie ich, »meine Augen werden es dir sagen!« Er starrt düster in meine Augen, und einen Moment lang hat es den Anschein, als sei er tief erschüttert.

Der junge Prinz tut einen Schritt vor, beugt sich über mich und schaut in meine Augen. Er schreckt auf und wendet sich seinem Vater zu, um etwas zu sagen, aber sofort kommt Ma-nan, verbeugt sich und spricht zum König. Er und der Prinz folgen ihm, und ich kann sie nicht mehr sehen. Das Lager, welches meine Bahre sein wird, wird wieder aufgehoben und fortgetragen. Die Flußfahrt hat begonnen. Dieses Mal, denke ich grimmig, zum letzten Mal!

Ich lausche den Trommelschlägen des Taktgebers, dem rhythmischen Lied der Ruderer. Ich lausche dem Glucksen und Schlagen der Wellen, dem Kapitän, der dem Steuermann etwas zuruft. Aber am meisten lausche ich auf meinen Atem und meinen Herzschlag und frage mich, ob ich den Mut haben werde, sie aufzugeben, wenn es soweit ist.

Solange ich mich zurückerinnern kann, lebe ich in jenem dunklen Haus. Es hat einen Namen: Haus des Orakels. Ich nenne es aber nie so. Mir wurde nichts über meine Eltern erzählt oder warum man mich für dieses Amt ausgewählt hat. Von den wenigen Dienern, die in dem Haus arbeiten, werde ich mit verhaltenem Respekt behandelt. Es sind alles Taubstumme. Sie bringen mir meine Mahlzeiten auf kostbarem und vornehmem Geschirr. Ein Lehrer unterrichtet mich in den Heiligen Schriften, aber er beantwortet niemals meine Fragen. Es gibt noch eine Flötenspielerin, aber ich habe sie nie gesehen. Ich bin mir nicht einmal sicher, ob sie ein Mädchen ist, aber ich denke sie mir als Mädchen. Ihre Musik ist so sehnsuchtsvoll und traurig, daß ich glaube, sie ist nicht nur schön, sondern auch blind. Ich sehne mich danach, mit ihr davonzulaufen, weit fort von diesem Ort, und sie zu lehren, meine inneren Bilder zu sehen. Ja, ich habe eigene Visionen. Richtige Visionen, die nichts mit Ma-nan und seiner Zauberei zu tun haben.

Ma-nan, der von Anfang an die Aufsicht führte, behandelt mich mit kalter Strenge, und er ist es, der mir Schmerzen zufügt, wenn ich mich weigere, das zu tun, was er von mir verlangt. Sein Untergebener, der Dünne, scheint sich vor mir genauso zu fürchten wie vor Ma-nan, und meidet mich soweit als möglich. Wenn ich zum Tempel des Amun gebracht werde, sehe ich andere Priester, aber sie sind immer in strenge, zeremonielle Gewänder gekleidet, und ihre Gesichter sind so ausdruckslos wie Masken. Ich frage mich, wer die Männer unter den Roben und der Schminke wirklich sind.

Alles, was im Tempel gesagt und getan wird, ist ritualisiert. Schon die Art, wie der Priester die Heiligen Texte in seiner hohen, klagenden Stimme vorliest, verbirgt mehr von der Bedeutung, die die Texte einst wohl hatten, als sie offenbart. Wie können sie von mir erwarten zu glauben, der Gott existiere wirklich, wenn selbst sie ihn nicht wie etwas wirklich Seiendes ansprechen.

Nach dem Gesang ist mein Auftritt an der Reihe. Ich werde vor den Gott, der sich am höchsten Platz des Heiligtums befindet, gesetzt, und muß ihm mit meinem einen Auge, welches mir auf die Stirn gemalt wurde, in die Augen schauen. Ich muß ihn anstarren, starren ohne zu blinzeln, bis meine Augen in der rauchigen Luft brennen und tränen. Mir wurde niemals der Grund für irgendetwas genannt, nur daß ich hinstarren muß bis Ma-nan mir ein Zeichen gibt, indem er die Wachskerze bewegt, die er zu dem Gott emporhält. Dann muß ich die Worte sprechen, die Ma-nan mir aufgetragen hat. Wenn ich versuche, sie nicht zu sagen, weil ich weiß, daß es seine Worte sind und nicht die Worte des Gottes, für den ich angeblich spreche, wird er seine Geister rufen, und ich werde umringt sein von gräßlichen Gestalten mit menschlichen Körpern und Tierköpfen, die aussehen wie Götter, dennoch nicht den Göttern gleich, sondern Dämonengestalten, die mich einkreisen und peinigen. Niemand sonst sieht sie, nur ich.

Wenn ich mich aufgelehnt habe, werde ich bestraft, wenn ich wieder im dunklen Haus bin. Mich schaudert, als ich an die Züchtigungen denke.

Ich höre mein Herz schneller schlagen. Ich weiß, daß ich so nicht weitermachen kann. Ich werde so nicht weitermachen. Dieser Fluß trägt mich heute noch lebend, morgen schon wird er mich tot tragen.

Wir erreichen die Mole. Die Bahre wird wieder angehoben. Abermals flattern die Federn vor dem Himmel, als mich die Nubier den Fußweg zur Pyramide entlang tragen, dem Ort, wo die Welten sich treffen, dem einzigen Ort, den ich kenne, wo ein Mensch seinen Körper verlassen kann, um in andere Welten zu reisen, und zurückkehren, ohne die Erfahrung des körperlichen Todes machen zu müssen. Mich fröstelt, als wir durch die niedrige Tür den langen gemauerten Stollen betreten. Wärme und Sonnenlicht sind verschwunden und nie wieder werde ich sie sehen. Für einen Augenblick werde ich schwach und denke: Ein bißchen länger... vielleicht könnte ich dieses Leben ein bißchen länger aushalten, und sei es bloß um gelegentlich die Wärme der Sonne spüren und ihr Licht sehen zu können…

Die Dunkelheit bedrückt mich.

Ich rieche das dunkle, klebrige Blut der Fackeln, die rußgeschwärzte Steindecke wird immer niedriger, während wir immer tiefer hineingehen, immer weiter fort vom Sonnenlicht.

Ich fürchte mich. Ich möchte nicht eingeschlossen werden. Ich möchte in dieser undurchdringlichen Finsternis nicht alleingelassen werden. Ich schreie, aber meine Lippen bewegen sich nicht. Kein Laut kommt aus meiner Kehle. Die Fußtritte der Nubier klingen ungeheuer laut auf dem Steinboden. Während sie den engen Gang emporsteigen, höre ich sie vor Anstrengung keuchen. Ich fühle mich, als würde ich ersticken, noch lange bevor wir den Raum in der Mitte erreichen. Riesige, verzerrte Schatten zucken über Wände und Decken.

Ich bin kurz davor zu sterben, und niemand kennt meine Geschichte. Niemand weiß, wie ich gelitten habe und noch immer leide. Niemand hat mich je geliebt, gekannt oder gar umsorgt. Meine Einsamkeit ist unermeßlich.

Die Geschichte eines Namenlosen kann weder in die Wände geritzt noch mit Blut geschrieben werden. Mit meinem Tod werde ich aufhören zu sein. Ich werde niemals dagewesen sein…

Wir haben den Raum erreicht, und ich werde vorsichtig auf die kalte, schwarze Granitplatte gelegt. Ich höre, wie sie fortgehen. Ich lausche dem hohlen Klang der Steintür, als sie geschlossen wird. Ich strenge jeden Muskel meines Körpers an bei dem Versuch, mich von der Bahre zu erheben, zu rufen, um sie anzuflehen, mich nicht zu verlassen. Die Nubier werden mich anhören. Ich vermute, sie mögen Ma-nan auch nicht mehr als ich. Aber Ma-nans Harz hat gut gewirkt, denn mein Körper ist immer noch gelähmt, mein Bewußtsein hingegen von quälender Wachheit. Ich rieche die andere Sorte Harz, die Sorte, die zum Versiegeln verwendet wird. Sie verschließen die Spalten der Tür. Drei Tage und Nächte lang kann niemand sie aufbrechen.

Ma-nan denkt sicher, er wird mich so vorfinden wie das letzte Mal, wenn er die Tür wieder öffnet, auf dem Boden liegend, die Fingernägel abgebrochen und die Finger blutig von dem Versuch, das Harz herauszukratzen und die Tür aufzubrechen. Doch dieses Mal wird er mich auf meiner Trage wiederfinden so wie er mich verlassen hat, gesammelt und ruhig: er wird mich nicht länger in seiner Gewalt haben. Wenn ich dieses Mal meinen Körper verlasse, werde ich nicht zurückkehren, bis ich verwandelt und mit dem mächtigen Glanz des Geheimen Gottes, der über allen Göttern steht, eins geworden bin.

Aber um das zu erreichen, muß ich Ruhe bewahren. Es ist unmöglich, in drei Tagen zu verhungern und ich habe keine Waffen, um mich selbst zu töten. Nein, ich werde tun, was mir aufgetragen wurde. Ich werde meinen Körper verlassen und in die Reiche reisen, in denen meine Seele schon früher gewesen ist, zur Wohnstatt der freien Geistwesen, die unserer Welt helfen wollen. Dort werde ich um Wasser für die Felder bitten und um das Leben des Volkes von Ägypten. Erst dann, wenn das gewährt ist, werde ich für mich selbst bitten. Wenn sie mein Begehr nicht annehmen, werde ich mich sogar ihnen widersetzen. Egal, was geschieht, ich werde *auf keinen Fall* in meinen Körper zurückkehren.

Aber zuerst die Vorbereitung und die Reise. Ich versuche meiner Angst Herr zu werden. Ich fühle, wie die lähmende Wirkung von Manans Droge nachläßt, und ich kann meine Glieder wieder bewegen. Wie das letzte Mal bin ich versucht, aufzuspringen und wütend an der Tür zu rütteln. Die Dunkelheit ist vollkommen. Die Kälte gleicht der Kälte eines Grabes. Mein Herz klopft. Wie Ratten in der Falle rasen die Gedanken durch meinen Kopf. Was geschieht, wenn ich mich nicht beherrschen kann und am Ende der drei Tage an der Tür zum Leben stammelnd und wimmernd um Einlaß winsele?

Ich verschwende wertvolle Zeit mit Jammern. Jetzt kann ich meine Glieder wieder vollständig bewegen. Sie aufgeben, freiwillig... Ich hatte nur wenig Freuden in meinem Leben, doch eines davon war, in dem kleinen, ummauerten Garten des dunklen Hauses am Teich zu sitzen und die sich öffnenden Wasserlilien zu betrachten. Kann ich das aufgeben? Kann ich es?

Ich atme sehr tief, um die Selbstbeherrschung wiederzugewinnen. Ich sollte nicht an die Wasserlilien denken oder an den Stern der Dämmerung, nicht an den Mond, noch an die Gesichter der Menschen, die ich manchmal flüchtig zu sehen bekomme, wenn ich zum Tempel gebracht werde. Ich sollte lieber an den Schmerz denken, an die Einsamkeit, an die Dunkelheit, an die ständigen Züchtigungen von Ma-nan, die Dämonen, die nur darauf warten, mich zu packen, wenn ich ein Wort sage oder etwas gegen seinen Willen tue...

Was soll ich tun, wenn Ma-nan seine Geister in diesen Raum geschickt hat? Angsterfüllt schaue ich mich um. Aber es ist, als ob ich blind wäre, so vollkommen ist die Dunkelheit. Meine Haut prickelt nicht so wie sonst, wenn Ma-nans Dämonen nahe sind. Ich fühle mich zunehmend ruhiger und entspannter, als ob gute Geister anwesend wären... oder wenigstens...

Ich beginne mit der vorgeschriebenen Atmungsweise, um die Abtrennung vorzubereiten. Ich spanne alle meine Muskeln an, freue mich, daß sie nun meinen Befehlen gehorchen, und verzichte dann allmählich, einer nach dem anderen, auf ihren Gebrauch.

Jedesmal, wenn sich die alte Angst in meiner Kehle ankündigt und mich würgt, spreche ich die Worte, die ich in einer meiner Visionen erhalten habe, Worte, die nicht einmal Ma-nan kennt.Ich denke mit kurzer Befriedigung daran, daß Ma-nan sich nicht einmischen kann, weil er seinen Körper nicht verlassen kann, so wie ich – auch wenn er mir zweifellos die Worte aufdrängen wird, die ich dem Volk mitteilen muß, wenn ich herauskomme. Aber hier drinnen, jetzt, bin ich allein, und es ist mein Geheimnis, was ich erlebe, und das Geheimnis derer, zu denen ich reise. Wenn ich nur meine Angst beherrschen kann.

Allmählich wird es leichter.

In dem Augenblick, als ich wieder etwas sehen kann, weiß ich, daß mein Ka sich vom Körper löst. Für mich besteht die Dunkelheit nicht mehr, und ich kann meinen Körper sehen, als ob es ein Fremder wäre, der auf den dunklen Steinen liegt. Ich sehe die Inschriften und Zeichen an den Wänden ganz genau, obgleich ich weiß, daß die Wände des Raumes weder bemalt noch beschriftet sind. Für jemanden, der nur in seinem Körper lebt, sind die dunklen Steine glatt und unberührt. Für das Ka sind sie mit Zeichen und Symbolen angefüllt, die für die Reise gebraucht werden. Das ist die Schwelle zwischen dem Bekannten und dem Unbekannten, und dieses hier ist eine Karte des Universums hinter den Sternen, von den Reichen, wo die Götter durch die Ewigkeit segeln – und ich meine nicht die Ewigkeit der endlichen Zeit, sondern die Ewigkeit, die niemals Zeit kannte. Die in der alten, fast vergessenen Sprache geschriebenen Inschriften sind nicht von weltlichem Belang, sondern deuten auf Mysterien, die unfaßbar sind für den menschlichen Geist. Ich fühle mich seltsam- sie sind die Schlüssel und öffnen ein Schloß nach dem anderen in meinem unsichtbaren Selbst, während ich sie anschaue, und mit jedem Öffnen ist ein bißchen mehr von mir aus der bekannten Welt befreit. Ich schwebe und genieße die Freiheit von der Enge des Körpers.

Ich schaue ohne Leidenschaft auf den Jungen, der so ruhig daliegt. Er ist mager. Ich kann seine Rippen und vorstehenden Schulterknochen sehen. Von Tränen verschmiertes Khol ist die Schläfen hinuntergelaufen, seine Lippen zeichnen eine traurige Linie, als ob er selten lächelte.

Ich spreche die Worte der Anbetung, die ich gelernt habe, zu Hapi, dem Gott des Nil, Geist der Überschwemmung, der in einer großen Höhle unter dem Fluß lebt und in dessen Macht es liegt, die uranfänglichen Wasser in die Welt heraufzuziehen.

»Du, der Du nicht in Stein gemeißelt werden kannst, der Du nicht auf der Krone des Nordens und des Südens abgebildet wirst, Du, der Du keine Tat und keine Gabe annimmst, der Du nicht von deiner geheimen Wohnstatt entfernt werden kannst, denn der Ort, an dem Du Dich aufhältst, ist keinem bekannt. Du, der Du nicht in beschriebenen Schreinen haust, denn es gibt keinen, der groß genug wäre, Dich aufzunehmen... auch gibt es keine Vorstellung eines Bildnisses von Dir... Du, dessen Blut mit den grünen Wassern des großen uranfänglichen Ozeans fließt, aus dem wir alle entstammen... höre mein Gebet...«

Ich stelle mir vor, wie der Fluß, so wie sonst zur Zeit der Überflutung, ansteigt und das reiche Grün und Braun über die Felder spült, die Feste der Begrüßung in allen Städten und Dörfern, wie die Flotte der kleinen Boote, geschmückt mit farbigen Bannern am Tage, mit Fakkeln in der Nacht, von einem Dorf zum anderen über Gebiete fährt, die noch wenige Stunden zuvor mit rissiger Erde und verdorrten Sprößlingen trocken lagen.

Und dann rufe ich Osiris an, den großen Gott der Fruchtbarkeit, der mit Hapis Wassern und dem reichen schwarzen Schlamm, den sie zurücklassen, das helle, grüne Wachsen bringt, das die Menschen in den beiden Ländern nährt.

»Ehre sei Dir, oh König der Könige, Gott der Götter, Herrscher der Fürsten. Du, der Du aus dem Leib der Nut gekommen bist, beherrschst die Welt und die Unterwelt. Deine Glieder sind wie helles, schimmerndes Kupfer, Dein Haupt ist blau wie Lapislazuli und das Grün der Türkise ist auf deinen Seiten. Oh, Du Gott der Jahrmillionen, dessen Gestalt und Schönheit allerfüllend in der Unterwelt sind. Du bist Nepra und Du schenkst all die grünen Kräuter und Blumen. Du bist der Herr der Flut, der das Land mit seiner Fülle beschenkt. Weise Du mir einen Weg, den ich in Frieden gehen kann.«

Ich steige langsam die Leiter der heiligen Worte empor. Langsam spreche ich die Zauber, die aus alten Zeiten zu mir kamen. Der Ort mit dem jungen Mann ist nicht mehr zu sehen. Ohne ihn verlassen zu haben, befinde ich mich nicht mehr in dem Raum. Ich bin in einem Boot. Ich schaue über die Bootswand in das kristallklare Wasser, unter dem ich die Erdteile und Meere sehen kann wie auf einer Landkarte. Ich sehe, daß mein Land klein ist, nur eines unter vielen.
Ich schwebe zur Mastspitze und sehe keinen Horizont. Wir segeln auf eine ebenso überwältigende Dunkelheit zu wie die, von der wir kommen

und die ich hinter uns sehe. Ich bete um geistige Sicht und darum, daß ich mich vor der Finsternis nicht fürchte.

Mein Gebet ist wohl erhört worden, denn aus dem Dunkel erscheint eine große und schöne Gestalt. Ich sehe die Sterne durch ihren Körper und fühle den Atem auf meiner Wange wie den Hauch eines großen und mächtigen Geheimnisses. Es ist Nut, Göttin des Himmels, die schon vor der Erde da war.

Ich verbeuge mich so tief wie möglich, und mein Herz atmet das Gebet, das meine Lippen aus Ehrfurcht nicht sprechen können. Ich bitte darum, Osiris zu sehen, der die Macht hat, jenseits des Todes Leben zu schenken. Sie streckt ihre geschlossene Hand nach mir aus und öffnet sie langsam, als ich fragend darauf blicke. Auf ihrer Handfläche sitzt ein goldener Falke. Er breitet seine Flügel aus und fliegt empor, Licht tropft wie Wasser von seinen Federn. Er ist ein Wesen aus Licht und übertrifft alles, was ich je gesehen habe. Ich verstehe, daß er mein Führer und Beschützer sein wird. Ich folge ihm leise, als er fort von ihr in Richtung Dunkelheit fliegt. Wir kommen nacheinander zu verschiedenen Torwächtern, die ungeheuerliche Gestalten sind, unglaublich wild, und sie greifen nach uns und lassen wieder von uns ab, wenn der Falke ausruft, daß wir Seinen Namen suchen.

»Wie können solch scheußliche Dämonen dem Herrn des Lichtes dienen?« frage ich.

»Schau zurück«, sagt der Falke, und ich sehe, der Wächter, der so gefährlich und abstoßend aussah, ist nun so schön wie Feuer in einem Herd. Ich erinnere mich an Set, dessen anderer Name Gewalt ist, der Töter des Osiris, der Feind des Horus, der am Schiffsschnabel des Bootes der Jahrmillionen in seiner Rolle als Beschützer steht und die Feinde des Ra erschlägt.

Wir erreichen die großen Wasser, aus denen sich der erste Hügel erhebt. Osiris, der grüne Gott steht vor uns, seine Wurzeln in der Erde, seine Zweige zur Sonne reichend.

Wie kann ich zu jemandem wie ihm sprechen? Wer bin ich, daß ich einen solch erhabenen Geist anspreche? Meine Kehle ist trocken; meine Worte stecken darin wie Knochen. Und dann erinnere ich mich an das Elend des Volkes ohne Nahrung und Wasser… die blähbäuchigen Kinder mit knochigen Körpern… die fehlende Vegetation… die rissige rote Erde… ich vergesse mich selbst und bete für sie, um die geheimnisvollen Wasser, die die reichhaltige, schwarze Erde in mein Land bringen.

Er hört meine Worte, hebt seine Hände, um sie zu empfangen, und dann läßt er sie emporsteigen wie Rauch… höher… höher… bis sie in den Ursprung des Lichtes eingehen, unmöglich zu schauen, so blendend, so gewaltig, daß unsere Sonne davor wie ein schwarzes Loch erschiene, unsere Götter wie Motten darum.

Ich zittere und finde mich in dem Raum mit dem jungen Mann wieder, der keinen Namen hat. Jetzt fällt mir ein, daß ich vergaß, um seinen Tod zu bitten.

Ich fühle, wie sein Leid mich zu ihm hinzieht. Bald werde ich wieder bei ihm sein, und er wird wieder dem Leben, das er haßt, gegenüberstehen.

Ich bin nicht mehr in der geistigen Welt, aber ich bete zu Isis, die mehr als jeder Sterbliche gelitten hat, die Einsamkeit und Verlust kennt. Ich bete zu ihr, obwohl ich weiß, daß die Götter, zu denen wir beten und die wir verehren, nichts weiter als Mittler zwischen uns und dem Unbekannten sind, Brücken, die für uns die gewaltigen Abgründe zwischen den Welten überspannen.

Plötzlich sind der junge Mann und ich nicht mehr allein in dem Raum. Eine Gestalt steht neben mir. Sie ist sehr schön. Nicht jung. Nicht alt. Wo habe ich sie schon gesehen? War das mit eigenen Augen auf einer Granitwand, in die ihn ein Bildhauer gemeißelt hat, oder kommt es mir so vor, weil er die Augen des Falken hat, der mein Führer auf der Reise zu Osiris war?

»Ich bin Khurahtaten«, sagt er ruhig und stolz. Der Name ist mir unbekannt. Seine goldenen Augen beobachten mich.

Ich schaue ihn an, weiß nicht, was ich von ihm halten soll.

»Vieles wird dir bald klar werden«, sagt er sanft. »Laß meinen Namen an deiner Türschwelle stehen, an deinem Tisch sitzen, am Abend mit dir spazieren gehen… Alles wird bald klar werden… «

»Warum bist du zu mir gekommen? Was habe ich mit dir zu tun?« frage ich.

»Ich brauche Hilfe.«

»Wie kann ich dir helfen?« sage ich. »Ich bin es, der Hilfe braucht.«

»Dennoch bist du es, der mir helfen muß.«

»Aber wie? Mein Körper wird von dem Priester Ma-nan gefangen gehalten.«

»Das ist ein Körper, der die Seele eines wahren Adepten der Mysterien beherbergt. Mit der Erkenntnis, wer er wirklich ist, wird die Befreiung kommen von dem, der er zu sein glaubt.«

»Aber jetzt ist er einsam und ängstlich. Er weiß nicht, wer er ist. Er hat keinen Namen.«

Das Wesen schaut nachdenklich auf den jungen Körper.

»Ich werde ihm mit meiner Kraft helfen. Er wird stark werden«, sagt er.

Ich fühle den Drang, in meinen Körper zurückzukehren, mich zu verbinden mit dem, was mir bekannt ist. Es ist so, als hätte ich für einen Moment einen Blick auf das erhascht, was wir wirklich sind, und bin so furchtsam wie jemand, der glaubte, er sei ein Kind, und von dem mit einem Mal erwartet wird, ein verantwortlicher Erwachsener zu sein. Es gibt einen Augenblick, in dem ich nur teilweise in die regungslose Gestalt des Jungen zurückgekehrt bin, und teilweise noch nicht. Ich fühle seinen Schmerz glühen und seine Angst wiederkehren, aber noch bin ich von ihm getrennt und er schreit mich an, ich solle fortbleiben.

Ich habe versagt… versagt… jetzt ist keine Flucht mehr möglich.

Die Schwärze ist bedrückend. Wie kann es eine solche Dunkelheit geben? Ich, als namenloses Orakel, kämpfe mich auf meine Füße hoch, haste vorwärts und taste nach der Wand. Ich zerre den verhaßten hölzernen Kopfputz herunter und schlage meinen bloßen Schädel gegen die Wand, wieder und wieder, mit aller Kraft. Der Schmerz ist schrecklich, aber ich bin nicht imstande, mich zu töten. Ich erinnere mich an nichts, was geschah, während mein Ka auf der Reise war… Ich kann an nichts anderes denken, als an meine Angst vor der Rückkehr ins Leben.

Wo vorher Tränen waren, füllt nun Blut meine Augen.

Ich gehe in der Dunkelheit auf und falle bewußtlos zu Boden.

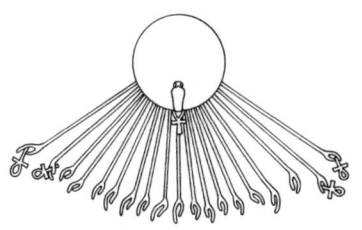

Die Reise

Meine Rückkehr in die Stadt Men-nefer zieht vorbei wie im Traum. Nur undeutlich nehme ich die bronzene Scheibe der Sonne tief am Horizont wahr, die Flußgeräusche – ein Bootsmann ruft dem Jungen, der auf den Mast klettert, etwas zu, Vögel schreien... Manchmal bin ich mir nichts mehr gewahr.

Dann treiben Bilder in mein Blickfeld, und durch einen Nebel sehe ich die Menge, die zurückgehalten wird, während der junge Prinz näherkommt und mich anstarrt. Da ist etwas in seinem Gesicht... Ich kann nicht sagen, was es ist, aber es ist so, als ob er verzweifelt eine Antwort von mir erwartet und nicht weiß, wie er die Frage stellen soll. Als er das Blut, das unter der feierlichen Kopfbedeckung hervorgesickert und auf meinen Schläfen getrocknet ist, bemerkt, sehe ich Erschrecken und Mitleid in seinem Gesicht. Ich schaue über seine Schulter und erwarte fast, seinen Vater zu sehen, den König... aber ich begegne Ma-nans Blick und schließe meine Augen mit einem Seufzen. Was macht es, ob der König da ist oder nicht? Was kümmert mich der Prinz. Es gibt kein Entrinnen. Keinen Ausweg.

Nachts träume ich von dem Prinzen. Wir versuchen uns in einer drängenden Menschenmenge, die uns immer weiter auseinandertreibt, zu erreichen. Hinter ihm sehe ich seinen Vater, Amenophis Neb-maat-Ra, und seine Mutter Teje, die nach ihm rufen... hinter ihnen weint eine junge Frau... Als ich erwache, spüre ich nur das Hämmern meines schmerzenden Kopfes. Man teilt mir mit, daß ich endlich, auf des Königs Anweisung, von diesem dunklen Haus fortkomme, von diesem Ort der Sorge. Ich weiß nicht, wohin ich gehen werde, aber Ma-nan ist aufgebracht und schreit den Dünnen an. Die Diener flitzen und suchen Dinge, die sie eilig in Schachteln packen. Das erste Mal in all den Jahren, die ich schon hier bin, wird der Gang des Gewohnten durchbrochen. Ich liege in Binden gewickelt auf meinem Bett, unfähig zu sterben. Soll der Umzug eine Strafe sein, weil ich versucht habe, mich umzubringen? Wartet ein schlimmeres Gefängnis auf mich? Ma-nan erzählt mir natürlich nichts. Durch das Donnern des Schmerzes in meinem Kopf höre ich Wortfetzen, die nicht für meine Ohren bestimmt sind, und verstehe, daß es eine lange Reise wird. Ich stelle keine Fragen, weiß ich doch, daß sie sowieso nicht beantwortet würden. Noch schlimmer, meine Stimme würde überhört werden, als ob sie ihre Ohren nicht erreicht hätte, und ich würde mich wieder so fühlen, wie ich mich oft fühlte, so als hätte ich kein Dasein, außer als Werkzeug für sie.

Als das Haus wieder leer ist und das Echo jeden Fußtritt, jedes Wort verdoppelt, kommt Ma-nan zu mir, steht über mir und schaut auf mich herab. Ich kann seine Miene nicht deuten. Ist es Triumph oder Bitterkeit? Nur Ma-nan weiß diese beiden zu verbinden. Bruchstücke der Reise meines Ka sind mir eingefallen, aber mein Schädel schmerzt zu sehr, um wirklich und unwirklich, Erinnerung und Einbildung zu unterscheiden. Habe ich im Haus der vielen Schwellen für das Volk und Ma-nan Gutes erreicht? Ich bin nicht sicher. Sicher weiß ich nur, daß es mir nicht gelungen ist, mir selbst mein Leben zu nehmen, und nun bin ich schlechter dran als vorher, denn mein Kopf leidet genauso schreckliche Schmerzen wie meine Füße.

Ich schließe meine Augen und Ma-nans Gesicht verschwindet, aber ich kann ihn immer noch neben mir spüren. Warum spricht er nicht – oder geht fort? Endlich höre ich ihn in die Hände klatschen, und dann laufen Füße ohne Sandalen über den Boden. Die Nubier. Hoffentlich nicht schon wieder eine Einbildung? Aber das kann nicht sein, denn ein Umhang wird über mich gelegt und ich werde auf eine gewöhnliche Trage gelegt, wie sie für Kranke benutzt wird. Die reichen Insignien meines Amtes als Orakel sind nirgends zu sehen, sondern zweifellos zusammen mit dem Küchengerät und dem Eimer für die Notdurft verpackt, wohin sie auch gehören.

Durch die frühmorgendlichen Straßen werde ich zurück zum Hafen getragen, nur wenige Bewohner der Stadt sehen mich. Anders als gestern, als die Menge mich anstarrte, mit mir die Rettung zu erflehen. Als der Prinz versuchte, mit mir zu sprechen…

Die Straßen sind eng, Lehmziegelhäuser drängen sich zusammen. Die Verwaltungshauptstadt der Zwei Länder, strategisch gelegen an der Verbindungsstelle zwischen dem weiten, reichen Deltaland und dem schmalen Streifen Grün, umgeben von Wüste, der den Rest des Landes bildet, ist eine alte Stadt, wuchernd und unschön. Der gewaltige Tempel des Ptah überragt sie, die Straßen in Tempelnähe sind weniger bedrückend, die Häuser der Edlen, die die meisten Priester stellen, die dem Gott dienen, sind geräumiger und eleganter als die, die hinter uns liegen. In ihren Gärten wachsen Palmen höher als die Mauern und blühender Wein breitet sich über die Ziegel bis fast zur Straße. Wir gehen durch das südliche Tor des Tempels des Ptah, und mein Herz setzt einen Schlag aus, als ich in die Augen der beiden riesigen Alabastersphinxen blicke, die ihn, niemals schlafend, bewachen. Ich bin viele Male zwischen ihnen hindurchgegangen – niemals glücklich. Auch in diesem Tempel habe ich gelogen. Ich wurde vom Tempel des Amun, des Verborgenen, zum Tempel des Ptah, des Schöpfers, gebracht – in beiden wurde ich von Ma-nan benutzt wie eine Puppe. Kann ich den Gesang noch hören? Ptah, der alles geschaffen hat, was ich um mich herum sehe, mächtige und starke Kraft jenseits jeder Vorstellung, verkleinert zu der kleinen Gestalt eines Mannes mit einem Käppchen, in Stein geritzt, vor seiner Brust das Szepter und den Stab der Macht, die Werkzeuge der Schöpfung, um Leben zu schenken. Ptah spricht mit meiner Stimme. Ptah bedient sich der piepsenden Stimme eines Kindes, um seine Worte der Weisheit Laut werden zu lassen. Manchmal hat er zu mir allein gesprochen, und ich habe es niemandem erzählt. Er hat mir versichert, daß alles einen Grund und einen Sinn hat, sogar mein eigenes Schattendasein. Er hat mir gesagt, daß ich nicht verzweifeln soll und daß meine Zeit kommen wird.

Auf diesem Tempelgelände befindet sich auch der kleinere Tempel von Ptahs Gemahlin, Sekhmet. Für sie wurde ich ebenfalls benutzt. Sie fürchte ich so sehr, wie ich Ptah liebe. Ich habe Angst vor den Besuchen bei ihr. Große Scharlach-Frau, schreckliche Löwin, Bluttrinkerin, Zerstörerin, die die Erde beben und Städte einstürzen läßt. Ich zittere, wenn ich in dem Raum hinter ihrem Schrein bin und mit ihrer Stimme sprechen muß. So manche Nacht träume ich, daß ich durch die Wüste laufe, Sekhmet hinter mir her, ihre sehnigen Glieder gehen im Sternenlicht auf mich los, sie sieht durch die Felsen und findet mich, wo immer ich mich zu verbergen suche. Sekhmet, die Zerstörerin, zornig. Zornig auf mich!

Aber heute gehen wir nicht hinein. Wir umrunden die hohen Mauern, die die Geheimnisse des Gottes und der Göttin den Uneingeweihten verbergen, und wenden uns dem Fluß zu, der an einer ihrer Seiten vorbeifließt. Wir besteigen ein Segelboot, das regelmäßig auf den langen Strecken verkehrt, nicht die enge Barke, mit der ich gewöhnlich reise. Mein Herz birgt einen kleinen Keim, eine Knospe... vielleicht Hoffnung auf ein besseres Leben... vielleicht Erregung, denn, was auch immer geschieht, es ist wenigstens eine Veränderung.

Der Tag geht vorrüber, ich liege unter einem Sonnensegel, geschützt vor dem schlimmsten Brennen der Sonne; die Ufer gleiten vorrüber. Ich döse und wache und döse wieder.

Wo das Grün des bebauten Landes endet, hinter den Palmenwäldern, erhebt sich die Wüste, und dort, an der Böschung aus rötlichem Fels und Sand, sehen wir flüchtig ein wenig von der alten Totenstadt Mennefer. Die große Stufenpyramide des König Djoser erhebt sich höher als die anderen, türmt sich über den glatten Wänden des Totentempels wie der erste Hügel, der sich aus den Wassern des Chaos erhob und auf dem der schimmernde Geistvogel des erhabenen Gottes landete, um sein goldenes Ei zu legen. Ich habe von diesem Ort in den alten Schriften erzählen gehört, aber, soweit ich weiß, ihn nie zuvor gesehen. Wenn ich ihn jetzt anschaue, weiß ich, daß er mir vertraut ist. Ich weiß, was ich sehen werde, wenn ich meinen Blick nach Norden und nach Süden richte. Ich weiß, was sich auf der anderen Seite befindet, auch wenn ich von hier nicht weiter als bis zu den glänzenden Steinmauern schauen kann. Ich habe diesen Ort in einem Traum gesehen und in diesem Traum stand ich im Mondlicht mit einer Papyrusrolle in der Hand. Und als ich versuchte, die Hieroglyphen zu entziffern, zerfiel sie zu feinem Staub und wurde von Sets höhnendem Atem zum Horizont geweht. Ist dieser Ton ein heulender Hund oder meine eigene Stimme, die aus Verzweiflung über die verlorene Weisheit und die verpaßte Gelegenheit heult? Das Bedauern in meinem Herzen sagt mir, es ist meine eigene Stimme. Ich war schon früher hier und war es doch nicht. Ist es eine Erinnerung an ein lange vergangenes Leben – oder wollen die Götter mir etwas mitteilen?

Wir fahren am Landungssteg vorüber, dem Beginn des Fußweges, der vom Fluß zum Feld der vielen Pyramiden führt. Hierhin sind in den alten Tagen die großen Bestattungsboote gekommen. Hier haben die königlichen Beerdigungsprozessionen ihren Ausgang genommen. Heutzutage werden die Könige im fernen Süden bestattet, in Waset, in Gruften, die in die westlichen Berge gehauen sind. Die großen Tage des Pyramidenbaus sind vorüber. Selbst hier fangen jetzt einige an, zu zerfallen, ihre genau gefügten Steine verlieren den Halt und rutschen ab, werden gebrochen für die verschwenderischen Gebäude der lebenden Stadt im Norden, und ihre Geheimnisse werden von Grabräubern geschändet. Nur die Pyramide von Djoser steht so vollkommen wie schon zur Zeit ihrer Erbauung, die größte von allen, geschaffen von einem Seher, dem Gott Imhotep selbst, umgeben von uraltem Glanz und den Gräbern der Priester und hohen Beamten.

Ich fühle mich zu diesem Ort hingezogen und würde so gerne Halt machen, doch die Ruderer arbeiten noch stärker gegen die Strömung, und wir gleiten in Richtung Süden davon.

Es sind noch andere Menschen an Bord, doch sie werden sorgsam von mir ferngehalten. In den langen, dunklen, mondlosen Nächten denke ich, daß ich vielleicht, wenn ich kräftiger geworden bin und der Schmerz vergangen ist, an den Rand des Bootes kriechen und hinunterspringen kann. Sie werden nicht vor dem Morgen bemerken, daß ich verschwunden bin. Ich höre Ma-nans häßliches Schnarchen neben mir.

»Aber nicht jetzt«, denke ich. Jetzt habe ich nicht die Kraft. Ich schlafe wieder ein. Merkwürdige Träume. Scheinbar versucht jemand, mit mir Verbindung aufzunehmen. Ich kehre ihm meinen Rücken zu. Ich weiß, er möchte, daß ich etwas für ihn tue, aber ich bin zu müde... zu müde...

»Geh' fort«, sage ich. »Geh' fort. Laß' mich schlafen. Laß' mich allein.« Ich erwache und mich umgibt eine großartige Nacht. Um mich her schlafen Menschen, dennoch bin ich allein.

Die Tage vergehen und allmählich werde ich kräftiger. Von Zeit zu Zeit wechselt Ma-nan meinen Verband, und er reicht mir Essen und Trinken. Er spricht niemals zu mir. Es ist, als wäre ich taub und stumm wie die Diener. Vielleicht bin ich stumm, denke ich. Ich habe meine Stimme lange nicht mehr gebraucht.

Ein Nordwind fängt an zu wehen und kühlt die Luft. Ich glaubte, eine Veränderung in der Bewegung des Bootes bemerkt zu haben, und nun sehe ich, was es ist: der Fluß strömt uns stärker entgegen, viel stärker. Ich hole tief Luft, wage kaum zu hoffen und schaue genauer zum Ufer. Ich hatte Recht. Die Flut ist gekommen, der Fluß breitet sich aus und bedeckt die Felder mit seinem wunderbaren, tiefen, reichen, lebenspendenden, schwarzen Lehm. Ich schaue zu Ma-nan, halb erwartend, daß er eine Regung der Dankbarkeit zeigt für das, was ich getan habe. Ich, getan habe? Gerade als ich es denke, weiß ich, er wird mir keine Dankbarkeit zeigen. Zu recht. Nicht ich bin es, der die Wasser gebracht hat...

Oh, Osiris!
Sie kommen, die Wasser des Lebens, die im Himmel sind.
Sie kommen, die Wasser des Lebens, die in der Erde sind.
Der Himmel ist entflammt für Dich, die Erde bebt für Dich
Der Gott tritt ins Dasein, der Gott trägt die Kraft in seinem Leib.
Der Monat ist geboren, die Felder leben.

Jede Nacht denke ich, daß ich über Bord springen sollte, entweder in den wilden Wassern sterben oder fliehen. Doch in jeder Nacht schiebe ich es auf die nächste. Ist es möglich, daß ich anfange, das Leben zu genießen, und weiterleben will? Ich werde immer noch von den anderen abgesondert und von Ma-nan mit kalter Verachtung behandelt, aber es kümmert mich jetzt nicht, denn meine Augen sind jeden Tag von Schönheit geblendet. Enten, mit grüner Durchsichtigkeit in den Flügeln, überfliegen mich. Wo vorher die Ufer waren, schimmern blühende Wassergräser auf der Oberfläche. Flotten von kleinen Booten schaukeln neben uns, ihre Insassen winken fröhlich. Am Abend bin ich vom Glanz einer Prozession schimmernder Wesen ergriffen, die die mächtige, goldene Sonnenscheibe begleiten, als sie die unbekannten Reiche betritt, ihr verborgenes Königreich. Und noch jedesmal stockt mir der Atem vor Erstaunen, wenn das feurige Licht plötzlich auflodert , welches den ganzen Himmel erfüllt, lange nachdem die Scheibe untergegangen ist. Langsam, ganz langsam verblaßt es, entläßt uns in die Dunkelheit. Zur Dämmerung pocht mein Herz vor Liebe, wenn das erste Licht alles in hellem Grün, grün wie ein neuer Keimling, erstrahlen läßt, und ich sehe noch meinen Stern, als alle anderen schon am Himmel verblaßt sind. Die Nächte sind nun heller, da der Mond stetig von einer silbernen Feder zu einem strahlenden Flügel anwächst. Der einzige Schmerz, den ich noch fühle, ist die Angst, diese Schönheit zu verlieren, diese Tag für Tag wachsende Kraft der Liebe zu Erde und Himmel und Wasser – ich habe das Geschenk des Lebens empfangen. Als ich schlafe, begegne ich demjenigen, der mich in der ersten Nacht schon erreichen wollte, und ich begrüße ihn. In der Nacht stehen wir an Deck, Sterne über uns wie riesige Lampen, und er spricht zu mir, erzählt mir, sein Name sei Khurataten, eine Verkörperung des großen Geisteswesens, das wir als Horus kennen und schon einmal zu meiner Führung gesandt wurde. Er sei nun zurückkehrt, um mich wieder zu führen. Er sagt, er habe eine Aufgabe für mich, etwas, das ich begann, als ich das letzte mal auf Erden lebte, aber nicht beendet habe. Er möchte, daß ich mit ihm zusammenarbeite. Zuerst behaupte ich, ich könne es nicht, und dann sage ich »vielleicht«. Und jetzt weiß ich, ich werde es tun.

Zuerst kam er nur nachts, wenn ich schlief. Doch jetzt kommt er am Tag… zu jeder Zeit. Wenn ich einen kreisenden Habicht beobachte, höre ich seine Stimme in meinem Kopf. Wenn ich die unendlichen Abstufungen von Blau und Rosa in einem fernen Gebirgszug bewundere, steht er neben mir. Ich stelle Fragen und sie werden mir beantwortet, aber ich sorge mich, daß unsere gemeinsame Zeit nur kurz sein wird, und daß Ma-nan jeden Augenblick die eigenartigen Trancezustände, in die ich falle, bemerkt und einen Weg findet, sie zu unterbinden. Khurahtaten fragt mich, ob ich bereit bin, den Schritt zu tun, von dem es kein Zurück gibt. Eifrig rufe ich »Ja!« Und da weiß ich, daß ich Manans Farbe, mit der er das sehende Auge auf meine Stirn malte, nun nicht mehr brauche. Ich bin kein König, doch ich spüre die goldene Uräusschlange auf meiner Stirn, die Kobra, bereit gegen die Dunkelheit zu kämpfen wie die Sonne. Es gibt kein mildes Erkennen, sondern Spaltung und panische Angst, als Sinn und Verständnis aufeinander folgen wie Blitze in eisernen Bergen. Worte zerplatzen zu Offenbarungen. Die Kruste meines früheren Verstehens bricht auf, und darinnen enthüllt sich eine unvorstellbare Kristall-Landschaft wie in einer Geode. Den Mythen meines Volkes wachsen Flügel, und sie lassen die schäbigen Schacherer der Priestermagie und der leeren Gesänge hinter sich wie der goldene Adler den Spatz. Ich weiß, meine Aufgabe besteht darin, die lebendige Wahrheit hinter den heiligen Worten und den heiligen Ritualen zu finden, und einem Volk Verstehen zu bringen, welches die alten Offenbarungen so mißverstanden hat, daß es glaubt, der Körper müsse auf ewig erhalten werden, damit der Geist in der Ewigkeit lebt, und daß allein magische Formeln öffnen können, was wirklich verschlossen ist.

Tag für Tag, Nacht für Nacht, dringt mein Lehrer tiefer in die Wahrheit ein, nach der meine Seele dürstet. Sein Wissen gelangt in meinen Geist und wird zu meinem Wissen. In jedem Augenblick wachsen Weisheit und Stärke in mir.

Jetzt stört es mich nicht mehr, daß ich in einem Teil des Bootes allein eingesperrt bin, und daß niemandem erlaubt wird, sich mir zu nähern und mit mir zu sprechen. Ich freue mich darüber und fürchte eine Unterbrechung meiner Stille. Manchmal kommen Menschen bis an das Seil, welches, über das Deck gespannt, mich von ihnen trennt, und starren mich an.

Stundenlang hocke ich an Deck, regungslos, und schaue in das blaue Wasser, welches hinter dem Boot davoneilt, oder ich stehe still wie ein Stein, mein Blick auf irgendeine Felsengruppe geheftet von dem Moment an, in dem sie auftaucht, bis sie wieder verschwindet. Durch die Klarheit der Luft kann man weit sehen, und Steingebilde, die einen halben Tagesmarsch entfernt sind, scheinen nur einen Pfeilschuß weit, jeder Spalt und jede Ritze klar zu erkennen.

Ich vermute, daß Ma-nan die Wirkung des Seiles mit einem Zauber verstärkt hat, denn niemand wagt es, es beiseitezuschieben, um zu mir zu gelangen, obwohl es eigentlich leicht möglich wäre. Auch ich unternehme keinen Versuch, meiner Absperrung zu entfliehen.

Von Zeit zu Zeit wechseln die Ruderer. Noch seltener halten wir, legen an irgendeinem kleinen Steg an, um Brot und Bier aufzunehmen. Meistens habe ich keine Ahnung, wie der Name des Dorfes lauten könnte, welches uns versorgt, und ich frage auch nicht, doch eines Tages bemerke ich mehr als die übliche Aufregung, die diese Pausen in dem gewohnten Ablauf ausmachen. Ich vernehme den Namen »Abedju« und gewahre, daß wir eine der heiligsten Stätten der Zwei Länder erreicht haben. Man sagt, hier liege das Haupt des Osiris, und hier möchte jeder, vom König bis zum Gemeinen begraben sein oder wenigstens ein Denkmal errichtet haben, welches ihn mit dem großen König der Unterwelt verbindet. Der Ort ist ein Wald von Stelen und Kenotaphen. Der Tempel selbst auf seinem heiligen Hügel liegt ein Stück vom Fluß entfernt, und es ist eindeutig, daß wir nicht die Absicht haben, ihn zu besuchen, auch wenn einige Leute das Boot verlassen und nicht wiederkommen. Ich lehne an der Bootswand und starre in den Hitzedunst, der die Stadt beinahe und die Hügel dahinter vollständig einhüllt.Ich sinne über die langen Jahrhunderte nach, in denen dieser Platz ein Ort für Pilgerer und Wunder war. Ich stelle mir das immer wiederkehrende jahreszeitliche Spiel des Todes und der Auferstehung des großen Gottes vor – die Schlacht, die er gegen seinen Bruder Set verlor, seine Zerstückelung, die lange Suche seiner Schwester-Gemahlin, Isis... Ich sinne über das großartige Buch »Über das Herausgehen bei Tage« nach, das mit so vielen Königen begraben ist – das Buch, welches ihnen solch eindeutige Anweisungen für das Durchwandern der Unterwelt gibt, wo sie eine Probe nach der anderen zu bestehen haben, bis sie zuletzt vor dem Thron des »Einen Lebenden«, dem wiederauferstandenen Osiris stehen. Ich schaue auf das Wasser der Flut, das hoch auf die Ufer schwappt und die niedrig liegenden Felder bedeckt, und ich weiß, wenn es schwindet, wird Osiris die grüne Welt zum Leben erwecken.

»Heil Dir, der Du mit Gerechtigkeit gesegnet bist. Du bist der Herr von Abedju, und Dein Fleisch bringt Reichtum dem heiligen Land...

Alle Herzen sind voll des Friedens wegen Deiner Taten, denn Dein sind die Ewigkeit und das Immerwährende... «

Wir verlassen Osiris und reisen weiter flußaufwärts. Der nächste Halt ist Tantere. Hier gebar Hathor, die Tochter des Ra und Gemahlin des Horus, ihren Sohn, den Gott der Musik. Hier beleben Musik und Tanz ihren Tempel, Herrin des Türkises, die Schöne, Mutter der Erde. Ich habe Hathor immer geliebt – in meiner Vorstellung ist sie tatsächlich meine Mutter, habe ich an ihrer Brust getrunken, kommt sie und besucht mich in der Nacht, um mich zu trösten, wenn ich einsam und voll Angst bin. Ich sehne mich danach, ihre Kultstätten zu besuchen und Blumen auf ihren Altar zu legen – aber Ma-nan erlaubt mir nicht, auch nur einen Fuß vom Boot zu setzen. Ich habe niemals eine Mutter von Fleisch und Blut gekannt, und heimlich weine ich um Hathor, die mir auch vorenthalten wird.

Eines Tages, als ich gerade wasserlassend am Bootsrand stehe, sehe ich, daß wir uns einer großen Stadt nähern. Ich höre die anderen auf dem Boot aufgeregt rufen und auf die Stadt deuten. Sie suchen ihre Sachen zusammen und zanken um ihre Plätze auf Deck, und daraus schließe ich, daß wir unser Ziel erreicht haben. Ich spüre einen Stich der Enttäuschung. Meine Reise ist vorüber und ich bin immer noch ein Gefangener. »Nein«, denke ich, »nie wieder.« Ich schaue hinüber zu Ma-nan, der seinen Dienern knappe Anweisungen gibt, und entdecke, daß ich ihn nicht mehr fürchte. Ich werde Orakel bleiben, denn das Orakel hat Macht. Ich werde meine Zeit abwarten, und, wenn ich soweit bin, diese Macht benutzen, und weder Ma-nan noch sonst jemand wird den Zeitpunkt ihres Herannahens erkennen, noch sie ergründen.

Ich warte mit scheinbarem Sanftmut, blicke auf die große Stadt, Waset. Men-nefer war riesig und wuchernd, kein Vergleich mit dieser. Dort hatte man immer den Eindruck von Durcheinander, als ob sie willkürlich gewachsen sei und zu viele Menschen sie bevölkerten. Hier ist Form und Ordnung. Die Lehmziegelhäuser der Menschen halten sich dicht an die Erde. Über sie erheben sich riesige, steinerne Denkmäler. Obeliske mit glitzernden, pyramidenförmigen Spitzen reichen zur Sonne, mächtige Tempeltore werden beschützt von der geflügelten Sonnenscheibe, bunt von den flatternden Wimpeln des Pharaos und seiner Priester; vornehme Häuser, Paläste mit grünen, belaubten Gärten am Rande der Wasser des Nil… Weiter hinten, auf der westlichen Seite des Flusses, liegen die stillen Hügel aus bleichem Gestein, die den Eingang zur Unterwelt bergen, die Gräber der Könige. Und zwischen dem Fluß und den Bergen liegt der riesige Totentempel des gegenwärtigen Pharao mit seinen hohen, bemalten Säulen, seinen großartigen Zedernholztüren, in denen die Silhouetten der Götter aus Gold eingelassen sind. Zwei riesenhafte Abbilder des Königs selbst flankieren die Eingangspfeiler, um ihn für alle Zeiten dem Volk im Gedächtnis zu halten. Ich kann nicht anders, als tief beeindruckt zu sein. Wenn ich den König nicht gesehen hätte (kleiner als ich, obwohl ich fast ausgewachsen bin), vom Anblick seiner Statuen würde ich glauben, er sei ein Riese unter den Menschen.

Ich versuche, die Verbindung mit meinem Freund und Berater, Khurahtaten, wieder herzustellen, aber er hat mich alleingelassen, damit ich an diesem neuen Ort meinen eigenen Weg finde und meine eigenen Eindrücke sammele. Er sagte mir, daß er nicht ein Kerkermeister meines Geistes sein wollte, wie Ma-nan es für meinen Körper war. Aber ich fühle etwas von der alten Angst in mein Herz kriechen, als ich die großen Mauern des Tempels sehe und die Dunkelheit im Innern, die hinter ihnen lauert. Die Sonne brennt auf sie nieder, doch sie kann sie nicht durchdringen

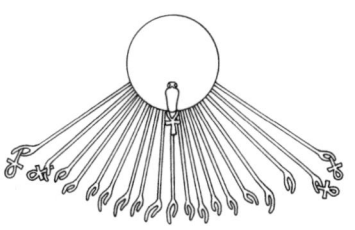

Die Begegnung

Die Nilschwemme kam und ging mehrere Male seit dem Tage, als ich im »Haus der vielen Schwellen« die Geister anflehte. Mein Körper verändert sich und wächst, und mit jedem Tag scheine ich ein anderer Mensch zu sein. Manchmal verzehrt mich eine aufbegehrende Unrast, dann wieder ist mir völlig gleichgültig, was mir geschieht. Ich lebe in der bevölkerten Umfriedung des Amuntempels und begegne viel mehr Menschen als je zuvor. Manche sind Frauen und junge Mädchen, und ich träume davon, sie zu berühren, würde es aber niemals wagen. Immer noch ist meine Bindung an Ma-nan außerordentlich. Ich bin noch immer allein – sei es aufgrund seiner Anweisungen oder weil ich etwas an mir habe, das andere abschreckt. Wenn ich versuche, mich jemandem zu nähern, mußte ich mehr als einmal feststellen, daß sie sich mit so etwas wie Angst in den Augen vor mir zurückzogen. Ich bin namenlos. Ich bin ein Orakel. Mein Körper ist ein Werkzeug, das zeitweise von den Göttern bewohnt wird. Andere fühlen sich unbehaglich in meiner Gegenwart und möchten mir nicht zu nahe kommen. Manchmal frage ich mich, ob es mir ganz allein in dem Haus in Men-nefer nicht besser ging als jetzt, allein unter all den Menschen.

Für Ma-nan ist es nötig, mich immer öfter mit Zaubersprüchen, Hypnose und durch den Gebrauch des Rauches in seiner Gewalt zu halten. Mein einziger Trost ist Khurahtaten. Er und ich sprechen viele geheime Worte miteinander, und mir wird klar, daß es bald an der Zeit ist, meine Kraft zu zeigen und unter den Lebenden meinen Partner für die Aufgabe zu finden. Mein Geist-Begleiter sagt mir, Zaubersang und Zauberspruch würden keine Wirkung auf mich ausüben, wenn meine Zeit gekommen sei, und ich müsse geduldig abwarten und das Wissen bewahren, bis es gebraucht wird. Wenn ich ihn frage, wer mein Partner sein wird, sagt er mir, ich solle geduldig sein. Zur rechten Zeit würde er mich finden und ich würde ihn finden.

Inzwischen folgt ein Tag dem anderen, und zumindest umgibt mich große Geschäftigkeit, auch wenn ich nicht daran teilhabe. Der Tempel selbst ist heilig und niemand betritt ihn, es sei denn, um eine besondere Rolle in den kunstvollen Ritualen des Tages zu spielen. Sogar das Fegen des Bodens mit Besen aus weichen grünen Gräsern wird von eingeweihten Priestern besorgt. Und doch ist diese Ansammlung von Gebäuden, die von der Stadt durch hohe Lehmziegelmauern getrennt sind, ein verkleinertes Abbild der Welt draußen. Auch hier gibt es Rivalitäten und Eifersucht, wenn Menschen um ihren Platz in der Tempelhierarchie rangeln. Auch hier gibt es Liebe und Haß, Werbungen und Enttäuschungen, Verschwörungen, Vereitelungen und Triumphe. Die Bauern liefern einen Teil ihrer Ernte ab, damit sie den Göttern geopfert werde, und natürlich wird alles regelmäßig von der Heerschar der Tempelbediensteten verbraucht. Schreiber halten fest, was geliefert wird und was hinausgeht. Der Gegensatz zwischen ihren sauberen, duftenden Körpern in frischen, weißen Leinenröcken und den rauhen, staubigen Feldarbeitern ist groß. Rinder werden zu ihren Gehegen getrieben, sie muhen laut und wirbeln mit ihren Hufen den Staub auf. Gänse schreien und schnattern auf dem heiligen See. Gärtner bei der Gartenarbeit rufen sich laut etwas zu, während Novizen plaudern und Adepten Streitgespräche führen. Mein liebster Anblick und mein liebstes Geräusch bietet eine Gruppe von jungen Mädchen, Tempelsängerinnen, mit dünnen, flatternden Gewändern und Lotosblüten im Haar, die gemeinsam lachend und schwatzend den Tempel verlassen, um zu ihren Schlafquartieren zu gelangen. Sie geben vor, die bewundernden Pfiffe der Bauarbeiter zu überhören, die beinahe ständig irgendwo arbeiten, und sehen doch heimlich über ihre Schultern, um zu schauen, ob der, der gepfiffen hat, ansehnlich ist oder nicht. Manchmal begegne ich dem Blick eines dieser Mädchen, wenn sie an mir vorübergehen, und dann bilde ich mir ein, einen Schimmer von Interesse zu sehen, eine Neugierde, die nicht so unfreundlich ist wie sonst. Mehr geschieht nie, aber ich fange an zu träumen, und mein Träume halten mich nachts wach.

Die höheren Grade der Priesterschaft haben ihre Wohnhäuser außerhalb der Tempelumfriedung, aber gewöhnlich in der Nähe. Die meisten von ihnen besitzen noch andere Häuser in den Außenbezirken der Stadt oder auf dem Land – riesige Herrenhäuser, die mit dem Palast des Königs wetteifern. Diese haben Lagerhäuser und Säulenhallen, Lilienteiche und schattige Gehwege zwischen Maulbeerfeigenbäumen und Palmen. Die Priester haben Unterkünfte auch in den eingefriedeten Bezirken, aber wenn das Tagwerk getan ist, sehe ich sie zwischen den Torwächtern hinausgehen, froh dem Lärm zu entkommen, der das Gotteshaus umgibt.

Ich würde so gerne in die Stadt gehen, aber es ist mir nicht erlaubt. Ich muß vollkommen rein sein und ständig bereit für den Augenblick, wenn der Gott oder sein Vertreter, der Hohepriester, mich benutzen möchte. Immer, wenn ich einen Versuch unternehme, in den Gebieten, die mir verboten sind, umherzustreifen, findet sich jemand, der mich zurückbringt.

Dieses Jahr sind die Vorbereitungen für das Opet-Fest genauso aufwendig wie sonst. Es stellt Amuns Reise von seinem großen Heiligtum Ipet-Esut nach Ipet-Resut im Süden dar, wo seine Gemahlin, die Göttin Mut, ihr Heiligtum hat. Der junge Prinz Amenophis, in dem Ra-Horus frohlockt, und der seinem Vater auf den Thron folgen wird, soll anwesend sein. Sein Vater ist dieses Mal wegen einer Krankheit ans Bett gefesselt, die ihn in letzter Zeit erneut befallen hat. Wie gewöhnlich werden mir die Worte, die ich als Orakel zu sprechen habe, zugewiesen. Ma-nan beeinflußt meinen Geist mit der Kraft seines dunklen und durchdringenden Blickes, seines Rauches und seiner Beschwörungen. Ich warte in der Dunkelheit des Raumes hinter dem Heiligtum der Mut, dämmernd, kaum denkend, und die Worte, mit denen Ma-nan mich gefüttert hat, schlafen, bereit hervorzusprudeln, wenn er das Zeichen gibt.

Träge folgt mein geistiges Auge dem Fortgang der Prozession des Amun-Ra. Tausende und aber tausende Menschen werden der Reise beiwohnen, mehr als sonst wegen der Krankheit des Königs und der seltenen Gelegenheit, Prinz Amenophis zu sehen, der eigentlich nicht geboren wurde, um die Doppelkrone zu tragen, und der nur durch den Tod seines vom König geliebten älteren Bruders, des Erstgeborenen, Thronfolger wurde. Sie erwarten, daß der Prinz um einen Orakelspruch zur Gesundheit seines Vaters bitten wird und um die Bestätigung seines Rechtes, dessen Nachfolger zu werden.

Am Kai wird der Gott, gut verwahrt in seinem zugehängten Schrein, auf eine vergoldete Barke gesetzt, die mit flatternden Federn und Bändern geschmückt ist und mit Seilen von Ipet-Esut zum südlichen Heiligtum geschleppt wird. Die Menge folgt auf dem Treidelpfad, Kinder rennen und hüpfen, Erwachsene schreien und rufen »Hoch«, Händler verkaufen Bänder und Fächer, kleine Andenken und Amulette. Schließlich ist jeder glücklich, dem großen Gott nahe zu sein, oder wenigstens, weil es ein Feiertag ist und die Musiker fröhliche Melodien spielen.

Wenn sie gelandet sind, gehen die höchsten Propheten des Amun-Ra, die nun eine ungeheure Macht im Staate innehaben, der Prozession voraus. Die Träger des mit Juwelen geschmückten Abbildes des heiligen Bootes, in dem Amun-Ra zu seiner Geliebten segelt, sind alles Verwandte des Königs. Unter ihnen ist der Prinz persönlich, älter als ich, aber kleiner, hagerer und mit runden Schultern. Sein Diadem, seine Brustkette, sein steifer und juwelengeschmückter Schurz, der über seinem Rock liegt, all dies wirkt zu schwer für ihn, läßt ihn irgendwie klein erscheinen, fremdartig und linkisch. Neben ihm geht sein Onkel Eje, der Bruder seiner Mutter, der großen königlichen Gemahlin, Königin Teje. Eje war vieles für den König, vom Vertrauten des Hauses und Hofmeister bis zum Meister der königlichen Streitwagen. Er trug den Zeremonienfächer und saß am Tisch des Königs, als das Feiern noch beliebt war. König Amenophis Neb- maat-Ra war immer sehr bemüht, den Bruder seiner Gemahlin beinahe mehr zu ehren als jeden anderen, da er seine Königin von einer der niederen Adelsfamilien statt aus der königlichen Linie wählte. Andere Priester von Ipet-Esut folgen nach, während Ma-nan und Na-aghta, die Verantwortlichen für das für einen Tag dem Tempel der Maat geliehene Amun- Orakel, mit den Priestern der Mut in dem großen Hof des südlichen Tempels auf die Ankunft der Prozession warten. Sie stehen beinahe genauso still wie die Statuen des göttlichen Pharaos, die den Eingang bewachen.

Die Dunkelheit ist sehr still in diesem Raum. Ich kann sie fast fühlen, berühren, als ob sie greifbar wäre. Ich sitze auf einem vergoldeten Stuhl, der erhöht auf einer Plattform steht und mit Mustern aus den frühesten Tagen beschnitzt ist, den magischen Formeln meines Handelns. Während der langen Zeit des Wartens zeichnen meine Finger gleich einem Blinden ihre Form nach und lesen sie so. Ich wünschte, ich könnte die Menge sehen und das glänzende Sonnenlicht auf dem Silber und den kostbaren Edelsteinen der Barke und des göttlichen Bildnisses. Ich erwarte, den Prinzen wiederzusehen. Manchmal bin ich noch immer verwirrt über den Traum, den ich mit ihm teile. Ich habe gehört, er sei ein Schwächling, ganz anders als sein Vater. Das Gerücht geht um, daß sein Vater bitter enttäuscht über den Tod seines ältesten Sohnes war und sich mit seinem jüngeren kaum abfinden mag. Um seiner Mutter Teje willen, muß Amenophis ihn fördern. Man sagt, daß sie ihn manchmal mit ihrer Liebe halb erstickt.

Ich habe den König zweimal gesehen, einmal auf meinem Weg zum Haus der vielen Schwellen, und ein Jahr zuvor während der gleichen Zeremonie. Er hat mir in die Augen geschaut, als ich die Worte vortrug, die Ma-nan mir in den Mund gelegt hatte, und seine Miene war sehr befremdlich. Zum zweiten Mal hatte ich versucht, den Zauber zu bekämpfen, unter dem ich stand, und die Worte zu sagen, die gesagt werden mußten und nicht die, die mir vorgeschrieben worden waren. Zum zweiten Mal hatte ich versagt.

Die Figuren des Stuhles fangen an, mir Kraft zu spenden. Khurahtaten lehrte mich, viele Dinge aus den alten Schriften, die die Priester heutzutage scheinbar vergessen haben. Das Aussprechen des Namens, das Zeichnen der Zeichen, das Schnitzen der Figuren ist nicht genug – man muß um die innere Bedeutung der Namen, Zeichen und Figuren wissen. Während meine blicklosen Finger arbeiten, fühle ich den Kreis, welcher die Ganzheit aller Dinge ist, den Punkt im Raum darin, welcher der Moment ohne Ausdehnung ist, aus dem alles erwächst... *Wer sieht, wenn sie mich sehen, daß ich Viele bin? Wer sieht, wenn sie mich sehen, daß ich Eins bin?*

Ich entdecke den Umriß eines Falkenauges und erinnere mich daran, daß Horus sein Auge dem Vater gab, auf daß der blinde Osiris sehen könne. Es wurde in Liebe gegeben, und damit ist das Sehen klar und wahr. Es gibt ein linkes Auge und ein rechtes Auge, das Auge des Mondes, das Auge der Sonne. Das eine, um die Geheimnisse des Herzens zu erleuchten, das andere, um die Geheimnisse des Geistes zu erleuchten. Langsam, ganz langsam taste ich mich um den Stuhl herum, soweit meine Finger reichen, und so übernimmt allmählich, von Ma-nans Zauber befreit, mein eigener Geist die Herrschaft.

Ich höre das entfernte Lärmen der Menge und weiß, daß ich nicht mehr viel Zeit habe. Das Zeichen, das ich berühre, ist Maats Feder, die in der Halle der zwei Wahrheiten nach dem ersten Tod, dem Tod des Körpers, gegen das Herz aufgewogen wird. Ich erinnere mich an die Inschriften auf den Wänden der Gräber, dazu bestimmt, die zweiundvierzig Beisitzer zu täuschen und zu besänftigen.

Oh, Du Wesen, mit weitem Schritt, das Du herkommst von Yunu,
Ich habe nichts Böses getan!
Oh, Du Umarmer der Flammen, der Du herkommst von Kher-aha,
Ich habe nicht gestohlen!
Oh, Du Nase, die Du herkommst von Khemnu,
Ich war nicht habsüchtig!

Auf den Wänden meines Grabes, falls ich eines haben werde, wird es keine solchen Inschriften geben. Ich weiß, kein Wort kann das letzte Gericht abwenden, kein grüner Herz-Skarabäus aus Stein kann das echte Herz davor bewahren, für sich selbst zu sprechen. Es kann nicht lügen, wenn es einst frei von seiner körperlichen Hülle ist, wie laut auch jemand rufen mag: »*Oh, mein Herz meiner Mutter! Oh, mein Herz meiner Mutter! Oh, mein Herz meiner Wandlungen! Sei kein Zeuge gegen mich! Rufe keinen Widerspruch gegen mich in der Versammlung hervor! Laß die Schale nicht sinken im Beisein des Hüters des Gleichgewichtes!*« Die geheimen Beweggründe, die im Herzen verborgen lagen, wollen heraus!

Ich höre jetzt Gesang und weiß, daß die Prozession wohl unter der schützenden, geflügelten Sonne über dem Eingangstor hindurchgezogen ist und den großen Hof betreten hat. Die meisten Menschen werden außerhalb der Mauern des heiligen Bezirkes gelassen. Nur wenigen Bevorzugten ist es erlaubt, weiter an der Zeremonie teilzunehmen.

Die Geräusche sind gedämpft und weit entfernt. Ich glaube Trommeln zu hören, doch es ist mein eigener Herzschlag. Ich habe beschlossen, daß dieser Tag der Tag ist, an dem ich mich widersetzen werde, mit oder ohne Partner.

Nach einer scheinbar langen Zeit schwillt die Lautstärke der entfernten Geräusche an, und ich weiß, daß der nächste Abschnitt begonnen hat. Das uneingeweihte Volk wird draußen gelassen und die kleine Gruppe der Eingeweihten, einschließlich des Prinzen, wird den Vorraum betreten. Prinz Amenophis' Ausbildung als Priester erfolgte in Yunu in den Mysterien der Heiligen Neun, so wurde er zweifellos auch in den Ritualen des Amun und der Mut unterwiesen. Im Vorraum werden alle mit heiligem Wasser besprengt, während die Gesänge der Reinigung erschallen. Dann werden sie in die erste Halle gelangen. Hier werden sie nur langsam vorankommen, da sie alle paar Schritte an bestimmten Inschriften stehenbleiben, während die Priester der Mut die heiligen Worte anstimmen und die Priester des Amun Antwort geben. Das Ritual wird noch lange dauern, wenn sie das Heiligtum erreichen, den Raum, der unmittelbar vor dem gelegen ist, in dem ich mich aufhalte.

Ich frage mich, was diese Priester denken, wenn sie all diese Worte sprechen, wenn sie diese alten Gesten ausführen? Denken sie, daß die Götter Kinder sind, die man mit Täuschung beschwichtigen kann und die die gleiche Gute-Nacht-Geschichte immer wieder erfreut?

Meine Hände fangen an zu schwitzen.

Ich versuche, im Geiste dem Ritual zu folgen, so daß ich genau weiß, wann meine Zeit kommt.

Jetzt stellen sie das Bildnis in seinem kostbaren Boot an die Seite seiner Gemahlin Mut auf den Sockel, der ständig dafür bereit steht…

Jetzt verbeugen sie sich…

Jetzt beten sie… Jetzt werden die Gaben gebracht und vor den Gott und die Göttin gelegt. Ich frage mich, was für ein reiches Geschenk wohl der Prinz gebracht hat.

Mehr Gebete.

Jetzt bereiten sich die Priester vor, den Prinzen in seiner Rolle als Vertreter des Pharao durch die Tür zu mir zu führen.

Ich höre wie Ma-nan das Siegel bricht, mit dem das Schloß versiegelt wurde, als ich heute am frühen morgen hier hergeführt wurde. Ich sammele mich. Ich sitze so gerade und ruhig wie eine Statue, die Farbe auf meinem Gesicht ist so dick, daß es sich anfühlt und aussieht wie eine Maske. Ich halte mit einer Hand das Zeichen des Ankh, das Symbol des ewigen Lebens, welches auf den Stuhl geschnitzt ist, und mit der anderen Hand das Zeichen des sehenden Auge des Horus so fest, daß meine Knöchel schmerzen.

Meine Augen sind für einen Augenblick blind, als das Licht der Wachskerzen hereinscheint. Ich kann die Gestalten nicht erkennen, die hereinkommen und ihren Platz in dem kleinen dunklen Raum einnehmen, aber ich weiß, daß der Prinz vor mir steht, die Priester der Mut und des Amun zu beiden Seiten, ein oder zwei Schritte hinter dem Prinzen. Ich weiß, daß Ma-nan mich besorgt anschaut, ob der Zauber, den er auf mich gelegt hat, noch anhält – überzeugt davon, daß es so ist, aber trotzdem prüfend. Ich halte mein Gesicht unbewegt, meine Augen starr geradeaus, in dem Versuch ihn zu täuschen.

Allmählich gewöhnen sich meine Augen, und ich kann die Gestalten schwach erkennen. Die kleinen Flammen heben verzerrt die Nasen und die Augenhöhlen hervor. Zugleich mit meiner kann ich die Beklommenheit des jungen Prinzen fühlen. Wir wissen plötzlich, daß dies ein bedeutender Augenblick in unseren Leben ist und bekommen beide Angst.

Ma-nan hat mich unter Zauber angewiesen, dem Prinzen das Leben seines Vaters zu versprechen, wenn er dafür unvorstellbar viele Wohltaten verteilte. Aber er hat die Liste der Geschenke für den Gott so genau festgelegt und so verwickelt gemacht, daß er, falls der König sterben würde, behaupten könnte, das sei geschehen, weil der Prinz etwas unterlassen, und nicht, weil ich als Orakel versagt hatte.

Prinz Amenophis spricht das Bittgebet, und ich bemerke das Schwanken in seiner Stimme. Sein Gesicht ist so empfindsam, daß es beinahe durchscheinend wirkt, seine Augen sind tiefgründig und seine Lippen voll.

Ich bin still für die erforderliche Zeitspanne, warte auf mein Zeichen zum Sprechen, welches mir Ma-nan immer gibt, das Heben seiner Hand.

Ich mache die Pause nach dem Zeichen ein wenig länger als sonst, um meine Kraft zu sammeln. Es ist nicht leicht, Ma-nans Zauber zu durchbrechen, und ich weiß, an dieser Anstrengung kann ich zerbrechen. Mein Begleiter und Berater Khurahtaten hat mir für diesen besonderen Augenblick Anweisungen gegeben, wohl wissend, daß – wenn mein Geist nur eine Sekunde von der Aufgabe abweicht – ich vernichtet werden kann.

Ich stelle mir eine ungeheure Lichtquelle jenseits von allem Bekannten vor, die gleichwohl alles mir Bekannte erfüllt, genauso wie sie meine Seele im »Haus der Vielen Schwellen« sah und neben der unsere Sonne dunkel war.

Ich stelle mir die geheime Quelle des Flusses vor und ich springe in sein wirbelndes Sprudeln und wasche mich, das Wasser so klar wie der klarste Kristall, kälter als der kälteste Stein in der Dämmerung. Ich stelle mir mich selbst vor, wie ich mich aus der Quelle erhebe, rein gewaschen von allem, was vorher war… Und dann, erst dann, beginne ich zu sprechen

Zuerst sage ich nicht mehr als die üblichen Worte, die jeder gebrauchen würde, um den Prinzen und seine Ahnen zu ehren, doch dann verblüffe ich sie alle, als ich jede Tradition breche und mich erhebe. Ich spreche meine eigenen Worte, erzähle dem Prinzen, daß die Zeit für seines Vaters Tod noch nicht gekommen ist, aber daß er von nun an nicht mehr so kräftig sein wird wie vorher, und daß der Prinz sich auf den Tag vorbereiten muß, an dem er Pharao wird.

»Wenn dieser Tag kommt«, sage ich mit einer Stimme, die lauter scheint als jede mir bekannte, »wenn dieser Tag kommt, wirst du eine Aufgabe haben, die mächtiger ist als die Vertreibung des Hyksos, größer als die Unterwerfung Nubiens.«

Mit offenem Mund schaut er mich an. Ich kann es mir nicht erlauben, eine lange und spitzfindige Rede zu halten, denn Ma-nan erholt sich bereits von dem Schreck und greift in seinen kleinen Beutel, den er, wie ich weiß, in seinem Rock verborgen trägt.

»Bekehre die Menschen, von Gott Geliebter«, rufe ich. »Laß sie mit ihrem Herzen nach der Bedeutung hinter den alten Schriften suchen, laß sie der Stimme, die in der Stille spricht, lauschen. Hinter den vielen Namen der Götter ist der Eine hinter allen Namen. Kein Mensch kann es dir geben. Kein Mensch kann es dir nehmen.«

Ich fühle das kalte Prickeln auf meiner Haut, das mir die Nähe von Ma-nans Dämonen verrät. Entschlossen schaue ich weder nach links noch nach rechts, wo sie in den Schatten lauern, sondern blicke, wie zuvor, nur in die Augen des Prinzen. Mir scheint, ich sehe über seinem

Haupt das Licht in all seinem Glanz. Von Ehrfurcht ergriffen schreie ich auf und halte meine Arme empor. Ich höre das Schlagen von Flügeln und spüre die Luftbewegung um mich her. Ist es Muts Geier oder ist es der Horusfalke? Mit flammenden Augen stürmt Ma-nan vor und wedelt den harzigen Rauch, den ich verabscheue, vor meine Nase. Im selben Augenblick als er meine Nasenflügel erreicht, taumele ich, mein Körper zuckt krampfhaft, meine Zunge klebt an meinem Gaumen.

Erstaunt und bestürzt springt Prinz Amenophis auf mich zu, doch zwei Priester packen ihn jeder an einem Arm und führen ihn, eindringlich aber beschwichtigend flüsternd, aus dem Raum. Er schaut über die Schulter zurück, aber ich sehe, daß seine Augen seltsam rollen. Der Harzrauch hat wohl auch ihn erreicht.

Ma-nan wirft mir einen Blick von furchterfüllter Bosheit zu, folgt den anderen und schlägt die Tür krachend hinter sich zu.

Ich versuche, mich vom Stuhl zu erheben, um sie zu öffnen, bevor der Riegel zugeschoben wird, aber ich kann mich nicht rühren. Ich bin vor dem Stuhl halb zusammengesunken und ich höre das Heulen seiner dienstbaren Geister in der Dunkelheit um mich her und sehe ihre entsetzlichen Augen.

»Nein«, schreie ich. »Nein! Nein!« Aber sie greifen schon nach mir, und meine Haut fällt von meinen Knochen wie die graue, verrottende Haut eines Leichnams.

Die dunklen Bestien lassen mich beinahe vergessen, daß ich ein Mensch bin und im Inneren meines Fleisches etwas habe, was kein Fleisch ist, etwas, das nicht von Mensch oder Dämon angerührt werden kann.

»Nehmt mein Fleisch!« schreie ich und versuche mit dem schmerzerfüllten Gewimmer aufzuhören. »Ich brauche es nicht. Alles, was mir schon immer gehörte, habe ich noch, und alles, was je sein wird, könnt ihr nicht berühren.«

Warum sehe ich hier Djehuti, den Ibisköpfigen, und Khnum mit seiner Töpferscheibe in Gesellschaft mit den Dämonen? Ich sehe Anubis mit dem Schakalkopf, den wolfköpfigen Wepwawet und viele andere, deren Anwesenheit beruhigend sein sollte. Sie sind Götter von den Bereichen der anderen Welt, die Weisheit, Führung und Schutz vermitteln sollten. Warum verkehren sie mit Apep, der Schlange des Nicht-Seins? Warum mit Ammut, dem Verschlinger, Set und Sekhmet? Rundherum sind sie, ihr Heulen läßt mich frösteln bis ins Herz… Dämonen alle… alle Dämonen! Zu wem soll ich beten, wenn die Götter alle Dämonen sind? Wer soll mir helfen, wenn sie keine Hilfe sind?

Ich weiß, daß Khurahtaten mich zu erreichen sucht; wie ein gefangener goldener Falke flattert er gegen die Decke des Raumes, sich die Flügel stoßend und sein Schnabel bewegt sich wie das Blitzen einer Klinge, die für mein Wohl streitet, pickt hier an einem Auge, rupft da an einem Ohr. Knurrend wenden sich meine Peiniger ihm zu und lassen von mir ab. Klauen packen gierig zu und Zähne reißen, von seinen Flügeln fallen die Federn. Sein Schreien ist jenseits aller Laute, die das Ohr hören kann. Kein menschliches Wort kann ausdrücken, was ich mit meinen Augen sehe.

Bebend nehme ich die graue Haut vom Boden und wickele sie um mich wie einen Mantel. Sie wärmt mich, tröstet mich. Sie ist mir vertraut.

Dämonenfleisch trieft von den Krallen des Falken, als sie an mir vorbeirauschen, und dann sind sie fort.

Ich bin allein in dem dunklen Raum, schluchzend.

Worin liegt der Sinn? Ich flehe um einen Sinn. Ich als Mensch kann ohne Sinn nicht leben. Ohne ihn haben meine Glieder keine Stärke, mein Herz keine Kraft. Ich falle in das uranfängliche Chaos zurück und weiß nichts.

Khurahtaten in seiner menschlichen Erscheinung steht vor mir, kraftvoll und heil.

»Du hast den Sinn der Dinge verfälscht gesehen. Du hast gesehen, wie Bild und Buchstabe den Platz der Wahrheiten eingenommen haben, die man in alter Zeit für ihre Darstellung ausgedacht hatte. Priester spielen jetzt mit den »Göttern« wie mitSpielsteinen im Spiel des Senet; Könige bewegen sie wie die Knöchel der eigenen Hand. Du wurdest bedrängt vom Schatten aller Schatten, von einer verdorrten Schale des Guten, das seine Güte verloren hat, von einem Beschützer, der nicht mehr beschützt, von einem Lehrer, der nicht versteht, was er lehrt, von einem Berichterstatter, der berichtet, was er nicht mit eigenen Augen gesehen hat... «

»Hilf mir, den Sinn der Götter wiederzufinden«, rufe ich.

»Ich werde dir helfen, wenn du dir selbst hilfst. Ich darf nicht mit dir spielen wie mit einer Figur im Spiel des Senet. Ich darf dich nicht bewegen wie die Knöchel meiner Hand.«

»Ich werde mir selbst helfen, wenn du mir hilfst.«

»So sei es denn. Sieh – das Licht ist ein Siegel darauf.«

Ich schaue mich um, und der dunkle Raum ist hell. Ich habe Vertrauen. Ich kann sehen. Aber Khurahtaten, mein Begleiter und Freund, mein Beschützer und Ratgeber, ist nicht mehr da.

Ich schaue zu der schweren Holztür. Ich weiß, daß der große Riegel auf der anderen Seite an seinem Platz ist. Ma-nan wird mich tot sehen wollen.

Ich setze mich wieder in den Stuhl des Orakels. Ich sammele mich, beruhige meinen Atem, richte meinen Rücken auf, meine Arme liegen auf den Lehnen des Stuhles. Mein Ka, halb in meinem Körper und halb außerhalb von ihm, legt seine leuchtenden Flügel um mich wie einen Mantel, sein Haupt ruht auf meinem, seine Augen schauen durch die Tür, durch die beschnitzten Wände des Schreins im Heiligtum zu der Silberstatue des Amun-Ra, der in seinem mit Edelsteinen besetzten Boot ruht. Amun, der Unsichtbare, der aufhört zu sein, sobald er gesehen wird. Amun, Schöpfer der Vielfalt aus der verborgenen Kraft, er wird Zerstörer aus Gier. Mein Blick ist so durchdringend, daß das Metall zu schmelzen und zu fließen scheint und nichts im Schrein übrig bleibt als ein formloser Fleck geschmolzenen Silbers und ein paar verformte Edelsteine, ihrer kristallinen Gestalt beraubt.

Meine nächste Aufgabe ist es, die Inspiration freizusetzen, die am Anfang Amun ins Dasein brachte.

Meine Brauen aus Fleisch und Blut runzeln sich, aber der Seelenvogel, dessen Kopf auf meinem ruht, lächelt. Die Freude des Wiedererkennens strömt von seinem Herz zum Herzen des Gottes, und von Horizont zu Horizont singen die Bildnisse des Amun das Lied, das ihnen bestimmt war. In einem Tempel nach dem anderen verschließen entsetzte Priester ihre Ohren und schlagen heftig die Türen zu. Sie zittern, als die Säulen der heiligen Hallen beben und knirschen und die Statuen mächtiger Könige einstürzen.

Hier in Waset, im südlichen Heiligtum, höre ich rennende Fußtritte und sehe, wie sich die Priester in der Halle versammeln und sich dem Schrein mit Ausrufen des Erstaunens nähern, als Licht aus ihm scheint.

Das Beben des Gebäudes verschiebt den Riegel an der Tür meines Gefängnisses. Ma-nan, Na-aghta Eje und die anderen Priester keuchen, als ich vor ihnen stehe, die Flügel meiner Seele mit Federn aus Licht über mir ausgebreitet. Meine Augen, meine beiden eigenen und das eine, welches Horus meiner Stirn verliehen hat, sehen bis zu den Wurzeln ihrer Seelen, die Türen des Schreins öffnen sich, und vor ihnen gleitet der Unsichtbare fort wie eine Brisè Wind, und der Schrein ist verlassen.

»ER KEHRT ZURÜCK, WOHIN ER GEHÖRT, IN DAS EINE.«

Sind das meine Worte? Sie kommen wie Donner aus meinem Mund. Aber ich habe nicht gesprochen.

Ich beginne zu zittern, erinnere mich plötzlich, daß ich keinen Namen habe.

Meine körperlichen Augen wandern durch den Raum und sehen den jungen Prinzen wieder. Er hat gehört, was Nicht-Ich gesagt hat. Er hat es gehört.

Die Flügel meiner Seele sind wieder in meinem Herzen gefaltet.

Ich schreite mit vorsichtiger Demut durch den Raum zu der anderen Seite, die aus dem Heiligtum zu der großen Halle führt. Wenn ich nicht zurückschaue, werden sie mich vielleicht nicht aufhalten. Ich will das Gefängnis des Tempels verlassen und frei hinaus in die große Welt gehen.

»Halt!«

Ich höre den Ruf, aber ich bleibe nicht stehen.

Der Prinz ist jetzt nahe. Er sieht bleich und verwirrt aus, aber er ist der Erbe des Pharaos und niemand wagt es, ihn anzurühren.

»Ich stelle mich unter Euren Schutz, mein Herr«, sage ich schnell zu ihm. Er schaut von mir zu den ärgerlichen Gesichtern der näherkommenden Priester. Hinter ihnen ist der Schrein geschlossen und strahlt kein Licht mehr aus. Die Schatten kommen wieder näher.

Wird er es tun?

Er schaut wieder zu mir, runzelt verwirrt die Stirn.

»Bitte, mein Herr«, flüstere ich drängend. »Es ist Euer Recht.«

Er scheint sich plötzlich zu entschließen, richtet sich auf, schaut endlich mit etwas von der befehlenden Kraft seines Vaters in Ma-nans grimmige Augen.

»Er soll mit mir kommen«, sagt er. »Er steht unter meinem Schutz.«

»Er ist Orakel, mein Herr, und kann sich nicht vom Tempel entfernen«, sagt Ma-nan glattzüngig.

»Ich bin Sohn des Amun-Ra und werde Pharao der zwei Länder sein. Ich sage, er soll mich begleiten.«

Ma-nan versucht, ihn mit der Magie seines Blickes zu beeinflussen, aber ich nehme den Prinzen am Arm und wende ihn schnell von ihm ab.

»Mein Herr«, flüstere ich drängend, »wir sind in Gefahr. Wir müssen gehen.«

Er dreht sich mit mir um und wir gehen zusammen hinaus.

Wir wissen beide, daß wir jedes Gesetz des Tempels brechen und daß wir ein großes Wagnis eingehen, aber er ist, genau wie ich, davon überzeugt, daß es jetzt die einzige Möglichkeit ist. Wir versuchen, nicht zu hasten. Wir bemühen uns, den Eindruck zu machen, daß wir in vollkommener Selbstbeherrschung und in völligem Recht hinausgehen, aber ich merke an der Spannung seiner Armmuskeln unter meiner Hand, daß er genauso erregt ist wie ich.

Die Priester folgen in geringem Abstand. Sie scheinen verdutzt zu sein. So etwas ist noch nie dagewesen. Dafür gibt es keine Anweisung.

Wir schauen uns nicht um bis wir sicher durch den letzten Hof gelangt sind und beinahe den großen Torturm erreicht haben. Dann kann ich nicht anders, wende meinen Kopf und schaue meinen alten Widersacher an.

Er steht sehr steif und gerade, seine Augen blitzen mich an, und so klar, als würde er die Worte laut sprechen, höre ich seine Gedanken: »Du bist tot, Namenloser. Nach deinem Tod wird es keine Reise zum Königreich des Osiris geben. Du wirst toter als tot sein, und ich werde deine Seele für immer an deine verrottenden Knochen gekettet sehen. Es wird keinen Austritt und keinen Eintritt geben, keine Reise durch die Zeit und kein Wandeln in anderen Körpern auf dieser Erde. Du, Namenloser, wirst niemals einen Namen haben… «

Mich schaudert. Dieser Fluch ist der schrecklichste, den ich jemals vernommen habe, und ich glaube, er hat die Macht, ihn in Erfüllung gehen zu lassen.

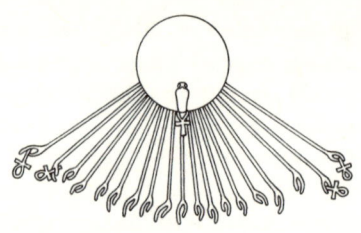

Die Freundschaft

Die lange Nacht meines Halblebens ist vorbei. Ich stehe als freier Mann neben meinem Prinzen. Die Sonne scheint auf unsere Freundschaft, und er hat einen Namen für mich in seinem Feuer geschmiedet und auf meine Stirn geschrieben, so daß jeder, der Augen hat, ihn sehen möge. Djehuti-kheper-Ra. Wenn mein Name gerufen wird, antworte ich. Wenn Menschen mich fragen, wer ich bin, sage ich, mein Name ist Djehuti-kheper-Ra, und sie gehen zufrieden weiter, in dem Glauben, eine Antwort bekommen zu haben. Die Menschen haben schon immer geglaubt, daß die Seele ohne einen Namen nach dem Tode in die große Leere zurückfällt, als ob es sie nie gegeben hätte. Die schlimmste Strafe für einen Verbrecher ist, für namenlos erklärt zu werden, und die größte Ehre, die ein Mensch erfahren kann, ist, daß ihm ein neuer Name geschenkt wird. Aus den Worten, die eine Mutter während der Geburt des Kindes ausruft, wird der erste Name gewählt. Später, in reiferem Alter, kann ein anderer hinzugefügt werden, der ausdrückt, was aus ihm wurde oder was er erreicht hat. Im Sterben werden alle Namen gerufen, wenn er oder sie die Reise durch das Duat beginnt. Ich hatte gedacht, daß ich wegen meiner Namenlosigkeit ein Niemand sei, aber jetzt sehe ich, ein Erden-Name ist nur eine Maske wie andere Masken, ein Zweig, nach dem man greifen kann im Brüllen des Wasserfalls, weiter nichts. Der einzige Name, den ich brauche oder jemals wirklich gebraucht habe, ist der Eine, den ich vor endlosen Äonen bei meiner Erschaffung als Seele hatte und den niemand kennt oder jemals kennen wird. Er hat mich im Licht des Schöpfers gehalten und macht mich für das »Große Er-Sie« kenntlich. Er währt länger als die Zeit selbst und umfaßt deshalb alles, was ist, was war und was jemals sein wird. Kein Mensch hat Atem genug, ihn auszusprechen, aber der Eine spricht ihn in seinem Herzen und kennt jede Schattierung von ihm. Wenn er gerufen wird, werde ich wissen, daß es meiner ist, und werde vortreten. »Erhabener«, werde ich sagen, »hier bin ich«, und ich werde ihn zum ersten mal selbst aussprechen, und in ihm werden all meinen Gedanken und Taten sein, all meine Ängste und Schmerzen und Freuden...

Wie die Monde verstreichen, gibt es immer weniger Geheimnisse zwischen Prinz Amenophis und mir. Wir spazieren am See entlang, der an seines Vaters Palast in Per-hay liegt, und öffnen einander unsere Herzen. Ich erzähle ihm von der Härte meines Lebens als Orakel, und er erzählt mir von der Härte seines Lebens als Prinz. Manchmal denke ich, der Unterschied zwischen unseren Leben ist nicht groß. Er war immer schon ein Träumer, ein Denker, aber ihm wurde niemals Zeit gewährt zum Träumen oder zum Denken. Als Junge, kaum ein Jüngling, wurde er an die östliche Grenze geschickt, um das Kriegshandwerk zu lernen. Auch wenn die Pharaonen seiner Dynastie, Thutmosis III. und Amenophis II., die Gebiete weit nach Djahi gesichert haben, so ist der Frieden dort immer gefährdet. Dort gibt es immer bestechliche Beamte, die das Volk ausbeuten, und Männer, die nicht zu lieben verstehen und das Brennen dieser Krankheit durch Grausamkeit und Blutvergießen lindern. Dort lernten die Soldaten des Pharaos, und der junge Amenophis mit ihnen, das Töten.

Er erzählt mir, daß er mit dem Erlernen dieses verachtenswerten Vergnügens in den Marschen des Deltas begann, lange bevor er die östliche Grenze erreichte. Die hohen Papyrusgräser waren bevölkert von Enten und Wasservögeln aller Art, Gänsen und Fischreihern, Störchen und Kranichen, Stelzvögeln auf staksigen Beinen, Schwimmern und Tauchern, die zu töten der Soldaten größte Freude war. Er selbst wurde bald ein kundiger Vogelfänger, obgleich das einzige, was ihn daran erfreute, die Zeit war, die er dabei für sich selbst hatte, während er sich verbarg und wartete, als die Sonne glitzernd durch die braun-goldenen bauschigen Bälle der Blüten schien, die im Winde über seinem Kopf schimmerten, und die Säulen der kräftigen Stengel umschlossen ihn wie die großen Säulen der Tempel. Er konnte sich vorstellen, daß Isis in diesen Marschen im Verborgenen lebte. Als kleiner Junge erbebte Amenophis vor Aufregung, wenn er die Geschichte hörte, wie sie ihren Gemahl Osiris suchte, der von seinem eigenen Bruder Set verraten, getötet und in einem versiegelten Sarg ins Meer geworfen worden war. Er hatte gehört, wie sie ihn im Stamm eines Baumes, der in Kepel um den Sarg gewachsen war, wiederfand, und wie sie ihn zurückbrachte nach Khemet und ihn in den Papyrussümpfen des Deltas verbarg. Die Augen des Prinzen rundeten sich vor Erstaunen, wenn ihm erzählt wurde, daß sie ihn vom Tod zurück ins Leben brachte durch die Kraft ihrer Magie und ihrer Liebe, und daß sie einen Sohn von ihm empfing: keinen gewöhnlichen Sohn, sondern eine Verkörperung des mächtigen Wesens Horus, einen der Gefährten des Allerhöchsten. Noch einmal hat Set seinen Bruder gefunden und in Stücke gerissen, und die Teile seines Körpers über die Gesamtheit der zwei Länder verstreut. Noch einmal hat Isis sich in den gleichen Marschen verborgen, ihren Sohn beschützt, ihn ihre Weisheit gelehrt, auf daß er eines Tages die Dunkelheit zu besiegen und dem Licht wieder zum Sieg verhelfen möge.

Aber der junge Prinz Amenophis konnte sich nicht für immer träumend verbergen, und von Zeit zu Zeit mußte er mit einer Beute zu seinen Kameraden zurückkehren. Er beschrieb mir, wie seine Schießkunst ihm am Ende sogar ein Lob des jungen Hauptmannes einbrachte, von dem er wußte, daß sein Vater ihm Gehör schenken würde, Haremhab. Das gefiel ihm besonders, weil er Haremhabs Mißfallen wie einen heissen Wind über sich wehen gefühlt hatte seit sie aufgebrochen waren.

Jeden Abend in den Marschen aßen sie gut, und jeden Morgen erwachten sie von einem Vogelstimmengewirr, einem Schreien und Quaken, einem Trillern, Rillern und Zirpen, so laut, so daß einige der Männer mit Schleudern und Flüchen um sich warfen. Er aber lauschte mit Entzücken, erstaunt darüber, daß das gefiederte Königreich so viele Töne hervorbringen kann. Wenn er seines Vaters Musiker aus allen Palästen versammeln würde, der erregende Chor der Vögel würde sie doch übertönen.

Die Lotosblumen standen in Blüte, und er hatte heimlich ein Lied für seine Base Nofretete komponiert, welches er nach seiner Rückkehr singen wollte. Er hatte nicht die Absicht, es aufzuschreiben, und er wagte es nicht, die anderen wissen zu lassen, daß er Lieder und Gedichte machte. Pharaonensohn oder nicht, sie hänselten ihn schon wegen seiner Kurzatmigkeit, seiner dünnen Arme und seiner weibischen Gewohnheit zu träumen, anstatt sich vergangener Heldentaten zu rühmen wie die übrigen. Er vermutete, daß sein Vater befohlen hatte, er solle nicht anders behandelt werden als die anderen neuen Rekruten. Er wiederholte in Gedanken die Worte des Gedichtes, während er marschierte, und konnte so die Erschöpfung und das Gewicht des Gepäcks, das er trug, vergessen. Die Gruppe, die argwöhnte, daß er einen geheimen Fluchtweg habe, um dem Spott zu entkommen, wenn er humpelte oder zurückblieb, spielte ihm »spaßeshalber« manch grausamen Streich und stellte eine Falle nach der anderen. Einmal brachten sie ihn fast um. Er war »aus Versehen« ins Wasser gestoßen worden, verlor den Boden unter den Füßen und wurde von den verwickelten

Wassergräsern hinabgezogen. Er kämpfte schweigend und versuchte, seine Angst nicht zu zeigen; seine Brust schmerzte, seine Glieder waren kraftlos. Die Männer lachten ihn aus wie immer, und taten so, als wollten sie ihm einen rettenden Pfahl hinhalten, um ihn dann absichtlich wieder wegzuziehen, wenn er ihn gerade ergreifen wollte. Plötzlich erschien Haremhab neben ihnen, und bei dem Gedanken, daß sie ihn nun herausziehen würden, tat sein Herz einen Sprung. Vielleicht würden sie bestraft für diese respektlose Behandlung eines königlichen Prinzen. Aber zu seinem Entsetzen sah er, kurz bevor sein Kopf erneut unter das schlammige Wasser geriet, wie Haremhab seine Arme verschränkte, neben ihnen stand und ihn ungerührt beobachtete. Zorn mischte sich nun in seine Angst. Vielleicht hatten sie nicht gesehen, daß er dabei war zu ertrinken und nicht länger aushalten konnte; es war ebenso möglich, daß es ein vorsätzlicher Versuch war, ihn umzubringen. Wut und Lebenswille gaben ihm ungewöhnliche Kraft. Er zog sich noch einmal empor, sein Gesicht von Wut verzerrt, und kämpfte und strampelte bis er ohne ihre Hilfe freikam von dem Schlingkraut und es schaffte, ein Bündel Schilfrohr zu packen, das ihm Halt gab. Er spuckte grünen Schleim und durchweichte Federn aus seinem Mund, als er sich endlich selbst ans Ufer schleppte. Seine Peiniger waren verschwunden wie Sumpfnebel bei Sonnenaufgang. Nur Haremhab erhob sich über ihm, noch immer mit verschränkten Armen, und schaute auf ihn herab.

»Geh sofort zurück in die Reihe«, sagte er kalt. »Wir brechen jetzt auf.« Dann schritt er davon, ohne sich umzusehen.

Amenophis erzählt mir, wie er schluchzend am Ufer lag; wie er zum Himmel schaute und sich wünschte, einen Fluch auf seine Peiniger und auf Haremhab zu schleudern, der sie und ihre Nachkommen bis zum Ende der Zeit verdammen würde, wie Worte sich in seinem Kopf formten so furchterregend, daß sogar Set stolz auf sie gewesen wäre. Aber irgend etwas hielt ihn zurück. Leise entwirrten sich kraftvolle Worte in seinem Geist wie ein langes, goldenes Band: »Stärker als der Fluch ist die Liebe, die den Lotos entfaltet.« Überrascht lauschte er ihnen. Sie stammten aus seinem Lied. Er wrang den Schlamm und das Wasser aus seinem Soldatenrock und wußte, daß er den bösen Kreislauf seines Zornes und ihrer Grausamkeit durch alle Zeit weiterspinnen konnte, und weder er noch sie wären jemals frei davon, oder aber er konnte diesen Kreis jetzt durchbrechen, und dann gäbe es ein Ende.

Als er zu den anderen zurückkehrte, erschien er so ruhig und gefaßt, daß sie ihn erstaunt anschauten. Er nahm seinen Platz in der Reihe ein, so als ob nichts gewesen wäre. In den nächsten Tagen kamen seine

Peiniger einer nach dem anderen zu ihm, und ein jeder beteuerte, es sei nicht seine Idee gewesen, ihn im Wasser zu lassen, sondern er habe nur mitgemacht. Der Prinz erinnert sich lächelnd. Wo war diese geheimnisvolle Person, dessen Idee es gewesen war, wenn nicht ein einziger von ihnen dafür verantwortlich war? War es möglich, daß sie nicht logen, daß ein anderer anwesend war, unsichtbar, verschlagen, tödlich, Gedanken der Finsternis in ihnen nährend, so wie in ihm von einer anderen Quelle, wie im Lotoslied, Gedanken des Lichtes genährt wurden? Dennoch waren sie immer noch verantwortlich. Mit Gedanken gefüttert werden ist eine Sache, sie annehmen und danach handeln ist eine andere.

Es schien, daß sogar Hauptmann Haremhab ihn mit etwas mehr Respekt als vorher behandelte. War das Ganze vielleicht eine Art von Prüfung, von seinem Vater angeordnet, um »einen Mann aus ihm zu machen«? Er hatte einen großen Schritt getan, als er aufhörte, andere um Hilfe zu rufen, und beschloß, sich selbst zu helfen.

Hinter dem reichen Ackerland des Deltas, hinter den Marschen und den Lagunen, an denen sie entlangmarschiert waren, lag die Wüste, und nördlich der Wüste lag der Ozean, das Große Grün. Natürlich hatte er davon gehört, aber bis zu dem Moment, als er den Gipfel eines verdorrten und felsigen Berges erreichte, außer Atem und schweißgebadet, hatte er es noch nie gesehen. Er war überwältigt. Eine Wasserwüste soweit das Auge reichte, das passende Gegenstück zu der Sandebene, die sich vor ihnen ausbreitete. Tag für Tag marschierten sie an ihr entlang, durstig, und sie begannen, ihre quälende Nässe zu hassen. Sand scheuerte seine Füße und kratzte seine Augen. Die Sonne ließ ihn beinahe erblinden, wenn sie auf dem Wasser glänzte. Er bedauerte es nicht, als ihr Weg sie für eine Weile von ihrem Anblick wegführte. Wie konnte eine solche Unermeßlichkeit bestehen? Himmel und Wüste und Meer... Himmel und Wüste und Meer... Er begann, seine Persönlichkeit zu verlieren, fühlte sich kleiner als eine Ameise, die die große Pyramide erklimmt. Von Zeit zu Zeit kamen sie an riesigen Statuen, Stelen und Monumenten vorbei, die die Taten der Könige und ihrer Armeen priesen, die hier vorübergezogen waren, ein jeder in seiner Grausamkeit und Überheblichkeit durch den Gott Amun bestärkt. Er erinnert sich an eine Stele, die von seinem Vorfahren, Men-kheper-Ra, Thutmosis lll., errichtet wurde:

»Ich bin gekommen, damit Du die Fürsten von Djahi zertreten mögest
Ich zerstreue sie unter Deinen Füßen in all ihren Ländern.

Ich lasse sie Deine Erhabenheit als Herr des Glanzes erblicken,
Du erscheinst in ihren Augen als mein Bildnis.«

Einige von ihnen waren umgestürzt worden, als das Kriegsglück wechselte, und der Sand begrub sie schon. Doch derzeit waren die Zwei Länder im Auftrieb, und die Monumente von Thutmosis I. und Thutmosis III. und von seinem Vater und Großvater stehen noch immer stolz da, kaum verwittert trotzen sie den sengenden Sandstürmen. Amenophis fragte sich, ob die Menschen so riesig bauen, weil sie sich so klein fühlen; so unbedeutend, daß sie solche albernen und großartigen Lobpreisungen von sich selbst in Stein meißeln.

Der junge Prinz Amenophis blieb in der östlichen Provinz bis er alles gelernt hatte, was sein Vater für ihn zu lernen für nötig hielt, und auch viele Dinge, die sein Vater nicht gebilligt hätte. Amenophis würde nie ein Kriegerkönig werden wie seine großen Vorfahren, aber er lernte genug, um kenntnisreich über Truppenbewegung, Taktik und Vorräte zu reden. Er lernte zu marschieren, zu schießen und zu reiten. Er lernte, sich im Nahkampf zu verteidigen und zu töten, wenn es notwendig war. In den ersten Tagen sah er seinen Vater kaum, doch dann beschloß Amenophis Neb-maat-Ra, seine östlichen Gebiete zu besuchen, und der Prinz mußte, hinter dem Stuhl seines Vaters stehend, Banketten beiwohnen und die hohe Kunst der Diplomatie beobachten. Er lernte, das eine zu sagen und etwas anderes zu meinen, zu hören, was nicht gesagt wurde, eine Drohung in einem Kompliment zu verstecken und ein Kompliment in einer Drohung.

Als sein Vater nach Hause zurückkehrte, blieb der Prinz unter der ausdrücklichen Vormundschaft Haremhabs. Der Mann war hart und wollte unbedingt, daß der König auf seinen Sohn stolz sein konnte. Zuerst erschien jeder Tag länger als der vorangegangene, wenn sie gedrillt wurden und marschierten, ritten und übten, die wenigen Pausen angefüllt mit den langweiligen Geschichten der Soldaten, wieviel sie letzte Nacht getrunken und wieviele Frauen sie bestiegen hatten seit sie die Heimat verließen. Die Nächte vergingen im Vergessen, das die äußerste Erschöpfung mit sich brachte. Er gab die Hoffnung auf, jemals ein wirkliches Leben zu führen. Seine Glieder schmerzten, seine Blasen schwärten, seine Augen waren rot und entzündet. Aber im sechsten Monat nach seines Vaters Abreise, als sie einem jähen Einfall von jenseits der Grenze begegnen mußten, verging die Zeit plötzlich schneller. Zu seiner Überraschung fand er sich selbst bemerkenswert flink und tüchtig, als er seinen Streitwagen ins Gefecht führte, und er tötete sogar ohne nachzudenken, wenn Haremhab den Befehl dazu gab.

Nachdem der Prinz sich bewährt hatte, war der Hauptmann nicht mehr so wachsam, und Amenophis konnte mit der Zeit den anderen immer öfter entkommen und sein begeistertes Studium der religiösen Bräuche der Länder, in denen die Garnison lag, fortsetzen.

Da gab es Götter, denen das Volk Stiere opferte, Götter, denen das Volk Schafböcke opferte, Götter mit Fischschwänzen, Götter, die in Bäumen lebten, Götter des Himmels, Götter der Erde; Astarte, die auf ihrem Löwen reitet. Baal, der mit Feuer verehrt wird. Überall, wo er hinschaute, gab es Götter von unterschiedlicher Gestalt und Größe und Namen; aber wenn er genauer hinsah, schien es ihm, daß sie von seinen eigenen Göttern gar nicht so verschieden waren, jeder ein Teil des Mysteriums des Lebens, dem Eigenschaft und Name gegeben wurde, doch keiner stellte eine Ganzheit dar, so wie der Mensch ganz ist. Es schien ihm, daß, auf eine bestimmte Weise, ein Gott ein geringeres Wesen als ein Mensch sei, denn jeder Gott hat nur eine Seite, höchstens zwei oder drei, doch ein Mensch hat viele. Groß mag ein Gott sein und ein Mensch mag klein sein, doch in eines Menschen Herz liegen unermeßliche Dinge, Raum hinter Raum und Zeit im Aufsteigen eines Gedankens. Er stand vor Statuen in Tempeln, genauso wie er vor Statuen in Tempeln seines Landes stand, und er hörte die Worte der Priester und plötzlich wußte er; er wußte, warum die Tempel so bedrückend waren, so düster und so fremd.

Der wahre Tempel für den wahren Gott liegt im Herzen. Sein Dasein ist grenzenlos, von unsichtbarer Leichtigkeit. Er nimmt keinen Raum ein, besteht in keiner Zeit... Amenophis erinnerte sich, wie er, als er ein sehr kleines Kind in Waset war, beobachtet hatte, wie der Gott Amun aus seinem Heiligtum, dem Allerheiligsten, den großen Prozessionsweg hinunter zum Fluß getragen wurde, und wie er sich dann vorübergehend, für die Zeit eines ganzen Mondes, im großen südlichen Heiligtum aufhielt. Er hatte die Freude des Volkes gesehen, das Tanzen, das Singen, die feierlichen Gesichter der Priester, die wunderschönen Roben, die glitzernden Edelsteine, die er und seine Familie trugen, als sie hinter dem Gott herschritten. Er wußte, wenn er älter wäre, würde er eine priesterliche Ausbildung erhalten. Dennoch sah er Amuns Augen als Steine, die aus dem Metall starrten. Er wußte, daß er nicht so denken sollte, das war Gotteslästerung, Ketzerei. Er wußte, daß der Amun, den er sah, nur eine weltliche Schale war, in die das Göttliche von Zeit zu Zeit hinabsteigen konnte, wenn es wollte. Der wirkliche Amun war unsichtbar, Vater der Götter, der Eine Große, der

Mächtige. Doch jedes Land, in das er kam, forderte dasselbe für seinen Gott oder seine Göttin. Er sah viele »Große Eine«, die angebetet wurden, viele Mächtige.

Er wanderte an einem großen Fluß entlang, fern seiner Heimat, und seine Gedanken drehten sich im Kreise wie ein gefangenes Tier. Schließlich saß er erschöpft auf einem Felsen am Ufer und betrachtete das Bild der Sonne, das im Wasser vor ihm tanzte. Kleine Wellen zerbrachen ihre von der Spiegelung verzerrte Gestalt und ließen sie als viele Bilder erscheinen. Er schaute auf zu dem großartigen Gewölbe des Himmels. Er versuchte, in die Sonne selbst zu schauen. Sofort schloß er vor Schmerz die Augen. Ein Nachbild des Feuers tanzte hinter seinen Lidern. Er erinnerte sich an die Worte, die in dem Buch für all diejenigen, die die Welt verlassen, um in das Duat zu reisen, niedergeschrieben sind – der Führer, der die Wesen durch die Verwandlungen führt, die für ein Leben nach dem Leben nötig sind: »*Er ist nicht die Sonne für diesen oder jenen Augenblick, sondern für gestern und heute und für alle Ewigkeit, der ›Eine, der aus dem Einen hervorgeht‹. Wir nennen ihn Ra, Ra-Harakti, Kepher, Aton und Atum in seinen vielen Aspekten, und in all den Namen vergessen wir, daß er keiner von diesen ist, sondern geheimnisvoll, kraftvoll, einzig und allein der Eine, der aus dem Einen hervorgeht.*«

Als er mir von dieser Vision erzählt, bin ich schrecklich aufgeregt. Jetzt gibt es keinen Zweifel mehr in meinem Herzen, daß er der Partner für die große Aufgabe ist, die Khurahtaten gestellt hat.

»Djehuti-kheper-Ra!« Mein Prinz ruft meinen neuen irdischen Namen und ich eile zu ihm. Wir spazieren in der kühlen Luft vor der Morgendämmerung am See entlang, die letzten Sterne scheinen wie helle Flecken in Lapislazuli. Ich erinnere mich, wie Khurahtaten mir erzählte, daß der Lapislazuli aus dem Osten, wo die Sonne aufgeht, gebracht und für die Augen der Götter gebraucht wurde, nicht weil ihm selbst magische Kraft innewohnt, sondern weil es unsere Vorväter an den tiefblauen Himmel des Abends und der Morgendämmerung erinnert: die Zeit, wenn das Unsichtbare manchmal sichtbar wird.

Ich sehe, daß mein Prinz beunruhigt ist. Er hat mich aus meinem Gefängnis befreit und dafür liebe ich ihn. Seine Sorge ist auch meine Sorge. Er schreitet am See entlang und ich sehe, daß er nicht bemerkt, wie sich das Perlmutt, das auf dem Wasser schimmert, in geschmolzenes Gold verwandelt, als die Sonne plötzlich über der östlichen Wüste hervorbricht. Er hat nicht die langen in Gold getauchten Obelisken bemerkt, die sich im Sonnenlicht entzünden wie eine Feuerschnur. Ein

Eisvogel schwebt in der Luft und taucht dann so geschickt unter, daß kaum eine Welle zu sehen ist, wo er das Wasser berührt hat. Er steigt mit einem blausilbernen Fisch wieder auf.

»Was ist Dir, mein Herr?« frage ich leise, denn ich möchte nicht die zarte Stimmung der Dämmerung zerstören, doch ich weiß, daß er gefragt werden möchte. Nachdenklich schaut er zu mir auf.

»Es gibt so vieles, das ich wissen möchte – so vieles, das ich wissen muß«, sagte er, »aber das Leben geht zu schnell vorbei und nun... « Er hält inne und runzelt die Stirn.

»Und nun?« hake ich nach.

»Und nun scheint es, daß ich König werden soll, bevor ich bereit bin.« Überrascht schaue ich ihn an.

»Hat sich der Zustand des Königs verschlechtert?« frage ich.

Amenophis schüttelt seinen Kopf.

»Nein, nicht verschlechtert«, sagt er, »aber letzte Nacht rief er mich in sein Gemach und sprach zu mir in einer Weise – « er zögert – »in einer Weise, die ich von ihm niemals erwartet hätte.«

Ich warte geduldig, weil ich weiß, daß er es mir erzählen wird.

»Sein Fieber ist gesunken, und er schien sehr ruhig und entspannt. Es ging ihm besser als in der letzten Zeit«, sagt Amenophis. Er hat mir von den eigenartigen Phantasien seines Vaters erzählt, als das Fieber hoch war und als ihn sogar die Berührung seiner Königin, Teje, die er mehr als jeden anderen liebte, erzürnte und ihn das Aufsagen der Gebete und Zaubersprüche durch die Priester rasend vor Zorn machte. Er hatte geredet, als ob er nicht wüßte, ob er lebendig oder tot sei, er verwechselte seine Fieberträume mit seiner Reise durch das Duat nach dem Tod; er nannte seinen Vergnügungsteich in Per-hay den »großen See des Friedens«, und behauptete, daß die Barke »Strahl Atons« genannt, in Wahrheit ein Geisterschiff sei, das ihn zum Königreich des Osiris trägt. War es Horus persönlich, Herr der Sonne und der Zwei Länder, oder ein Falke, der mit ausgebreiteten goldenen Flügeln über ihm kreiste? Wo die Sterne waren, sah er die Edelsteine der Nut – waren es die geistigen Lampen im Thronsaal des Osiris, wo er dem Großen Gericht gegenübertreten würde – oder die flackernden Kerzen, die von Teje in seinem Gemach in Per-hay entzündet wurden? Manchmal sahen die Kreaturen, die in der Ecke lauerten, wie Ammut aus, der verborgene Verschlinger all der Seelen, denen es nicht gelang, Maat und die zweiundvierzig Beisitzer zufriedenzustellen, und zu anderer Zeit sahen sie aus wie einer seiner Ärzte.

Zu Beginn seiner Krankheit war der König von Sekhmet besessen, der Göttin mit dem Leib einer Frau und dem Herzen einer Löwin,

Herrin der Zerstörung, Gemahlin von Ptah, dem Schöpfer. Sie erschien ihm immer wieder in Träumen, und er begann zu glauben, daß er sie auf irgendeine Weise beleidigt hatte und die einzige Möglichkeit, seine volle Gesundheit wiederzuerlangen, darin bestünde, sie zu besänftigen. Er hatte seinen Handwerkern befohlen, Statuen von ihr in ihrem gütigen Aspekt anzufertigen, auf einem Thron sitzend, den Lotosstab in einer Hand und das Ankh, Symbol des ewigen Lebens, in der anderen. Sie waren aus feingeädertem schwarzem Granit und Basalt aus fernen Ländern gehauen. Eine Statue nach der anderen wurde poliert und aufgestellt, jedes Mal begleitet von Gebet und Opfer. Gewiß würde der Strom des Blutes der geschlachteten Tiere, der zu ihren Füßen floß, ihren Zorn von ihm abwenden? Nachts, wenn er nicht schlafen konnte, betete er zu ihr, besuchte manchmal den Ort, wo so viele Bildnisse von ihr standen. Es lag in ihrer Macht, die Erde und ihre Bewohner von ihren Sünden und Krankheiten zu reinigen, wie schmerzhaft und grausam dieser Vorgang auch sein mochte, und wenn sie fertig war, lag es in ihrer Macht, Heilung und Erneuerung zu bringen.

Etwas nagte am Herzen des Königs, doch niemand, noch nicht einmal Teje, konnte ihn trösten. Die Zahl der Statuen der Sekhmet wuchs, die Handwerker, die sie erschufen, arbeiteten Tag und Nacht in dem Versuch, seine verzweifelte Ungeduld zufriedenzustellen.

Jetzt war er müde und sehnte sich nach Ruhe. Die Last, ein auf Erden wandelnder Gott zu sein, war manches Mal zuviel, und jetzt war so eine Zeit. Er war es müde, der Angelpunkt zu sein, auf dem das Unsichtbare und das Sichtbare sich drehen, die Schultern, die die riesige Last der Welt tragen. Als er jung und kräftig war, bekleidet mit seinen Krönungsinsignien, die Krone auf seinem Haupt – alle verbeugten sich und lauschten jedem Wort, das er sagte, und sprangen herbei, um seine Befehle auszuführen – schien es leicht und angenehm, ein gnädiger König zu sein. Als er älter und weniger überheblich wurde, erkannte er, daß er ein müder, ärgerlicher und ernüchterter Mann und weit davon entfernt war, ein Gott zu sein… doch der Schein mußte gewahrt werden.

Prinz Amenophis unterbricht sich. Er ist von den vertraulichen Mitteilungen seines Vaters sichtlich tief berührt, aber seine Erzählung hat einen Punkt erreicht, an dem er vielleicht schweigen sollte. Wiederum warte ich.

Sein Vater deutete an, daß er einst Dinge getan hat, derer er sich nun schämt. Ich sage ihm, er müsse mir nicht enthüllen, was sein Vater gesagt hat, wenn er es für falsch hält.

»Es gab einen Augenblick, als ich dachte, er würde mir etwas über dich erzählen«, sagt mein Freund, und schaut mich kurz zweifelnd an. Mein Herz tut einen Sprung, aber ich sage nichts. »Er hat es nie gebilligt, daß ich dich hierherbrachte«, fährt er fort. »Ich habe das nie verstanden. Es ist beinahe so als ob… so als ob er dich irgendwie fürchtet.« Amenophis schaut mich sehr genau an. »Sollte er das?«

Ich schüttele meinen Kopf. »Ich wüßte nicht, warum.«

»Ich auch nicht«, sagt er, plötzlich aus tiefstem Herzen.

»Was hat er gesagt?«

»Oh, nichts weiter…« sein Geist schien einen Moment zu wandern, und dann war er wieder recht klar und sprach von der Befürchtung, nach seiner Krankheit nicht genug bei Kräften zu sein, um die ganze Last der beiden Kronen auf seinen Schultern zu tragen. Er sagte, er fühle, daß es an der Zeit sei, die Regierung mit mir zu teilen.«

»Eine Mit-Regentschaft?«

»Ja.«

Schweigend gehe ich neben ihm her. Ich weiß, daß er noch nicht bereit ist, König zu werden. Aber Regent? Wie würde sich das auf die Aufgabe auswirken, die Khurahtaten uns beiden gestellt hat, die Aufgabe, den Mund der toten Rituale zu öffnen, damit die lebendige Wahrheit in unserem Land wieder gehört würde?

Wir hören einen Ruf und wenden uns um, dort am Ufer des Sees; es fällt uns beiden schwer, unsere Gedanken zu unterbrechen. Wir erkennen die Gestalt eines jungen Mädchens, die von den blühenden Terassen vor dem Palast auf uns zu läuft. Fein bestickter Musselin weht wie ein Band hinter ihr her, die Rundungen ihrer Gestalt sind genauso schön wie die Hathors, der Herrin der südlichen Maulbeerfeigenbäume.

Mein Herz schlägt schneller. Nofretete, deren Name »die Schöne naht« bedeutet. Nofretete, Geliebte des Prinzen Amenophis, Tochter seines Onkels Eje.

Wir gehen ihr entgegen. Ihre Wangen sind gerötet vom Laufen, ihre Augen leuchten von den Nachrichten, die sie bringt. Sie schlingt ihre Arme um ihn und tanzt mit ihm herum, vor Freude lachend.

»Du wirst kaum die gute Nachricht glauben, die ich bringe!« ruft sie. Ihre dunklen Augen sind der Nachthimmel bei Vollmond, ihr Haar ein Rabenflügel. Er hält sie und küßt sie. Ich bemerke ihre Brüste – ja, ihre Brüste.

Ich seufze. Und wende mich ab.

»Die Hochzeit ist endlich festgesetzt! Nach dem nächsten Vollmond werden wir nie wieder getrennt sein«, singt sie.

Ich höre seine Antwort nicht. Ich mache einen Schritt zum See hin, beuge mich nieder, hebe einige Kiesel auf und lasse sie über das Wasser flitzen. Ein Fischreiher, der schwermütig auf einem Felsen steht und den Schauplatz beäugt, fliegt mit einem lauten und entrüsteten Schrei auf und schwebt knapp über dem Wasser davon.

Aber sie wollen ihre Freude mit mir teilen. Sie legen ihre Arme um mich, und ich muß mit ihnen am Ufer entlang tanzen und ein albernes, fröhliches Lied singen. Tränen rinnen über beider Wangen. Sie lieben einander, solange sie zurückdenken können, doch es geht das Gerücht, daß Amenophis eine andere zu seiner Großen Königlichen Gemahlin hätte machen sollen. Aber der König mußte wohl einlenken, vielleicht von Königin Teje überredet, deren Bruder Nofretetes Vater ist, und die ihrem Sohn Amenophis nachgab, wann immer sie konnte.

Der Prinz ist nicht stattlich. Sein Körper ist irgendwie ohne Ebenmaß, die Hüften zu breit für einen Mann, die Schultern zu schmal, das Kinn lang, die Lippen voll; aber Nofretete liebt ihn und in ihrer Liebe wird er schön.

Ich bin stattlich. Ich bin groß und ebenmäßig, meine Gesichtszüge sind regelmäßig. Aber weil Nofretete mich nicht wahrnimmt, bin ich häßlich.

Sobald er an seines Vaters Jubiläumsfest zum Mitregenten ernannt worden ist, nimmt der Prinz den Namen Nefer-kheperu-Ra Wa-en-Ra Amenophis an: Amenophis IV. Er beginnt, in Ipet-Esut einen neuen Tempel für Ra-Harahkti zu planen – der Verbindung von Horus und der Sonne – von dem er hofft, daß er Kraft und Herrlichkeit des nahegelegenen großen Tempels des Amun überstrahlt. Daß er sich für diesen Tempel einsetzt, ist der erste öffentliche Hinweis auf einen Wandel in der Art und Weise, die Götter zu betrachten.

Er verwendet den Namen Aton häufig, da er für ihn am ehesten ausdrückt, was er sich vorstellt, und trifft damit bei seinem Vater und seiner Mutter auf Wohlwollen, die sich schon immer zu diesem alten Sonnengott hingezogen fühlten, aber nicht erkennen, daß seine Vorstellung von ihm ein wenig anders ist als ihre. Die Priester des Amun beobachten ihn argwöhnisch. Sie wachen eifersüchtig über ihre Stellung als Hüter des gegenwärtig mächtigsten Gottes in den Zwei Ländern.

Trotz allem, was ich dem Prinzen über meine Erfahrungen als Orakel erzählt habe, meinte er anfangs, es sei nicht notwendig, Orakel in den Tempeln der Zwei Länder zu verbieten.

»Viele von ihnen haben sich als zuverlässig erwiesen«, sagt er. »Nicht alle Priester sind so bestechlich wie Ma-nan.«

Das ist wahr, denke ich. Die Fähigkeiten der Orakel sind wichtig, und diese, zusammen mit einer ehrbaren und glaubwürdigen Priesterschaft, können den Austausch zwischen den verschiedenen Ebenen der geistigen und der körperlichen Welt erleichtern. Ich weiß aus Erfahrung, daß ich manchmal Worte spreche, die weder meine eigenen noch die von Ma-nan sind. Das geschieht selten und ist kostbar, und nach ein oder zwei Malen war meine Anerkennung als Medium für die Götter recht groß geworden. Ma-nan war in einer unangenehmen Lage. Meine bloße natürliche Begabung als wahres Medium verschaffte mir Glaubwürdigkeit – außerdem konnte er sich nicht darauf verlassen, daß die Götter sprachen, wenn er wollte, oder daß sie sagten, was er wollte. Daraufhin begann er, mich durch den Rauch gefügig zu machen, und es schien, als sei ich in Trance und war doch unfähig, ein Sprachrohr für irgend jemand anders als ihn zu sein.

Eines Tages, nicht lange nachdem der Prinz seinen Tempel in Ipet-Esut gebaut und deutlich gemacht hatte, daß seine Unterstützung, wenn er König wäre, beinahe ausschließlich dem Sonnengott gelten würde, erklärte ein Orakel im Tempel des Amun, inmitten aufsehenerregender Blitze und krachender Donner, daß die Zwei Länder vollständig vernichtet würden, wenn Prinz Amenophis König würde, und daß ein Nachfolger für Neb-maat-Ra unter den geringeren Prinzen gesucht werden müsse. Der Nachfolger wurde nicht genau benannt, aber die Prophezeiungen, was geschähe, wenn mein Freund König würde, sind entsetzlich. Unter der Maske der Trance-Besessenheit bringt das Orakel schwere Anschuldigungen gegen den Prinzen vor.

Mein Freund wird sofort vor den König gerufen und hat mit ihm eine lange, geheime Unterredung, nur Teje ist als Zeugin dabei. Als er zu mir zurückkehrt, ist er weiß vor Zorn, aber er will mir nicht alles erzählen, was zwischen ihm und seinem Vater vorgefallen ist. Ich folgere, daß der König, wie auch immer, seinen Zweifel an Amenophis' Fähigkeit, erfolgreich zu regieren, ausgedrückt, Teje aber so beredt für ihn gesprochen hat, daß er sich schließlich bei seinem Sohn entschuldigte.

Ob es Teje oder der König war, der die nächste Sitzung des Orakels veranlaßte, weiß ich nicht, aber der Junge wurde plötzlich krank und auf seinem Sterbelager bekannte er dramatisch vor vielen Zeugen, daß es der Gott Set gewesen sei, der an jenem Tag durch ihn gesprochen hatte, und nicht Amun. Set, der fürchterliche Sturmgott, der listige Räuber hatte versucht, den Prinzen zu vernichten, weil er wußte, daß er ein vollkommener Pharao sein würde und sein Volk gut vor Sets dunklen und gefährlichen Ränken beschützen würde.

Prinz Amenophis erzählt mir, wenn er König sei, würden die Tempelorakel abgeschafft. Ich sehe an seinem Gesicht, daß mit diesem jüngsten Beispiel der Verderbtheit der Priesterschaft des Amun ihr ein furchtbarer Feind erwachsen ist.

Bald nach der Errichtung des Tempels bauen er und Nofretete sich einen eigenen Palast. Sie verwenden Lehmziegel und bemalten Mörtel und legen den Boden mit lebhaften, farbigen Keramikfliesen aus. Es wird ein freundlicher Ort, die Abende sind laut von jungen Menschen, die sich vergnügen. Amenophis selbst ist an den Lustbarkeiten nicht sonderlich interessiert, aber Nofretete genießt jeden Augenblick davon. Er führt gerne mit jedem, der zuhören mag, lange, weitschweifige Erörterungen über neue Theorien der Kunst und Religion, die er einführen möchte, während sie sich an Tanz und Musik erfreut und unter ihren Gästen bewegt wie ein Schmetterling mit glänzenden Flügeln.

Ihnen ist , als würde ein neues Zeitalter beginnen und als seien sie dazu bestimmt, die Welt zu verändern. Ich nehme an all ihren Plänen und Hoffnungen Anteil, aber ich frage mich manchmal, ob ihr Eifer sie nicht für Schwierigkeiten und Gefahren blind macht.

Der Tempel für Ra-Harahkti in Ipet-Esut soll keine dunklen, überdachten Hallen haben, obgleich es Säulengänge für Schatten geben wird. Die Anbetung des Aton wird unter freiem Himmel stattfinden, und der Altar für die Opfergaben ist so angelegt, daß er zu keiner Zeit des Tages ohne Sonnenstrahlen ist. Es gibt kein dunkles und geheimes inneres Heiligtum, wo der Gott hinter Türen verschlossen wird, keinen düsteren Ort, wo sich die Schatten versammeln.

»Sein Heiligtum ist überall«, erklärt Amenophis, und weist mit einer weiten Armbewegung auf die öden Felsgrate, auf den grünen und fruchtbaren Streifen Land entlang des Flusses und auf den weiten, sich wölbenden Himmel darüber. Das ruft unwilliges Murren bei denen hervor, die den Sonnengott bisher anders gesehen haben: lebensnah in Stein und Papyrus porträtiert oder in handlicher Form als Amulett. Doch während die schimmernden Sandsteinsäulen immer höher emporragen, die Tortürme ihre flatternden Fähnchen erhalten und die Obelisken ihre Kappen aus Gold, scheint der junge Amenophis von den unterschwelligen Unstimmigkeiten nichts zu ahnen. Er umgibt sich nur mit seinen Freunden, Menschen, die die neuen Ideen aufregend finden und Hoffnung für das neue Zeitalter hegen. Überall im Land werden neue Tempel für Aton gebaut, alte werden erneuert.

Nofretete ist schwanger und bekommt eine Tochter. Sie wird Merit-aton genannt und sofort zu dem neuen Tempel gebracht, obwohl er kaum fertig ist, und sie heben sie in ihren Armen über den Altar, um sie der Gottheit zu weihen, von der sie glauben, daß sie vor allen anderen da war, geheimnisvolle Gottheit, das »Große Er-Sie-Geistwesen«, versinnbildlicht durch das Licht der Sonne.

In seiner Verzückung ordnet er den Bau einer neuen Kapelle an, die gänzlich Nofretete geweiht ist. In ihrer Beziehung zur Sonne soll die Königin allein gesehen werden, eigenständig – nicht bloß als seine Gemahlin. Damit bricht er völlig mit jeder Tradition und allen Regeln. In der Kartusche, die ihren Namen enthält, ist das Zeichen der Sonne herumgedreht und steht Nofretete gegenüber, geradeso als ob sie und die Sonne ebenbürtige Gottheiten wären.

Wenn die Priester und Handwerker, die die Reliefs in dieser außergewöhnlichen Abweichung von der Regel anfertigen, darüber murrten, so hört es Amenophis nicht. Ich wundere mich darüber – sage aber nichts.

Vor der Dämmerung des Tages, an dem die behauenen Wandblöcke an ihren Platz in ihrer persönlichen Kapelle gebracht werden sollen, ruft Nofretete nach mir, damit ich sie begleite. Die übrige Tempelanlage ist beinahe fertig, aber ihr eigener Tempel ist noch nicht mehr als eine Hülle, errichtet aus groben Füllsteinen.

Wir nehmen Fackelträger mit, die uns den Weg leuchten, aber niemanden sonst. Ich gebe den Wachen das Losungswort und wir durchschreiten ein Tor nach dem anderen, bis wir schließlich in dem heiligen Raum stehen, den ihr Gemahl ihr gewidmet hat. Hier wird Leben einkehren, wenn die gravierten Decksteine an ihren Platz gesetzt sind, wenn die Rituale ausgeführt sind, wenn der Gott seine Heimstatt bezieht.

Sie schreitet mit großen Schritten an den Wänden entlang und berührt die Steine von Zeit zu Zeit. Sie hatte mir aufgetragen, geweihtes Wasser mitzubringen. Nun nimmt sie den Krug von mir und beginnt, es zu versprenkeln. Sie salbt die Steine, sie bindet den Staub. Ihr Gesicht ist verklärt. Ich kann nicht alles verstehen, was sie murmelt, aber die Worte des Gebetes, das sie spricht, sind nicht die überlieferten. Sie hat ihre Liebe an diesen Ort gebracht und mit den strengen Regeln von Jahrhunderten gebrochen. Es bewegt mich, von Herzen gesprochene Worte zu hören, auf solche Weise, an solchem Ort.

Als das erste Licht erscheint, steht sie in der Mitte des Raumes, der ihre Kapelle werden soll, und streckt ihre Arme zum Himmel. Leise schicke ich die Fackelträger fort und wir sind alleine.

Doch nicht nur ich höre ihre Hymne an die aufgehende Sonne. Ich bilde mir ein, überall die Anwesenheit von anderen großen Wesen zu fühlen; andere Stimmen scheinen mit der ihren im Lobgesang auf die Sonnenscheibe zu verschmelzen – des mächtigen Zeichens für die göttliche Quelle allen Lichtes. In diesem Moment steht außer Frage, daß sie der Kanal ist, durch den das Licht die Erde erreicht. Ihr Gemahl hat ihr freiwillig den Vortritt gelassen und hat ihr die heilige Verantwortung übergeben. Dafür gibt es kein Beispiel in den Schriften, aber ich habe das Gefühl, daß nun eine Zeit beginnt, in der neue Aufzeichnungen geschrieben und alte verworfen werden.

Sie ist sehr lange entrückt und noch dort, als ich die Geräusche der eintreffenden Arbeiter höre. Die Stimme des Vorarbeiters tönt laut über dem Gesang der Männer, als sie die großen Blöcke auf Rollen herbeiziehen.

Was soll ich tun? Ich will sie nicht unterbrechen.

Ich schleiche fort und winke der näherkommenden Gruppe. Der Vorarbeiter bellt einen Befehl und die Männer halten an. Die Geräusche ersterben wie eine Welle, die vom Ufer zurückgeworfen wird, als eine Gruppe von Männern nach der anderen auf den Befehl reagiert.

Wir warten. Die Männer wissen nicht, warum, aber gehorchen ohne jede Frage. Der Vorarbeiter wendet sich an mich, die Frage in seinem Geist ist beinahe sichtbar, doch ich stehe zu nahe bei der königlichen Priesterin und möchte nicht laut sprechen. Ich versuche, ihm in stummer Gebärde zu bedeuten, daß völlige Ruhe und Stille herrschen muß.

In diesem Moment höre ich ein Geräusch von den wartenden Männern, das mich an Wind, der durch Getreidefelder weht, erinnert; eine Stille, aus der ein Brüllen wird, das zu einem Höhepunkt aufsteigt und dann in einem Seufzer erstirbt. Überrascht schaue ich sie an. Aller Augen schauen auf etwas hinter mir. Ich drehe mich um.

Da steht sie, eingerahmt von der Tür, und jeder der Männer, sei er auch noch so weit entfernt, kann ihre Macht fühlen.

Ich zögere, bevor ich mich ihr nähere – ehrfürchtig. Manchmal ist sie ein Kätzchen. Manchmal ist sie eine Löwin. In diesem Augenblick ist sie eine Gottheit.

Sie mögen die Reliefs aufstellen, die Inschriften, die Bilder, welche die Erinnerung an sie für tausende von Jahren lebendig halten – doch unfertig und kahl wie sie ist, ist die Kapelle jetzt ein lebendiger, ein heiliger Ort.

Nachdem zwei weitere Töchter zur Welt gekommen sind, Maketaton und Anchesenpaton, die im neuen Atontempel in Ipet-esut gesegnet wurden, wird mir mitgeteilt, daß eine neue Stadt auf unberührtem Boden errichtet werden solle, auf halbem Wege zwischen Waset und Men-nefer: eine nur Aton geheiligte Stätte, frei von den Bannsprüchen und dunklen Geistern, die im Bereich der Amuntempel umgehen.

In Ipet-Esut sind die beiden Tempel getrennt und die Anbetung von Amun und seiner Familie, Mut und Chons, geht ungehindert weiter wie zuvor; nur die jungen Freunde des Mitregenten und seiner Gemahlin meiden deren Bezirke vollständig. Der alte König verehrt die althergebrachten Götter noch in der überlieferten Weise und würdigt Amun wie zuvor, doch manchmal beehrt er uns mit seiner Anwesenheit. Ich bin oft beunruhigt über die Art, wie er mich anschaut. Was denkt er von mir? Seine Königin, Teje, scheint mich nicht zu mögen und tut alles in ihrer Macht stehende, um meine enge Freundschaft mit ihrem Sohn zu untergraben.

Ich habe Ma-nan seit Jahren nicht gesehen, denn der Prinz hat ihn unter strenger Bewachung nach Nubien verbannt, gleich nachdem er mir meine Freiheit geschenkt hatte, aber ich bin mir darüber sehr bewußt, daß Na-aghta vom Tempel des Amun mein Feind ist. Er greift mich nicht offen an, weil ich der Günstling des Mitregenten bin. Seine Stellung ist nicht mehr so gefestigt wie früher, und er bemüht sich darum, sich beim alten König beliebt zu machen, während er den Mitregenten und seinen Schützling meidet. Wenn ich ihn treffe, sehe ich an seinen Augen, daß er den Vorfall in Muts Tempel nicht vergessen hat und auf die Zeit der Vergeltung wartet. Ich grübele oft darüber nach, was an der Verehrung des Amun nicht stimmt und an welcher Stelle die menschliche Verderbtheit die uralten Archetypen zerstört.

Was veranlaßt Menschen, die doch so viel besitzen, noch mehr zu wollen? Ich habe gesehen, wie den Bauern, die kaum genug zu essen für sich und ihre Kinder hatten, Angst gemacht wurde, weil die Opfergabe, die sie zum Tempel gebracht hatten, nicht großzügig genug war. Ich habe so viel schamlosen Machtmißbrauch gesehen, so viel Gier nach materiellem Besitz und soviel unbarmherzige Ausbeutung anderer Menschen im Namen der Götter, daß ich fürchte, die Götter könnten ungeduldig mit uns werden und uns zerstören, so wie wir die Schädlinge zerstören, die all unsere gute Arbeit im Garten zu vernichten drohen.

Die ausgefeilten Rituale der Tempel sind bedeutungslos geworden.

Der Tempel, ein heiliger Ort, lag ursprünglich außerhalb, um einen Raum zu bieten, in dem das Menschliche und das Göttliche sich in Zurückgezogenheit und Stille begegnen und miteinander in Verbindung stehen können, ungestört vom lärmenden Getöse des täglichen

Lebens. Es war ein Ort, der wegen seiner Verbindung mit einem außergewöhnlichen göttlichen Ereignis ausgewählt und geschaffen wurde, um dieses Ereignis darzustellen und auszudrücken. Der Tempel war ein Ort, wo ein großes Geistwesen die Schwelle zwischen den Welten überschreiten, mit uns sprechen, unseren Bitten lauschen und uns Anweisungen geben konnte durch die Vermittlung der Auserwählten, der Eingeweihten, des Pharaos und seiner Priesterschaft. So wie das Gebäude rein und duftend und schön in Erwartung des ehrenvollen Gastes, des Gottes, gehalten werden muß, so müssen die, die mit ihm sprechen und seine Botschaft überbringen, rein und geweiht und ehrbar sein.

Aber nun sehe ich, daß die Säuberung und Reinigung sowohl des Gebäudes als auch des Menschen nur eine leere Handlung ist. Niemand erwartet, daß der Gott kommt. Die Priester spielen Gott, und sie gebrauchen seinen Namen, um alles für sich zu beanspruchen, was sie wollen. Sie mißachten das allgemeine Wohl des Volkes und des Landes und wirklich alles, was ein denkbarer Wunsch des Gottes selbst sein könnte.

Manchmal des Nachts fühle ich, daß üble Zauber mich erreichen. Meine Ängste der Kindheit kehren wieder und ich spüre Ma-nans Geister um mich. Aber jetzt habe ich Atons Kraft in mir, und Gebete, die stärker als jeder Zauber sind, beschützen mich.

Mir scheint, die Verehrung des Aton ist von Reinheit umgeben. Die Vorstellung von Aton als ein Aspekt von Ra gibt es von Anfang an, aber vielleicht weil er noch niemals von einem Landesteil oder einem Pharaos besonders hervorgehoben wurde, war er der üblichen Verfälschung entgangen, die mit dem Machtgewinn einhergeht.

Die Liebe des jungen Amenophis zu seinem Gott und zu seiner Gemahlin, Nofretete, kennt keine Grenzen. Nofretete ist seine Partnerin in allen Dingen und wird öffentlich als solche gezeigt. In Statuen und auf Reliefs und Gemälden ist sie an seiner Seite, stolz nimmt sie ihren Platz gleichwertig im göttlichen Licht des strahlenden Aton ein. Ihre Bildnis ist lebensgroß im Verhältnis zu seinem. Selten wird sie kleiner dargestellt, so wie die anderen Großen Königlichen Gemahlinnen. Mehr als einmal ist sie allein bei der Verehrung der Sonnenstrahlen abgebildet, wie sie das lebenspendende Geschenk der Sonne zum Besten des Volkes in ihrem Körper aufnimmt. Die Priester des Amun, die diesen aufstrebenden Tempel nicht mögen, der in Ipet-Esut immer mehr Menschen anzieht und ihnen die königliche Aufmerksamkeit stiehlt, versuchen im Untergrund Unzufriedenheit und Unruhe zu schüren – sie beanstanden, daß einer Königin nicht die gleiche Beziehung zu einem Gott zugestanden werden solle, die aus Tradition und seit undenkbarer Zeit dem König zusteht. Obgleich sich die ältere Generation über die Erneuerungen erregt, die jüngere Generation liebt sie. Nofretete, die Schöne, wird vergöttert, wo immer sich das königliche Paar zeigt, und sie ist es, die die Blicke der Menge auf sich zieht.

Unterdessen kommt Khurahtaten immer seltener zu mir, während ich meine eigene Kraft wachsen fühle. Manchmal möchte ich ihm gerne Fragen stellen, aber ich merke bald, daß die wichtigen Fragen beantwortet werden – entweder im Traum oder im Gespräch mit jemandem, den ich zufällig treffe, oder in einem der alten Papyri, die ich gerade studiere. Ich muß nur mit offenen Augen um mich schauen. Jedes Ding und jeder Mensch ist mir ein Lehrer.

Ich erhalte eine ehrenhafte Stellung im neuen Tempel und beziehe meine Wohnstatt dort. Eines Tages kommen Nofretete und Meritaton in den Tempel, um mich zu besuchen. Meritaton rennt sofort auf mich zu und streckt mir ihre Arme entgegen. Ich nehme sie in die Arme und wirbele sie herum. Sie lacht ihr entzückendes, glucksendes Kinderlachen und mein Herz singt. Jung wie sie ist, ist sie ihrer Mutter sehr ähnlich.
Nofretete schaut uns liebevoll zu.
»Sie wollte unbedingt heute zu dir gehen«, sagt sie.
Meritatons Arme liegen um meinen Hals, ihr kleines Gesicht ist an meiner Wange verborgen. Ich kann nicht umhin, zu lächeln. Endlich habe ich eine Familie, Liebe und das warme Gefühl der Dazugehörigkeit. Niemand wird mir das wieder fortnehmen. Niemand.
Nofretete hat sich in den letzten sechs Jahren verändert. Das geschmeidige, mutwillige Mädchen ist sie nicht mehr. Eine Frau, die Kinder geboren hat und noch gebären wird, ist an ihre Stelle getreten – selbstsicher und in sich ruhend. Durch ihre Kraft wird der Traum ihres Gemahles wirklich werden. Sie trägt ihre Krone mit Autorität. Ich habe starke Männer zittern sehen, wenn Mißfallen aus ihren Augen sprühte. Und ich habe schwache Männer stark werden sehen, wenn sie ihnen zulächelte.
Heute glühen ihre Wangen und ihre Augen leuchten.
»Kann sie für einige Tage bei dir bleiben?« fragt sie.
Würde man von irgendeinem anderen Tempel im Lande erwarten, die Kinderstube für ein fünfjähriges Kind abzugeben? Ich erinnere mich an meine eigene Kindheit als Orakel, als der Namenlose, und es schaudert mich beim Gedanken daran, daß ein Kind, so wie ich damals, den langen und ermüdenden Ritualen, der Düsternis und erdrücken-

den Dunkelheit ausgesetzt würde. In Meritatons Alter war ich bereits in Gold gehüllt und wurde gezwungen, statuengleich von der Morgendämmerung bis zur Abenddämmerung still zu sitzen, und ich wurde bestraft, wenn ich auch nur einen Muskel bewegte oder blinzelte. In diesem Tempel wird sie herumlaufen und im Sonnenlicht spielen, und mittags wird sie im schattigen Garten ausruhen.

»Wir werden uns den Platz für unsere neue Stadt anschauen«, sagt Nofretete aufgeregt, und dann, weil sie denkt, ich könnte verletzt sein, weil ich nicht gebeten wurde, sie zu begleiten, fügt sie hinzu: »Sobald wir anfangen, die Grenzstelen zu setzten, werden wir dich rufen.« Ich nicke und lächele und schwinge das Kind herum. Was ist eine Stadt gegen das Geheimnis des ewiglebenden Geistes! Eine Stadt kann dem Erdboden gleichgemacht werden, und Generationen wandeln unwissend durch ihren Staub, aber ein lebendiges Wesen – oh, ja – ein lebendiges Wesen! Nun habe ich etwas, über das nachzudenken sich lohnt...

Die neue Stadt soll auf einer Ebene liegen, im Westen begrenzt vom Fluß, im Osten von einem natürlichen hochragenden Halbrund aus Kalkstein. Keine Stadt war je dort gebaut worden – kein Tempel, kein Palast. Den mächtigen Priestern des Amun gehört weder eines der Sandkörner noch ein Splitter der Felsen.

Es war ein Kindheitstraum von Amenophis und Nofretete, eines Tages an diesem Platz zu leben, nachdem sie sich dort nach langer Trennung einst wiedertrafen. Er kehrte nach Jahren des Studiums in der Stadt der Sonne zurück in den Süden, und sie segelte vom südlichen Besitz ihrer Väter, um ihn zu treffen. Ihre beiden Boote kamen einander in Sichtweite, gerade als die Sonne teilweise hinter den Wolken hervorkam und lange, glänzende Strahlen zur Erde schickte und die fächerartigen Lichtstrahlen die bloße Ebene in magisches, leuchtendes Gold verwandelten. Es war einer dieser unvergeßlichen Augenblicke voller Gefühl. Sie waren weit, weit fort von der strengen Zucht der Tempelschule in Yunu und der Enge von Hofritual und Etikette. Den ganzen Tag machten sie Picknick und waren noch nie so glücklich. An diesem Tage erkannten sie, daß sie Liebende werden würden.

Im dritten Jahr ihrer Ehe stellten sie drei Stelen auf, um den Platz zu kennzeichnen, und sie begannen zu planen und zu gestalten. Nun, im sechsten Jahr, werden sie die Grenzen mit elf weiteren Stelen genauer bezeichnen. Sie werden in ihrem Wagen von Punkt zu Punkt fahren, gefolgt von ihren Leuten, die ihre Vorhaben mit Steinen markieren. Er ändert seinen Namen in Echnaton: »Diener des Aton« ; nennt seine Stadt Achetaton: »Horizont des Aton«, »Schwelle, von der das Auge der Sonnenscheibe auf die Welt niederschaut«; und für Nofretete wählt er den Namen: Nofrenefruaton, »Schön ist die Schönheit des Aton«.

»Lang lebe Horus, Starker Stier, Geliebter des Aton; Die Zwei Herrinnen, Große Landeshoheit von Achetaton; der Goldene Horus, der den Namen von Aton emporhält; der König des Oberen und des Unteren Ägypten, der in der Wahrhaftigkeit lebt, Herr der Zwei Länder, Nefer-kheperu-Ra; Sohn der Sonne, der in der Wahrhaftigkeit lebt, Herr des Diadems, Echnaton: Groß in der Dauer seiner Tage, der Leben schenkt für ewige Zeit.

Erbprinzessin, Große Wohlwollende, Herrin der Glückseligkeit, geschmückt mit den zwei Federn, deren Stimme den, der sie hört, erfreut, die das Herz des Königs daheim tröstet, die Große und Geliebte Gemahlin des Königs, Herrin der Zwei Länder, Nofrenefruaton Nofretete , du lebst für immer.

So wie mein Vater Aton lebt, so werde ich Achetaton für Aton, meinen Vater, an diesem Ort schaffen. Ich werde ihm Achetaton nicht schaffen südlich davon, nördlich davon, westlich oder östlich davon. Und Achetaton besteht von der südlichen Stele bis zur nördlichen Stele, besteht zwischen Stele und Stele auf den östlichen Bergen, desgleichen von der südwestlichen Stele bis zur nordwestlichen Stele auf den westlichen Bergen von Achetaton. Das Gebiet zwischen diesen vier Stelen ist Achetaton selbst: Es gehört Aton meinem Vater; Berge, Wüsten, Wiesen, Inseln, oberer Boden und tiefer Grund, Land, Wasser, Dörfer, Menschen, Vieh und alles, was Aton, mein Vater, zum Dasein erweckt ewig für immer. Ich werde den Schwur nicht vernachlässigen, den ich Aton, meinem Vater, geleistet habe, immerwährend.

Auf einen Obelisk aus rotem, im Sonnenlicht glitzernden Quarzit schreibt Amenophis ein Gebet aus den alten Tagen an die Sonnengötter, welches für ihn der Wendepunkt war in seinem langen Bemühen, die Götter zu verstehen. Die Worte waren eigentlich nicht außergewöhnlich, aber weil sie zu ihm kamen, gerade als er bereit dafür war, öffneten sie eine Tür, die sich für ihn nie wieder schließen würde:

»Mögest Du wachen in Frieden, Oh Geläuterter, in Frieden,
Mögest Du wachen in Frieden, Oh Horus des Ostens, in Frieden,
Mögest Du wachen in Frieden, Oh Seele des Ostens, in Frieden,
Mögest Du schlafen in der Nacht-Barke,
Mögest Du wachen in der Tag-Barke,
Denn Du bist Er, der über den Göttern steht,
Kein Gott steht über Dir.«

Er läßt sie dort aufstellen, wo der große Tempel des Aton gebaut werden soll.

»Denn Du bist Er, der über den Göttern steht,
Kein Gott steht über Dir.«

Wie viele Male hat der »Geist-aus-dessen-Quelle-alles-fließt« gesprochen: die Worte tönen im Geist all derer, die Ohren haben zu hören, wie der Klang der Flöte oder die silberne Laute, aber wenn es in die Sprache der Zeit übersetzt ist, wird es wie eine Trommel, die den falschen Takt schlägt, oder wie ein Sistrum, das zur falschen Melodie gerasselt wird. Schon kann ich sehen, daß die klare und fließende Vision meines Freundes sich unvermeidlich verfestigen wird, als er sich gezwungen sieht, seine Muskeln gegen den Widerstand anzuspannen, und als ich in die hellen Augen seiner Kinder schaue, sieht mein Seher-Auge die Schatten der Zukunft, auch wenn ich als Mensch mich weigere, es mir einzugestehen.

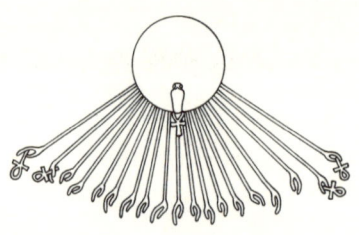

Die neue Stadt

Der offizielle Umzug in die Stadt findet zwei Jahre nach dem Aufstellen der Stelen statt, und er erinnert mich an die großen Vogelzüge, die ich beobachtet habe, wenn die Länder des Nordens von den kalten, dunklen Händen des Winters berührt werden. So viele Boote und Barken werden gebraucht, daß der Fluß unter dem Gewicht stöhnt. Baldachine flattern wie helle Flügel über der königlichen Gesellschaft und den auserwählten Priestern, Höflingen, Handwerkern und den Frauen des Harems. Ich bin im vordersten Boot, zusammen mit dem Mitregenten und seiner Königin und ihren Töchtern. Meritaton lehnt sich, von meinen Armen gehalten, über Bord, um die Fische zu zählen. Die kleine Maketaton sitzt auf einem hohen Ebenholzstuhl neben uns, stellt keine Fragen, starrt aber begierig auf alles, als sähe sie es zum letzten mal. Anchesenpaton trägt die jüngste Tochter auf ihren Hüften und geht an Deck auf und ab, um ihr Schreien zu beruhigen. Das Baby ist offensichtlich durch die Unterbrechung seines ruhigen Tagesablaufs und die Menge der Fremden verängstigt, die sich sogar auf dem königlichen Boot um sie drängen. Wir sind ungeheurer aufgeregt, so als sei dies der Tag unserer Geburt, wir aber den Vorzug hätten, ihn mit all dem Wissen und Bewußtsein des Erwachsenseins zu genießen. Ich erinnere mich an meine Reise nach Waset und daran, wie alles, was ich sah, meine Augen ein bißchen mehr für die Wunder und die Schönheit des Lebens geöffnet hat. Nun scheint selbst das nur ein bleicher Schatten dieses neuen Abenteuers mit der Fülle seiner neuen Erfahrungen gewesen zu sein. Ich fühle, wie Meritaton sich aufgeregt bewegt, als sie den Silberglanz der Schuppen unter dem blau-silbernen Wasser erblickt, und ich weiß, wenn ich mit ihren Augen sehe – was durch unsere Liebe füreinander möglich ist – ist das sogar besser als alles, was ich mir in meinen einsamen Jahren als Gefangener vorgestellt oder wovon ich geträumt habe. Wieviel mehr gibt es, wovon ich nicht zu träumen gewagt hätte?

Nofretete kommt nah zu uns, als ihre älteste Tochter einen Freuden-schrei ausstößt, und der Duft der Öle auf ihrer Haut erregt mich. Ich versuche, sie nicht anzuschauen; mein Herz ist von einer verzweifelten Treue gegen meinen Prinzen erfüllt, aber die Schönheit von Aton selbst kann nicht Nofretete Nofrenefruaton überstrahlen, und wenn ihre Wan-ge der meinen so nahe ist, kann ich an nichts anderes denken. Etwas in mir stößt Nofretete zurück, und etwas in mir sehnt sich nach ihr. Alles aus ihr spricht von ihrer Liebe zu ihrem Gemahl und doch – und doch spielt sie mit ihren Augen mit mir, und ihre Schulter berührt unnötiger-weise meinen Arm, als sie sich vorbeugt, um ihre Tochter zu küssen. Ich deute auf den Fisch, der längst von der Stelle, auf die Meritaton deutet, fortgeglitten ist (oder ist es ein ganz anderer Fisch?); Nofretete lächelt belustigt über die Wirkung, die ihre Nähe offensichtlich auf mich hat, und sie geht glücklicherweise davon. Ich hebe Maketaton auf meine Schulter, halte Meritatons Hand und nehme sie beide zum hin-teren Teil des Schiffes mit, um die Baldachine und die Segel der anderen Boote zu betrachten, die sich erstrecken soweit das Auge sehen kann. Eine grüne Insel teilt sie säuberlich, vor ihnen flattern heilige Ibisse über die Felder davon und hinter ihnen flattern weiße Möwen und suchen nach Abfällen.

Mein Prinz hat es so eingerichtet, daß wir zur Mittagsstunde an-kommen, wenn die neue Stadt weiß in der Hitze liegt, die Luft so dick wie Wasser ist und vor unseren Augen flimmert. Baldachine sind über den Landungsstegen errichtet worden, und die Gesellschaft des Mitre-genten ist endlich vor den glühendsten Sonnenstrahlen geschützt, während die Verkündigungen der Ankunft verlesen werden und mein Prinz und ich die mitgebrachten Opfergaben auf dem Altar hoch über dem Fluß niederlegen. Als wir zum großen Palast gebracht werden, legen die anderen Boote am Kai an und Ballen, Kisten und Fässer wer-den ausgeladen, Aufseher rufen, Diener jammern, Arbeiter der halb-fertigen Gebäude grüßen und fluchen und pfeifen den Mädchen nach. Nach ihnen kommt das Volk, das für die neue Stadt ausgewählt worden ist, die Familien, die zweifellos den Adel der neuen Gesellschaft abgeben werden, die ersten Familien von Achetaton, treue Freunde und ihre Diener, all die Händler, Schreiber, Gärtner, Ziegelmacher, Steinmetze, Listenführer und Steuereintreiber, die gebraucht werden, um ihnen zu dienen.

Ich werde im Großen Tempel leben, aber meine Räume sind noch nicht fertiggestellt. Man weist mir einen Raum im Palast zu, der den Garten überblickt. Ganze Bäume sind aus dem Osten und von Nubien gebracht worden, Kanäle sind vom Fluß herangeführt worden, um ihre

Wurzeln zu wässern und die Lilienteiche zu füllen. Jetzt werde ich als freier Mensch sehen, wie die Lilien sich öffnen. Mein Herz jauchzt darüber, wie unerwartet das Leben sich wenden kann, und ich bin froh darüber, daß es mir im »Haus der Vielen Schwellen« nicht gelungen ist, mich zu töten.

Dies sind glückliche Tage, voller Hoffnung für die Zukunft. Die Strahlen des Gottes Aton beschützen uns, nichts Unangenehmes geschieht, das unseren Traum stören könnte.

Echnatons erste Krönung, als Amenophis, war dreifältig gewesen – in Men-nefer, in Yunu und in Waset. Er vollzog alle Rituale, die zu dieser Zeit von ihm erwartet wurden.

In der Morgendämmerung stand er nur mit einem einfachen Rock bekleidet in den Eingangstoren der drei größten Tempel der Zwei Länder. Stunden vergingen, während er sie Stufe für Stufe durchwanderte und allmählich bekleidet wurde mit goldenen Sandalen, die Bilder der gefallenen Feinde auf den Sohlen trugen, mit Schärpen und juwelenbesetzten Schurzen, die kunstvoll gefertigt waren, um die verschiedenen Stufen des heiligen Rituales zu bezeichnen, mit vortrefflichen Kragen aus Gold und kostbaren Steinen. Jeder Edelstein stellte einen anderen Aspekt der Göttlichkeit dar – Malachit für Fruchtbarkeit und natürliches Wachstum, Lapislazuli für höchste Heiligkeit, Türkis für Streben nach dem Göttlichen, und ein jeder der kostbaren Steine war von prächtigster, tiefster Farbe und ausschließlich der königlichen Familie vorbehalten. Karneol steht für die geschäftige Welt der Erscheinungen, die nicht übersehen werden kann, und Amethyst steht für magische Verwandlung. Sie waren alle neu und machtvoll einzig für den neuen Pharao zusammengefügt worden, und jeder der Steine steht für seine besondere Stellung, sein Versprechen an den Gott, den er auf Erden repräsentiert. Wenn man nun Echnatons Krönungskette deutet, wird klar, daß selbst dann das Hauptgewicht auf dem Gold der Sonne und ihrer lebensspendenden Strahlen lag; daß sogar hier schon Aton die meiste Aufmerksamkeit geschenkt wurde, obgleich die anderen Götter auch noch eine Rolle spielten.

Der letztendliche Höhepunkt der Krönungszeremonie nach vielen verschiedenen Ritualen der Reinigung mit Öl, Wasser und Weihrauch war natürlich die Krönung selbst. Der Thronsessel war nach den Vorgaben des neuen Königs geschaffen, aber die Kronen, die große Weiße für den Süden und die Rote für den Norden, sind seit frühester Zeit unverändert. Die Totempflanzen des Nordens und des Südens, der Lotos und der Papyrus, wurden vom Hohepriester des Hapi, Gott des

Niles, vor dem Thron rituell verbunden, so wie es im unteren Teil der Plattform, auf der der Thron stand, geschnitzt und gemalt wiedergegeben wurde. Khemets Stärke ist seine Einheit, die Einheit von Nord und Süd, von Leben und Nach-dem-Leben, von Pharao und den Göttern und vonPharao und seinem Volk.

Als Echnaton in seine neue Stadt einzog, baute er eine besondere Krönungshalle und schuf dafür eine besondere Zeremonie, auf daß er noch einmal den Riten des Aton entsprechend gekrönt würde.

Die Halle hatte ein Dach, in welchem genau über dem Thron ein rundes Loch war. Alle Szenen, die rundherum an den Wänden dargestellt waren, gehörten ausschließlich zur Verehrung des Aton, und die Zeremonie war so abgestimmt, daß der König den Umgang entlang der Wand mit all den erforderlichen Gebeten und Anrufungen und all den Waschungen mit Öl und Wasser und allen Räucherungen mit Weihrauch vollendet hatte, um zum rechten Zeitpunkt auf dem Thron zum Sitzen zu kommen. In diesem Augenblick schien die Mittagssonne hell durch das goldumrandete Loch in der Decke genau auf den Thron und umfing ihn vollständig mit ihren Strahlen. Der Glanz des Lichtes auf all dem Gold, das er trug, und auf dem Goldstaub auf seinem Körper blendete uns. Es schien, als sei der König jetzt wirklich zu Sonnenlicht geworden.

In den frühen Jahren von Achetaton, die dieser aufsehenerregenden Gunstbezeugung folgten, schien Aton sehr nah und wirklich zu sein. Wenn ich den Kindern des Königs beim Schwimmen im Lustteich zuschaue, wie sie lachen und freudig einander zurufen, als ob kein Schatten ihre Freude jemals trüben könnte; wenn ich die Königin beobachte, wie sie lächelnd ihr anmutiges Haupt neigt, um mir zuzuhören, und wenn ich den König sehe, wie er die Arme über dem Altar des Tempels emporhebt, sein Antlitz von einer inneren, wahren geistigen Überzeugung erleuchtet, dann glaube ich, daß wir in ein neues und goldenes Zeitalter eingetreten sind, das kein Ende haben wird. Die Priester des Aton werden wegen ihrer Geistigkeit ausgewählt und nicht wegen ihrer Verbindungen zu mächtigen und bevorzugten Familien. Der König hört Bittsteller aufmerksam an und trifft weise und vernünftige Entscheidungen. Obgleich er ein Gott ist, sondert er sich nicht ab und hält sich seinem Volk nicht fern. Er und seine Familie sind täglich zu sehen. Jedes bedeutende Gebäude ist mit Bildern der glücklichen Familie geschmückt. Er ist für sein Volk ein Vorbild an Liebe, und es scheint, daß man ihm folgt, denn es gibt ein Gefühl der Freude in Achetaton, ein Gefühl des Friedens, der Fülle und der Zufriedenheit, das mir noch nirgendwo sonst begegnet ist.

Während der letzten Lebensjahre des alten Königs beschäftigt sich mein Prinz mehr und mehr mit der Neugestaltung des Landes unter dem neuen Gott. Er hat den Segen seines Vaters dafür, obwohl ich vermute, daß der alte Mann nicht erkennt, wie weit sein Sohn zu gehen beabsichtigt. Trotz seiner Bemühungen, Sekhmet zu besänftigen, hat sich der Gesundheitszustand von Amenophis Neb-maat-Ra verschlechtert. Er ist außerordentlich beleibt, und eine Entzündung des Zahnfleisches macht ihm das Leben zur Qual. Er verliert einen Zahn nach dem anderen, und Festmahle, die ihm früher eine Freude waren, werden nun zum Alptraum. Als alle kundigen Ärzte aufgesucht waren, und all ihre Anwendungen nicht halfen, wurde der medizinische Papyrus hervorgeholt, der in den alten Tagen dem König Khufu ein solches Wunder bescherte. Doch der König leidet noch immer. Als eine der mitannischen Prinzessinnen in seinen Harem eintritt, um die Beziehungen zu ihrem Vater zu festigen, bat er sie, die wunderwirkende Statue der Astarte aus Ninive mitzubringen, da seine Götter ihn nicht heilen konnten. Mein Prinz ist zornig auf ihn, als er davon hört, und wenn seine Mutter, Teje, nicht eingeschritten wäre, hätte er das berühmte Idol in Stücke geschlagen und damit eine sehr gefährliche Situation heraufbeschworen. Die asiatischen Kolonien der Zwei Länder sind auch ohne zusätzliche Provokation schon unruhig genug.

Als der alte König immer unzufriedener und elender wird, versucht Königin Teje ihn für die neue Stadt zu interessieren und bringt ihn dorthin, damit er das Bauen beobachtet, und sie hofft, daß der Lärm der Geschäftigkeit und der Glanz der neuen Wände und Ziegel ihn an die Kraft seiner Jugend erinnert, als er aus Waset fortging und ihr einen neuen Palast weit außerhalb der Stadt in Per-hay baute. Sie hofft, der See, den die jungen Leute südlich der Stadt in Meru-aten graben, möge ihn an die außerordentliche Leistung erinnern, als er in nur vierzehn Tagen einen See ausheben ließ, um sie zu trösten, weil die Priester des Amun ihr beim großen Opetfest nicht die Rolle als Amuns Gemahlin Mut gegeben hatten. Aber sein Leben ist für ihn eine Last, und noch nicht einmal seine Enkelkinder können sein Herz erfreuen.

All jene, die mit nach Achetaton gekommen sind, haben das Gefühl, daß die Welt frisch und neu sei und daß jeder Traum Wirklichkeit werden könne. Überall, wo man hinschaut, stehen stolz schöne neue Gebäude. Sogar die Armenviertel der Stadt sind sauber und ordentlich gebaut, mit guten Wasserabflüssen und Platz zum Atmen. Überall gibt es Inschriften voller Freude und Verehrung, die Idee von Eroberung und Krieg scheint vergessen. In den Arbeitsräumen der Bildhauer klingen Hammer und Meißel, lebhafte Gespräche und Gelächter. Die jungen Künstler haben die Freiheit, mit alten Regeln zu brechen und sich an naturgetreuer Darstellung zu versuchen.

Die königliche Familie scheint überall zu sein, leicht zu erreichen und voller Begeisterung für alles, was gekonnt und neu ist. Selbst die Porträts, die mehr Zerrbilder als getreue Abbildungen sind (und davon gibt es viele, bevor die Bildhauer ihre neuen Fertigkeiten meistern), bestehen vor ihnen und Nofretete lacht herzlich. Echnaton sagt sich, daß der Mensch, wie er ist, dem Gott mehr wert ist als der Mensch, wie er vorgibt zu sein. Er ist manchmal ein wenig traurig, wenn er eine Statue von sich selbst betrachtet, die ihm so gar nicht gleicht, denn er weiß, daß die Nachwelt ihn so sehen wird, aber die Freude, die er über die Lebendigkeit der Arbeit empfindet und die Tatsache, daß er mit Vorspiegelung und Anmaßung aufräumt, zerstreuen schließlich dieses Gefühl.

Sohn der Sonne mit edlem Antlitz, du durchwanderst die blühenden Hallen und Gänge deines Palastes in schlafloser Nacht, dein Herz zerspringt von all den großen Träumen für dein Volk. Du siehst es frei und rein von aller falschen Erwartung, befreit von niederdrückenden Verpflichtungen gegenüber gierigen und bestechlichen Priestern. Du siehst all die Menschen dieser Welt, vom Jungen angefangen, der mit dem Eimer am Bewässerungskanal arbeitet, bis hin zum edlen Bildhauer, der die göttlichen Werke in Gips modelliert und in Stein meißelt, verbunden in Freude und Liebe, und das eine Licht scheint in ihre Herzen, das eine Licht, das sie sehend macht. Vom ersten Schrei des Neugeborenen bis zum letzten Seufzer des Sterbenden hörst du nur eine Melodie – die Lobpreisung der großen Kraft, die alle antreibt, diese eine mächtige und herrliche Aufgabe zu erfüllen.

Echnaton glaubt, die Welt sei ein vollkommener Ort, unvollkommen gemacht lediglich durch die Trennung zwischen Menschen, durch Teilungen und Feindseligkeit, durch die Verteidigung eines Teiles gegen das Ganze, und des kleinen, vergänglichen Selbstes gegen das große, ewige Selbst. Er möchte alle lebenden Wesen in seinem Körper, so wie er ist, bündeln, und mit diesem Körper, nun in einen reinen und heiligen Kanal verwandelt, das Licht des Ersten und des Letzten vermitteln, des Einen und Einzigen, auf daß alle davon genährt, alle davon gestärkt, veredelt und verwandelt werden.

So wie er im großen Tempel steht, der nach oben zum Himmel offen ist, und seine Arme zu Aton hebt, so hebt er die Arme der ganzen Menschheit, so erhebt er jedes Herz, jeden Traum und jedes Trachten.

Wie kann mit einer solchen gemeinsamen und überwältigenden Absicht Bruder den Bruder bestehlen, Bruder den Bruder beneiden, Bruder den Bruder töten?

Der Palast ist für das Licht gebaut. Es gibt mehr Fensterlücken in den oberen Wänden als jemals zuvor in einem Gebäude. Licht strömt herab und beleuchtet mit blendendem Glanz die Gemälde von Fischen, die zwischen Wasserlilien schwimmen, von Vögeln unter Bäumen und von Gazellen, die friedlich grasen. Es gibt mehr Innenhöfe, zum Himmel offene Treppen und mehr Räume, die den hinein- und hinausströmenden Menschen geöffnet sind, als in jedem anderen Palast.

Für Echnaton hat Aton keine düsteren Geheimnisse, keine dunkle Seite, keine verborgenen und gefährlichen Anteile. »Liebe Aton durch mich«, sagt er, »und alles, was folgt, wird rein und schön sein, so wie es von Anfang an sein sollte.«

Er schläft wenig, seine Gedanken fließen und sind erfüllt von seinen Plänen, die Menschheit zu verändern. In so mancher Nacht stürmt er in mein Schlafgemach und redet wie ein Wasserfall, das Gesicht erhellt von seiner inneren Schau. Er überschüttet mich mit seinen Ideen, während er hin und her wandert, hin und her, kaum gewahr, daß ich ihn müde auf einen Ellbogen gestützt beobachte und sehnlich darauf warte, daß er geht, damit ich weiterschlafen kann. Ich schäme mich oft meiner Ungeduld, meiner unwürdigen Zweifel und meines mangelnden Glaubens, daß die Menschheit sich ändern kann und will.

»Siehst du nicht«, sagt er, »daß wir ständig im Streit miteinander sind, weil wir so viele verschiedene Götter haben, die widerstreitende Forderungen an uns haben? Wenn wir einen allumfassenden und alles beherrschenden Glauben haben und alle mit einem Ziel im Geiste arbeiten, wird der Streit aufhören.«

»Ach«, denke ich, »das ist ein schöner Traum, aber wie lange wird es dauern, bis der Streit von Neuem beginnt zwischen denen, die meinen, Aton sollte auf diese Weise verehrt werden und denen, die meinen, auf jene Weise? Wie lange wird es dauern, bis einer glaubt, er sei Aton näher als ein anderer?«

Ich und Meritaton an meiner Seite bieten einen vertrauten Anblick, sie wächst und nimmt an Schönheit zu mit jedem neuen Mond, und ich erblühe allmählich wie eine Blume in der Wärme ihrer Liebe. Meine Gefühle für Nofretete werden immer zwiespältiger. Ich beobachte, wie sie ihren Gemahl beeinflußt und ich weiß, auch wenn Echnaton denkt, sein Wort sei Gesetz, daß in der Stadt ihr Wort Gesetz ist. Wenn sie mit ihrem Triumphwagen durch die Stadt fährt und mit funkelnden Augen die Schnelligkeit und das Gefühl der starken Zügel in ihrer Hand genießt, ehrt sie noch die Fußgänger, indem sie mit feinem, gelbem Staub von ihren Rädern bedeckt werden. Sie ist eine ehrgeizige und kluge Frau, aber das ist nicht notwendigerweise eine schlechte Sache. Echnaton, der Träumer, braucht einen Partner mit Sinn für die praktischen Dinge, um seine Träume zu erfüllen, und wenn man sie zusammen sieht, Hand in Hand, Arm in Arm, Seite an Seite, ist ihre Liebe für jeden offenbar. Ist es Eifersucht, frage ich mich, die mich daran hindert, sie mit ganzem Herzen anzuerkennen? Meine Freundschaft zu Echnaton ist eng, und immer ist sie es, die unsere ausgedehnten, philosophischen Erörterungen unterbricht. Wenn es Eifersucht ist, weiß ich nicht, ist es weil Echnaton Nofretete hat oder weil Nofretete Echnaton hat.

Wie leicht hebt die Brise die Wedel der Tamariske in dieser Morgendämmerung. Ich wandle auf dem Uferpfad, der noch im Schatten liegt, während Aton über den Bergen im Osten aufgeht. Seine langen, vollen Strahlen berühren die Dachfirste von Achetaton und erwecken die reichen, grünen Felder des Ackerlandes auf dem westlichen Ufer zum Leben – locken die jungen Sprossen aus der schwarzen Erde, öffnen die Knospen der Obstbäume, entfalten die Blätter. Vögel fliegen empor und machen sich in Myriaden zu den Getreidefeldern auf. Bald werden die Boote, schwer beladen mit Nahrungsmitteln für die Stadt, über den Fluß fahren; sie vermischen sich mit den Wäldern von Masten, die bereits am Quai schaukeln.

Die Palmenblätter, die sanft über mir rascheln, fangen den Wind wie Segel. Im Vorbeigehen betrachte ich die Gärten der großen Häuser, die beinahe bis zum Wasser reichen. Dies ist das Haus des Außenministers, »Höchstes Sprachrohr der Fremden Länder«; hier das Haus des königlichen Schreibers und Verwalters. Der Garten des ersten Bildhauers ist ein verschlungenes Geflecht von Wein und Pflanzen, die an Spalieren ranken und ungeordnet aber schön über Sykomoren und Pfirsichbäume kriechen; ganz anders sieht des Kanzlers Garten nebenan aus, sorgfältig in Rechtecken angelegt. Keine Pflanze wagt es, den ihr angewiesenen Platz zu verlassen oder gar ein Blütenblatt auf den wohlgefegten Weg zu werfen. Diener bewässern die Gärten und bereiten sie so darauf vor, die Hitze des Tages zu überstehen. Ich höre, wie sie einander zurufen; einer pfeift immer wieder den Refrain eines bekannten Liedes. Aber alles in allem haben die Geräusche der Stadt noch nicht richtig begonnen. Die ganze Welt scheint zwischen Schlafen und Wachen zu schweben, und ich halte beinahe meinen Atem an, während ich darauf warte, daß das Stimmengewirr des Tages losbricht und die Augen der Welt sich öffnen, und daß das Sonnenlicht in jedes Herz scheint.

In diesem Moment des Innehaltens geschieht mir plötzlich etwas. Eben noch schaue ich auf die Wände der reichen Häuser, die mit farbigen und verschlungenen Mustern bemalt sind und an deren Rückseite zum Fluß hin üppige und fruchtbare Gärten liegen, und im nächsten Augenblick schaue ich auf eine öde, wüstengleiche Ebene mit niedrigen, verstreuten Ruinen aus formlosen Lehmziegeln – eine Bauernkate ist das einzige, was ich sehen kann, wo gerade noch der große Tempel des Aton stand, eine Ziege mit einem Seil an den Stumpf einer Säule gebunden, die einst mit Gold verkleidet war. Entsetzt reibe ich meine Augen. Als ich sie wieder öffne, ist da die lebendige Stadt in all ihrer Pracht, Achetaton, Horizont der Sonne, die schöne Hauptstadt meines Königs.

Ich fühle mich nicht mehr danach, am Fluß entlangzuschlendern. Eine Kälte liegt auf meinem Herzen und ich eile zum Tempel. Was bedeutet diese Vision? Achetaton wird doch ewig dauern, so wie Mennefer, wie Waset und wie die Pyramiden der alten Könige? Die Begünstigte wird doch nicht auf diese Weise enden? Ich erreiche den Tempel, gewahre kaum den Gruß des Torwächters und eile zu dem Platz, an dem ich die Ziege ihre Hörner an der zerbrochenen Säule habe wetzen sehen. Die Säule steht unversehrt und reckt sich zum Himmel, über und über mit Sinnbildern bedeckt. Da ist der König, da ist die Königin und ihre Töchter, sie alle recken ihre Arme zu den goldenen Strahlen des Aton empor, der ihnen das goldene Zeichen des ewigen Lebens darbietet. Ich seufze. Von Zeit zu Zeit verdüstern Schatten den Geist. Manchmal prophezeien sie etwas, manchmal sind sie bedeutungsloses Strandgut und Verirrungen müßiger Gedanken. Vielleicht fürchte ich ihr Vergehen nur, weil ich in dieser wunderbaren Stadt so glücklich bin. Ich schüttele mich und beginne mit den Vorbereitungen für die Morgenzeremonie. Heute werde ich sorgfältig darauf bedacht sein, alles mit übergenauer Aufmerksamkeit zu sagen und zu tun. Wie unsicher ist unser Halt in der Hand des Gottes. Wie nötig ist es doch, sich unaufhörlich der Großzügigkeit, mit der er uns erlaubt zu leben, gewahr zu sein, und um die Fortdauer seiner Gunst zu beten.

Echnaton sucht mich auf. Sein Gesicht ist verstört.

Ich verbeuge mich vor meinem König und frage, was ihn beunruhigt.

»Ich hatte einen Traum«, sagt er. Ich warte, weiß, daß er mir berichten wird; kenne auch schon seinen Traum.

»Mir träumte«, sagt er und zögert, als sei die Erinnerung zu schmerzhaft.

»Oh, mein Freund«, sagt er schließlich mit vor innerer Bewegung gebrochener Stimme. »All dies war verschwunden.« Mit einer Armbewegung weist er auf die Reihen der mächtigen Säulen, die den heiligen Innenhof umgeben, und die vielen Altäre, die unter der Sonne stehen.

Ich nehme seine Hand in die meine, und schweigend stehen wir da, plötzlich voller Angst vor dem Ende.

Er erholt sich als erster.

»Gebäude mögen vergehen und Schakale mögen die Toten verschlingen«, sagt er mit nun kräftiger und fester Stimme. »Aber der Gott bleibt bestehen, und in ihm haben wir unser Sein.«

Was ist diese Stadt wirklich, mit ihrem bemaltem Gips und glänzenden Kunstwerken, daß wir ihr Vergehen so fürchten? »Aber oh«, denke ich, »ist es nicht voll Freude hier? Laß' das Ende noch nicht jetzt sein, oh Herr. Laß' es nicht so bald sein.«

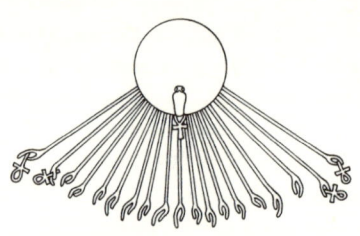

Die Versuchung

Nicht nur in der neuen Stadt werden Tempel für Aton errichtet. Überall im ganzen Land nimmt Aton seinen Platz neben den alten Göttern ein: Seine Altäre öffnen sich dem Licht, sein Zeichen, die Kugel, erweckt mit langen Strahlen alles zum Leben, seine Hände segnen die königliche Familie und gewähren ihr ewiges Leben, und durch sie auch all ihren Untertanen. Kommen Anfragen für den Bau von Tempeln für andere Götter, werden sie meist abgewiesen, und die Zuwendungen für den Unterhalt bestehender Tempel werden beschnitten. Amenophis Neb-maat-Ra ordnet an, einen Tempel für Amun im Süden zu bauen, um die wachsende Unruhe unter den mächtigen Amunpriestern zu beschwichtigen, doch sowohl er als auch sie wissen, daß das nicht reicht. Als ein rätselhaftes Feuer in den Vorratskammern, in denen die kostbaren Öle und Gewänder liegen, im neuen Tempel des Ra-Harahkti in Waset ausbricht (der nun gänzlich dem Aton gewidmet ist), werde ich dorthin geschickt, um den Vorfall zu untersuchen.

Diese Reise ist nicht wie die andere. Damals, beim ersten Blick auf die große und schöne Stadt, raste mein Herz und wollte Teil von ihr sein. Aber jetzt liegt sie wie ein dunkler Schatten über dem Land, ein Geruch der Furcht ist in ihren Tempeln und eine ansteckende Krankheit des Hasses entspringt dem Geist ihrer Priester. Ich war erleichtert, sie zu verlassen und nun fürchte ich die Rückkehr. Die Sonne scheint hier genauso hell wie in Achetaton, aber sie scheint von anderer Natur zu sein. Sie hat eine Härte, eine Grausamkeit. Sie ist mehr ein Ausbrüter von Fliegen und Bestechlichkeit als ein Spender von Leben und Erneuerung.

Als ich an Land gehe, wähne ich hinter einigen Leinwandballen eine Gruppe von Männern, die mich genau beobachten. Sie flüstern, und einer von ihnen stiehlt sich davon. Eine Abordnung von jungen Priestern des Atontempels begrüßt mich mit eilfertiger Höflichkeit. Hinter ihren förmlichen Worten spüre ich, verzweifelt zurückgehalten, ein Gefühl der Dringlichkeit, das unterschwellig hinter der Förmlichkeit und Höflichkeit steht. Ich würde sie davon erlösen, wenn ich mir der beobachtenden Augen nicht so gewahr wäre. Tempelschändung wurde in unserem Tempel begangen, das Feuer war unverkennbar mit Absicht gelegt, denn unvorstellbare, gotteslästerliche Worte waren auf einige Wände geschmiert worden. Ich darf mir nicht anmerken lassen, daß wir besorgt oder beunruhigt sind. Ruhig erwidere ich den Gruß und ruhig gehe ich neben ihnen durch die Straßen, durch die großen Tore der Tempelanlage, an Amuns heiligem See entlang, der weiß von Gänsen ist, zum Tempel, den mein Prinz für Aton gebaut hat. Schweigend besichtige ich die verwüsteten Räume. Ich schaue mir an, wo die Diener die beleidigenden Worte fortgewaschen haben. Gedankenverloren schaue ich hinüber zu Amuns Haus. Wenn man sieht, daß Aton gedemütigt wird ohne Genugtuung zu erhalten, wird er nicht seine Glaubwürdigkeit gegenüber den Menschen verlieren? Wie soll ich seinen Namen rächen? Schon ist Zeit vergangen, ohne daß Aton sich selbst gerührt hätte, diejenigen zu bestrafen, die sich gegen ihn vergangen haben. Die Priester des Amun werden lachen und den nächsten Angriff vorbereiten. Mein Prinz ist sehr darauf bedacht, daß keine Zauber benutzt werden.

»Die Tage des Aberglaubens und der Angst sind vorüber. Die einzige Magie in meinem Königreich wird die Magie des Lebens selbst sein.« Es wäre so einfach, sie zu verfluchen, bin ich versucht zu denken. Aber wenn wir die dunkle Seite der Magie aus unserem Land vertreiben und die Menschen von ihrer Angst davor befreien wollen, so dürfen wir sie nicht benutzen, wie groß die Versuchung auch sein mag. Jeder Tat entspringen tausend weitere; und mit jeder Handlung tragen wir Verantwortung für die Zukunft.

Nun zeigen meine Amtsbrüder offen ihren Kummer und beschreiben, einander unterbrechend, die Schrecken der Nacht des Feuers. Ich befrage sie über jede Kleinigkeit, weil ich hoffe, einer bestimmten Person die Schuld für die Tat zuweisen zu können, die dann vor des Königs Gericht gebracht würde. Es ist keine Frage, daß die Amunpriester schuldig sind, aber sie waren zu schlau für uns. Es gibt keinen Beweis.

Jemand hat die Gänse auf dem See aufgestört, und ihr Lärmen klingt wie Hohngelächter. Meine jungen Amtsbrüder schauen zu mir, blicken sich an und warten ab, bis der Lärm sich gelegt hat, bevor sie weitersprechen. Ich frage mich, ob der Klang ihr Blut ebenso zum Gefrieren gebracht hat wie meines. Ohne daß wir ihre Ankunft bemerkten, gesellten sich zwei Amunpriester zu uns, der eine groß, der andere klein, beide mit maskengleichen Gesichtern.

Sie drücken ihre Anteilnahme aus, daß wir solches zu erleiden haben, und sie erklären schmeichelnd, daß die Zeiten sich ändern und die heiligen Dinge nicht mehr so geachtet werden wie einst.

Ich verbeuge mich, erlaube mir aber zu widersprechen.

»Schon immer gab es Vandalen, Grabräuber und Ketzer, und es gab immer schon diejenigen, die die wahren und heiligen Mysterien achten und ehren.« Ich schaue sie genau an. »Beide ernten, was sie säen, sei es in dieser Welt oder in der nächsten.«

Nun ist es an ihnen, sich zu verbeugen. »Wie wahr«, sagen sie pflichtgetreu. »Zu wahr.« Aber sie zeigen nicht das leiseste Anzeichen von Schuld. Dann überbringen sie eine Einladung von Na-aghta. Mich verläßt der Mut. Ich fürchte mich davor, ihm wieder zu begegnen. Ich sage zu mir selbst, dieses Mal wird es anders sein. Diesmal bin ich stark und frei, ich nenne den Mitregenten der Zwei Länder meinen Freund. Diesmal können sie mir nichts antun. Doch all die Schrecken meiner frühen Jahre kehren wieder, und es schaudert mich. Der große Amunpriester bemerkt es, und für einen Augenblick lüftet sich sein maskenhafter Gesichtsausdruck und eine Schlange funkelt in seinen Augen. Oh, Aton, Mutter-Vater von uns allen, gib mir Kraft in dieser Begegnung.

Abermals verbeugen sie sich und gehen. Meine jungen Priester, die während dieses Austausches still und empört waren, beginnen zu reden, zu schnell und alle zugleich.

»Du brauchst nicht zu gehen!«

»Du wirst doch nicht hingehen?«

»Das ist eine Falle.«

»Sie werden alles daran setzen, um uns zum Schweigen zu bringen und zu verjagen. Wir haben genauso das Recht, hier zu sein wie sie – aber sie lehnen uns ab.«

»Wir haben einige unserer Priester an sie verloren.«

»Was meinst du mit verloren?« Es gelingt mir schließlich, ein Wort einzuwerfen.

»Sie haben Ra-Harahkte verlassen. Sie haben Aton verlassen. Sie sind Priester des Amun geworden.«

»Einige waren schon früher Amunpriester, und sie sind zurückgegangen. Sie wurden eingeschüchtert.«

»Wie? Wie eingeschüchtert?« Ich denke, ich könnte ihnen möglicherweise hier eine Schuld in die Schuhe schieben.

Der junge Priester, der zuletzt gesprochen hat, dem die ersten schimmernden Haare auf dem Kinn sprießen, schaut verwirrt.

»Wie? Wie genau eingeschüchtert?« wiederhole ich streng.

»Es ist schwer zu beweisen«, murmelt er.

Ein anderer fällt ein. »Wir finden giftige Schlangen in unseren Schlafräumen.«

»Skorpione in den Truhen, in denen wir unsere Kleider aufbewahren.«

»Könnten sie nicht auf natürlichem Wege hineingelangt sein?«

»Nicht so viele. Nicht so häufig. Nicht in verschlossene Räume und verschlossene Truhen.«

Mich fröstelt.

»Wir finden böse Zaubersprüche auf Steinsplittern und Papyrusschnipseln überall, wo wir sind.«

»Aber es gibt keinen Beweis, daß die Amunpriester diese Dinge tun. Gewiß würden sie sich nicht zu solch kleinlichen Störungen herablassen?«

Ein eifriger Chor versichert mir, daß jeder der Anwesenden es ihnen zutrauen würde.

Die Einladung ist für heute. Ich habe eine Nacht geschlafen, seit ich in Waset ankam – oder sollte ich sagen, ich habe eine Nacht damit verbracht, mich herumzuwerfen und zu wälzen und zu beten, und jetzt dämmert der Morgen. Ich vollziehe die Riten der aufgehenden Sonne und fühle mit jeder Anrufung Stärke und Vertrauen wachsen:

»Du, der über den Göttern stehst und über dem kein Gott steht: hilf mir.
Du, der Du vor allen Dingen warst und jenseits aller Dinge sein wirst: hilf
mir.
Du, der Du alles verstehst, was da ist, und es gibt nichts jenseits Deines
Verstehens: hilf mir.
Licht der Überwelt. Licht aller Schwellen.
Licht unseres Schlafens und unseres Wachens: hilf mir... «

Ich mache mich zum Amuntempel auf, voll Vertrauen in meinen Gott. Aber Na-aghta ist kein Narr. Er läßt mich nicht direkt zu sich bringen. Sein hochgewachsener Bote führt mich durch den ganzen Tempel, durch die riesigen, überwältigenden Säulen der Papyrushalle, durch lange Gänge, die von wenigen und weit auseinanderliegenden Lichtschlitzen hoch in der Wand trübe beleuchtet werden, durch Heiligtümer und durch Kapellen, wo flackernde Flammen in Becken und Lampen schreckliche Schatten des Gottes Amun vor und hinter mich werfen. Überall starren Bilder der Götter, die Echnaton ablehnt, anklagend auf mich herunter. Ich fühle mich unbehaglich. Meine alte Treue zu ihnen und mein Bewußtsein ihrer Wirklichkeit kämpfen gegen meinen neu gefundenen Glauben an Aton allein. »Was ist, wenn… ?« beginne ich zu denken, aber ich weigere mich, diesen Gedanken weiterzuspinnen. Diese Bilder sind von den Amunpriestern geschaffen. Es sind nicht die leuchtenden, geistigen Wesen, denen mein Ka begegnet ist.

Abgesehen von unseren Schritten herrscht eine schreckliche Stille – kein Anzeichen für ein lebendiges Wesen. Manchmal glaube ich, jemanden hinter uns zu hören, aber wenn ich mich umdrehe, ist niemand da. Es könnte ein Echo sein oder aber jemand, der uns im Verborgenen folgt. Wo sind all die Menschen, die sonst dem Tempel dienen, die geschmeidigen Tänzer und Sänger, die Priester und Novizen, die Schreiber, die Reiniger, die Köche, die Steuereintreiber und Verwalter? Der ganze Ort scheint verlassen – obgleich ich eine dunkle, schwer lastende Gegenwart spüre.

Schließlich verlassen wir den Tempel und schlängeln uns durch ein Labyrinth von Gängen im Priesterviertel. Ich bin gespannt und aufgeregt, und mein Ärger hat seinen Höhepunkt erreicht, als mein schweigender Begleiter endlich mit seinem Stab dreimal an eine Tür klopft. Sie öffnet sich knarrend, und er fordert mich mit einem Wink auf, ihm voran den Raum zu betreten, der nur schwach von Wachskerzen erleuchtet ist. Er muß tief im Inneren des Gebäudes liegen, kein natürliches Licht erreicht ihn. Na-aghta ist hier. Riesige Reliefs der Triade Amun, seiner Gemahlin Mut und ihres Sohnes Khonsu, sind auf die Wände hinter ihm eingemeißelt. Das Kerzenlicht flackert, und sein verzerrter Schatten fällt darauf. Es ist ihm gelungen, mich in Schrecken zu versetzen. Das Herz schlägt mir so fest bis zum Hals, daß ich überrascht bin, daß er es nicht sieht und eine Bemerkung darüber macht. Ich höre, wie sich die Tür hinter mir schließt und alle Schrecken meiner Kindheit kehren zurück. Schweiß läuft mir über das Gesicht und meinen Körper hinunter, teils wegen der dichten, erdrückenden Hitze in dem Raum, teils wegen meiner Angst. Aber in meinen Jahren der Freiheit habe ich etwas gelernt, und ich halte meinen Kopf erhoben und begegne kühn seinem Blick. Er steht und er ist größer als ich.

»Mein Herr Priester, Prophet des Amun«, sage ich, und zwinge meine Stimme, fest zu klingen. »Ich danke für die Höflichkeit, mich hierher einzuladen. Ich nehme an, es ist, um eine Erklärung und eine Entschuldigung für das anzubieten, was im Tempel des Aton, des Herrn über alle Horizonte, geschah.« Etwas von meinem Mut kehrt zurück, als ich mich an die Gebete erinnere, mit denen ich mich gestärkt habe, bevor ich aufbrach.

Sein Gesicht drückt kühle Belustigung aus.

»Mein Herr Priester, Prophet des Aton, ich versichere Euch, daß ich keine Erklärung für irgendetwas habe, was in Eurem Bezirk geschieht. Wenn Eure Untergebenen unachtsam sind, ist das sicherlich eine Angelegenheit, die innerhalb Eures eigenen Tempels behandelt werden sollte.«

Ich schweige, aber erwidere fest seinen Blick. Ich erinnere mich daran, wie Ma-nan mich zu kontrollieren pflegte und bin auf der Hut.

»Ich habe Euch eingeladen«, sagt er glattzüngig, »weil ich denke, es ist an der Zeit, über Dinge zu sprechen, die zu unserem beiderseitigen Nutzen sind.«

»Ihr meint die Gesetze des Maat, die glückliche Herrschaft von Weisheit und Gerechtigkeit in unserem Land«, sage ich genauso glatt.

Er beißt sich kaum merklich auf die Lippen, und ich denke, daß ich ihn vielleicht überrascht habe.

»Natürlich«, sagt er mit einem Anflug von Ungeduld, und ich fühle, daß ich im Augenblick im Vorteil bin. »Es ist unserer Aufmerksamkeit nicht entgangen«, fährt er, wieder gefaßt, fort, »daß unser königlicher Mitregent Amenophis – «

»Echnaton«, verbessere ich ihn nachdrücklich.

»Echnaton«, bestätigt er und verzieht abschätzig den Mund, »wachsende Unterstützung seinem Nebengott – «

»Wir sprechen nicht von einem Nebengott«, sage ich ruhig. »Der Gott Aton war vorher da und wird nachher sein. Er ist es, der in der großen Stille spricht, und sein Auge ist es, welches das Bewußtsein aller Dinge ist.«

Na-aghtas Augen blitzen.

»Diese Dinge beansprucht unser Vater Amun. Es ist Amun, der der Schöpfer von allem ist.«

»Seine Truhen füllen sich, während die Bäuche seines Volkes leer bleiben. Ist dies das Merkmal des Vaters?«

»Mein Herr, seid vorsichtig«, sagt er; und seine Stimme ist hart und scharf wie die Schneide eines Schwertes. Hinter ihm gewahre ich eine Bewegung. Das Dämmerlicht strengt meine Augen an. Ein Schatten löst sich von den anderen Schatten und eine Gestalt tritt zum Hohepriester.

Es ist Ma-nan.

Mir scheint alles Blut aus meinem Gesicht zu weichen, und ich balle meine Fäuste, damit meine Hände nicht zittern. Er schaut mich an, von oben bis unten, und es scheint eine Ewigkeit zu dauern. Meine Kehle ist zugeschnürt, und ich kann kein Wort herausbringen, so sehr ich mich auch bemühe.

»Gruß, Namenloser«, sagt er spöttisch, meine Bestürzung bemerkend. Für einen Augenblick gerate ich beinahe unter seinen alten Zauber. Seit langem habe ich Khurahtaten nicht mehr um Hilfe gerufen, aber jetzt rufe ich ihn. Ich weiß, daß ich sogar jetzt noch nicht die Kraft habe, diesem Mann zu widerstehen, der mich all die Jahre eingesperrt hat.

Eine Stimme spricht sanft hinter meinem Rücken, obwohl dort niemand ist. »Du hast Namen, die bis zum Anfang zurückreichen. Habe Mut.«

»Ich heiße Djehuti-kheper-Ra«, sage ich, und diesmal tönt meine Stimme aus meiner Kehle und füllt kraftvoll den dunklen Raum. »Ihr habt keine Macht mehr über mich.«

»War Djehuti-kheper-Ra der Name, den deine Mutter bei deiner Geburt gerufen hat?«

»Nein. Das ist der Name, den mein König mir gab.«

»Und welche Worte hat deine Mutter gerufen?«

»Ihr wißt genauso gut wie ich, daß ich meine Mutter nicht kenne.«

»Auch nicht deinen Vater?« Der Klang seiner Stimme sagt mir, daß das keine müßigen Fragen sind. Er führt etwas im Schilde.

»Auch nicht meinen Vater«, sage ich mit pochendem Herzen. Ist dies der Zeitpunkt? Werde ich jetzt die Namen meiner Mutter und meines Vaters erfahren? Wird jetzt mein Leben einen Platz in der Geschichte finden – um ein Vorher und ein Nachher zu haben, das die Menschen aufzeichnen werden?

Eine schreckliche Stille liegt im Raum, als die zwei Männer mich anstarren, und ich halte die Frage zurück, die zu stellen ich mich schmerzlich sehne.

»Ich könnte dir die Namen deiner Mutter und deines Vaters sagen«, sagt Ma-nan schließlich sehr, sehr langsam.

Ich sage nichts.

Khurahtaten, mein Freund, hilf mir! Was bedeutet es, den Namen deiner Mutter und deines Vaters zu wissen? Er wird sie mir nicht umsonst geben. *Geh' nicht in seine Falle... geh' nicht... geh' nicht...* Ich weiß, es ist Khurahtatens Stimme, deren eindringliche Warnung in meinen Ohren klingt.

»Ich will sie nicht wissen«, sage ich schließlich, und alle Schmerzen meiner Kindheit brechen in meinem Herzen auf. Ich fange an, unbeherrscht zu zittern, Tränen rinnen aus meinen Augen. Durch sie hindurch sehe ich den Triumph in den Augen der beiden Männer vor mir. Sie wissen, was es mich gekostet hat, zu sagen, was ich gesagt habe, und sie lächeln.

Ich drehe mich um und stolpere aus dem Raum. Ich warte auf niemanden, der vor mir her durch das Labyrinth der Gänge schreitet. Ich wanke wie ein Betrunkener, als ich von meinen Peinigern fort eile. Sie wissen – und sie wissen, ich weiß es auch – daß sie mich in der Falle haben. Ich werde nun keinen Augenblick mehr Frieden haben, bis ich die Namen meiner Mutter und meines Vaters kenne.

Ich höre Schritte hinter mir und fange an, zu laufen. Ich könnte es nicht ertragen, jemandem zu begegnen. Ich sehe eine Tür, und mit einem verzweifelten Aufwallen von Kraft stürze ich mich darauf und reiße sie auf. Dann schlage ich die Tür hinter mir zu und lehne mich heftig keuchend gegen das Holz. Ich lege mein rechtes Ohr an das Holz und lausche angestrengt auf ein Geräusch meiner Verfolger. Mein Herz schlägt so laut, daß es schwer zu sagen ist, ob das Geräusch, das ich höre, das Dröhnen der Schritte draußen im Gang oder das Hämmern meines eigenen Herzens ist.

Ich habe keine Vorstellung davon, in welchen Raum ich gestolpert bin.

Endlich scheinen sowohl das übermäßige Schlagen meines Herzens als auch die Geräusche draußen im Gang abzusterben. Ich schaue mich um, um mich zurechtzufinden und friere plötzlich – meine Nackenhaare sträuben sich.

Im flackernden Licht der Fackeln sehe ich, daß ich im Heiligtum der Sekhmet bin. Über mir erhebt sich die riesige schwarze Basaltstatue der Göttin mit dem wachsamen Kopf einer Löwin und dem Leib einer Frau. Sie sitzt und hält in einer Hand das Ankh, Symbol des Lebens, und in der anderen den Stab ihrer Göttlichkeit; aber es sind ihre Augen, die mich erschrecken. Ich spüre ihre Gegenwart. Die Statue ist von ihr beseelt. Sie schaut mich gerade an mit dem wachsamen, versunkenen Starren eines Löwen, der seine Beute beobachtet.

Ich ziehe mich zurück zur Tür und taste nach dem Riegel. Zu meinem Entsetzen finde ich die Tür verschlossen. Ich kann nicht hinaus. Ob der Riegel zuschnappte, als ich die Tür zuschlug, oder ob jemand sie von außen verschloß – der entweder wußte, daß ich darin bin oder der ahnungslos war – nun, da ich drinnen bin, kann ich es nicht sagen. Aber ich bin in einem Raum gefangen, der fast ganz von der schrecklichen Göttin ausgefüllt wird, deren Zorn beinahe die Menschheit zerstört hätte, deren heißer Atem die Wüstenstürme anbläst und die die Macht hat, Berge einzureißen und Städte zu verwüsten. Ich presse meinen Rücken fest gegen die starke hölzerne Tür, so weit weg wie möglich. Die Statue scheint vollkommen still und ruhig, obgleich ich ihrer mächtigen Kraft gewahr bin – die Anspannung einer großen Katze, die bereit ist, zu töten.

Zunächst bin ich völlig entsetzt und kann nicht denken. Mein Körper ist schweißgebadet. Der Raum ist unerträglich stickig heiß. Ich versuche, die Selbstbeherrschung wiederzuerlangen. Mein König hat mich gelehrt, es gibt nur einen, Aton. Wenn das so ist, ist sie, die große Zerstörerin, nichts weiter als ein wildes, grausames Mittel seines Zornes. Ich frage mich, ob ich vielleicht den Zorn selbst auf mich gelenkt habe, und ich weiß, wenn ich ehrlich bin, kann ich es nicht bestreiten.

Ich schleiche um den riesigen Sockel herum, auf dem sie ruht, und entgegen aller Hoffnung hoffe ich, eine kleine Tür auf der Rückseite des Heiligtums zu finden. Manchmal gibt es eine, durch die das Orakel eintritt, aber nicht oft. Der Platz zwischen der Wand und der Seite der Göttin ist so eng, und ich bin so ungeschickt vor Aufregung, daß ich aus Versehen ihren Fuß berühre, als ich mich vorbeizwänge. Für einen Moment weicht alle Luft aus meinem Körper und ein rasender Schmerz durchfährt mich. Keuchend weiche ich zurück, und es scheint, als ob Blitze um ihre Gestalt sprühten, die in gezackten Strahlen aus ihren Fingerspitzen bersten und sie in eine sich wandelnde Aura aus grellem, in Wellen fließendem Licht hüllen.

Ich falle auf meine Knie und rede wirr. Ich flehe zu den Göttern, zu jedem und allen. Die Worte geraten mir durcheinander; sie purzeln wie abgelegtes Geschmeide aus einer staubigen Kiste, aber etwas versucht mich durch sie hindurch zu erreichen – der Namenlose Eine, der Erste, der Eine Wahre… Plötzlich weiß ich, wen ich anflehen muß, zu wem ich rufen muß.

Das Licht um sie schwindet und die bedrohliche Schwärze des Steines, aus dem ihr Bildnis gehauen wurde, kehrt zurück.

Ich erhebe mich. Ich blicke in ihre Augen. Ich höre auf, mich zu fürchten. Ich höre auf zu zittern.

Ruhig schaut sie in meine Augen. Sie ist nicht weniger prächtig, nicht weniger mächtig und wirklich, aber jetzt sehe ich eine andere Seite von ihr: die Beschützerin, die grimmige Verteidigerin. Es ist kein Zufall, daß in den alten Lehren von Men-nefer Ptah ihr Gemahl ist, der Künstler, der Schöpfer, der die zehntausend Dinge dieser Erde auf seiner Töpferscheibe geschaffen hat. Es ist kein Zufall, daß aus dieser Verbindung des Schöpfers und der Zerstörerin Nefer-tum geboren wurde, die sich aus dem Lotos erhebt. Die Lehren berichten, wie dieses Kind von Kräften, die zu groß für es waren, zwischen diesen beiden zerrissen wurde und weinte, und wie aus diesen Tränen die Menschheit geboren wurde. Die Zerstörung, die sie bringt, ist niemals mutwillig, niemals blindlings. Sie und ihr Gemahl Ptah schöpfen und zerstören gemeinsam für alle Zeit die Dinge, und das

Gleichgewicht zwischen den beiden ist für das Dasein notwendig. Wenn das Gleichgewicht gestört wird – und das kann ein Mensch tun, wenn er will – nur dann sind ihre Kräfte gefährlich und schädlich.

Ich achte sie. Ich stehe in Ehrfurcht vor ihr und begegne ihrer Stärke Auge in Auge. Nicht mehr voll Angst.

»Heil, Sekhmet, Herrin der Götter, die ihren Fächer hält. Herrin des scharlachroten Gewandes; Gebieterin der weißen und der roten Krone; große Zauberin im Boot der Millionen Jahre, die erhaben ist, wenn sie sich aus ihrer Wohnstatt des Schweigens erhebt; das königliche Weib des Löwen; die Mutter des Himmelshorizontes, die Freudige, die Geliebte, die die Aufrührer in ihrer Faust vernichtet... Heil!«

Sie ist es, die mir sagt, daß ich die verschlossene Tür noch einmal versuchen soll. Ich weiß, noch bevor ich sie berühre, daß sie sich nun öffnen wird – und sie öffnet sich.

Als ich den Tempel des Amun verlasse, schlägt mir die Sonne ins Gesicht und läßt mich fast erblinden.

Ich sehe mich gezwungen, nach Achetaton zurückzukehren, ohne die Angelegenheit des Brandes befriedigend gelöst zu haben. Dort geht das Gerücht um, die Priester des Amun würden mit Zauberei arbeiten, um uns zu vernichten. Eine Reihe von Unfällen in der Stadt erregt die Abergläubischen, aber Echnaton zieht von Platz zu Platz und ruft das Volk zu sich. Er spricht wie ein Vater und sagt ihnen, daß Zauberei nichts gegen die Kraft Atons ausrichten kann.

»Denkt euch unsere Stadt umgeben von einer hohen, unsichtbaren Mauer, und jedes Tor ist bewacht. In der Stadt gibt es Gärten und liebenswerte Häuser, Menschen leben in Frieden und in Freude. Ist es nicht so, mein Volk?« ruft er aus, indem er plötzlich seine Stimme erhebt. Die Antwort kommt sofort und mit Begeisterung. Es gibt tatsächlich liebenswerte Häuser und viele Gärten in Achetaton, und die Menschen leben in Frieden.

»So ist es, unser Vater, unser König!«

»In einer solchen Stadt, umgeben von solchen Mauern, kann uns kein Feind erreichen.«

Das Volk stimmt unter Beifall zu.

»Aber – « fügt er warnend hinzu, und die Menschen schweigen still, als er seine Stimme senkt, so daß sie tief und dunkel klingt – »aber wenn jemand von innen das Tor öffnet, dann können die Kräfte unseres Feindes eindringen und uns zerstören.«

Es folgt ein furchtsames Gemurmel.

»Die Wände unseres Glaubens mögen unsichtbar sein – aber sie sind stark.Die Tore unseres Glaubens mögen unerschütterlich sein – wenn ein Verräter sie öffnet, sind wir verloren.«

Er schaut hinunter in die Gesichter seines Volkes.

»Wer ist der Verräter, der so etwas tut, mein Volk?«

Niemand antwortet. Sie schauen einander unbehaglich an. Was meint er?

»*Zweifel ist der Verräter!*« ruft er. »*Furcht ist der Verräter!*«

Die Menschen seufzen und ächzen und gehen zu ihren Häusern zurück mit dem festen Vorsatz, stark und standfest in ihrem Glauben zu sein.

Aber – natürlich – ist das nicht so einfach wie es klingt.

Prinzessin Maketaton erkrankt schwer, und für viele gibt es keinen Zweifel, daß das die Wirkung feindseliger Zauberei der Amunpriester ist. Ärzte aus der berühmten Schule von Yunu werden an ihre Seite gerufen.

Als ihre Hilfe versagt, versuchen ihr Vater und ich als Atonpriester das, was die Priester der Hathor seit alter Zeit versuchen. Wir legen sie auf das Lager im Raum der Träume und lassen sie allein und in der Stille mit den Lampen des Hinausgehens und des Hineingehens, des Wünschens und des Fürchtens. Durch ein Loch in der Wand beobachten wir, wie sie allmählich in Schlaf fällt und eins wird mit dem großen Ozean, der vor allen Dingen schon da war. Wir sehen den Schmerz auf ihrem schmalen Gesicht, wenn sie sich von einer Seite zur anderen dreht, so als wolle sie sich aus den Flügeln des Horus befreien, die sie auf dem Kopfkissen halten. Dann ist der Kampf beendet; und allmählich umhüllt sie der Frieden des Großen Einen, der jenseits allen Verstehens ist, und sie schläft so wie alle Dinge im Herzen des Gottes einst schliefen vor der Trennung in dieses und jenes, in hier und dort, in dann und jetzt.

Die ganze Nacht wachen wir von außen über den Raum, wir beobachten jede Bewegung ihrer Augenlider, jedes Zucken ihrer Glieder, und wir beten, daß uns Weisheit gegeben sein möge, wenn es Zeit für die Deutung ist. Am Morgen werden mehr Lampen entzündet, die Lampen des Erwachens und der Erinnerung. Ihr Vater und ich gehen hinein, setzen uns neben sie und sprechen die Worte des Fragens in der Weise, wie sie in den alten Schriften beschrieben wird. Bevor sie erwacht, antwortet sie uns, Worte fließen an die Oberfläche ihres Geistes und verwehen wie Rauch. Wir müssen sie schnell im Geiste festhalten, sie verblassen wie Rauch und verschwinden. Die Deutung ihrer Träume wird uns von unserem Gott als Antwort auf unsere Gebete gegeben. Sie sieht sich als Kormoran, der mit einem Faden an das Handgelenk eines Fischers gebunden ist... und sich danach sehnt, frei zu sein. Sie sieht sich als Fisch, der in dessen Schnabel gefangen ist... und sich danach sehnt, frei zu sein. Sie sieht sich als Fischer, der den Fisch aus dem Schnabel des Vogels nimmt und seinerseits von einem Faden von der düsteren Gestalt des Hungers hinter sich gehalten wird – auch er sehnt sich danach, frei zu sein.

»Du bist frei«, flüstert Echnaton und beugt sich über sie. Seine Tränen fallen auf ihre zarten, bleichen Wangen. »Du bist die Tochter des Königs... geliebt von Aton... du bist frei...«

Sie seufzt und öffnet ihre Augen.

Sie schaut uns zutiefst verwirrt an, als ob wir Fremde seien, und dann streckt sie ihre Arme zu jemandem aus, den wir nicht sehen können, und ihr Gesicht leuchtet auf im Wiedererkennen.

Da wissen wir, daß sie bereit ist, uns zu verlassen, und daß es nichts gibt, was wir dagegen tun können.

Die Blumenstadt Achetaton wird ein Ort der Wehklage. Es gibt keinen Mann, keine Frau und kein Kind, die die Prinzessin gesehen haben seit sie kam, um im Umkreis der Erdkugel zu leben, die sie nicht lieblich fanden.

Meritaton ist untröstlich und sucht Zuspruch bei mir, aber ich verlasse sie und gehe nach Waset. Ich rede mir ein, daß Maketatons Tod Na-aghtas Werk ist, daß er ihr die Träume eingegeben hat und sie uns entführt hat; aber tief drinnen weiß ich, das ist Unsinn. Das Kind kränkelte seit seiner Geburt und ihm war niemals bestimmt, den Mantel des Lebens lange zu tragen. Ich lüge mir selbst etwas vor, denn ich brauche einen Vorwand, um Na-aghta und Ma-nan gegenüberzutreten.

Ohne Einladung stürme ich durch die Anlage der Gebäude, die das Heiligtum des Amun umgeben, durchschreite mit langen Schritten die hallenden Gänge und Säle, die neblig vom Weihrauch sind. Ich überrasche eine Gruppe von schlanken Tempeltänzern bei ihren Übungen und bringe die Musiker ins Stocken. Archivare, die mit Papyrusrollen von einem Raum zum anderen gehen, weichen zurück und starren mich an. Einer verliert eine lange Rolle, die sich vor mir ausrollt wie ein Teppich. Novizen rufen mir nach. Schließlich wird mir der Weg von demselben großen Mann mit dem Stab versperrt, der mich schon einmal auf diesem gewundenen Pfad geführt hat.

»Ich verlange, Na-aghta zu sehen«, sage ich kühn, und ich weiß, daß ich ihn beleidige, weil ich ihn nicht mit seinem vollen Titel anspreche.

Ich glühe vor Entschlossenheit, und die einzige Angst, die ich habe, ist die, irgendwo warten zu müssen und Zeit zum Abkühlen zu haben.

»Du verlangst?« sagt er kalt.

Mein Ärger läßt mich glauben, ich hätte Mut.

»Verlange!« erwidere ich grimmig.

Er starrt mich einen oder zwei Augenblicke unheilvoll an und nickt dann, dreht sich um und zeigt mir den Weg.

Na-aghta ist im Lagerhaus gerade dabei, den Meister der Kornkammern zu tadeln. Der Mann versucht zu erklären, es sei die Schuld des Mitregenten, daß die Kammer nicht so voll ist, wie sie sein sollte. Da hält er mitten im Satz inne, erschrocken, mich zu sehen. Na-aghta dreht sich um, will sehen, wer es ist, und schaut einen Augenblick lang erstaunt. Aber nur einen Augenblick.

»Dieser Mann«, sagt mein Führer verächtlich, und ich bemerke, daß er keinen meiner Titel verwendet, »verlangt Euch zu sehen, mein Herr Priester, verehrter Prophet, Geliebter des Amun.«

Na-aghta hat sich bereits gefaßt.

»Grüße, Priester des Aton.« Sein Ton ist beleidigend.

Ich erröte, sage aber nichts. Noch gebe ich mir alle Mühe, meine Wut zu bewahren. Er schaut belustigt auf mein rotes Gesicht. Halb gewahre ich, daß der Meister der Kornkammern dankbar davonschleicht. Mein Führer greift seinen Stab wie eine Waffe, bereit seinen Herrn auch körperlich zu verteidigen, wenn es nötig sein sollte.

»Haben Eure aufrührerischen Gefolgsleute Eure Lagerräume wieder in Brand gesteckt?« fragt Na-aghta mit spöttischer Besorgnis.

Plötzlich erscheint es mir verrückt, ihn des Todes der Prinzessin zu bezichtigen. Es erschien mir so einleuchtend, als alle, die mich umgaben, das taten. Jetzt kehrt mein gesunder Menschenverstand zurück und läßt mich dastehen wie ein auf das trockene Land gespülter Fisch. Wer bin ich, daß ich ihn anklage? Welches Begehren! Ich weiß, was ich will – aber ich kann es nicht sagen.

Er ist ein Mann von großem Scharfsinn; ein würdiger Gegner. Er weiß, warum ich gekommen bin. Lächelnd bedeutet er mir, ihm zu folgen. Ich folge. Der Überschwang, mit dem ich das Gebäude betrat, verläßt mich, und mein Schritt wird weniger sicher, mein Rücken weniger aufrecht. Ich werde zu einem der inneren Räume geführt, in dem ich warten muß.

Ich sitze auf einem Stuhl aus Leder und Ebenholz und frage mich, warum ich so ein Narr gewesen bin. Aber allmählich, als der Aufruhr in meinen Gedanken sich beruhigt, wird mir klar, daß es richtig war, zu kommen. Ob er den Tod von Maketaton herbeigeführt hat oder nicht, ist nicht die Frage. Entscheidend ist, daß er immer noch mächtig genug ist, Angst einzuflößen und die Menschen glauben zu machen, er sei in der Lage, eine königliche Prinzessin in der Sicherheit ihres Heimes viele Meilen entfernt zu töten. Wie ich weiß, glaubt es sogar Nofretete, obgleich ihr Gemahl sich bemüht, sie davon abzubringen. Seit einiger Zeit beunruhigt es mich ein wenig, daß sie sich heimlich mit Zauberei zu beschäftigen scheint.

Ich weiß, daß ich Na-aghta und Ma-nan, wenn er erscheint, fragen werde, wer mein Vater und meine Mutter sind. Die Frage hat mich, so wie sie es voraus gesehen haben, seit dem Tag gequält, an dem ich erfahren habe, daß sie es mir sagen können. Ich denke, ich bin für meinen Prinzen nutzlos, weil mich diese Frage so beherrscht. Mein Schlaf leidet und ebenso meine Gesundheit. Ich kann mich mit nichts befassen. Als Kind hat mich diese Frage ständig verfolgt, aber seit ich meine Freiheit erhalten habe und meinen Namen, hat sie kaum mein Bewußtsein berührt. Ich empfinde bitteren Groll, daß sie dieses alte Gespenst wieder haben aufleben lassen.

Na-aghta kehrt zurück – mit Ma-nan. Ich stehe sofort auf und verbeuge mich höflich vor ihm. Ich unterdrücke den jahrelangen Haß. Ich möchte wissen – ich muß wissen – was nur er mir sagen kann. Wenn ich die Auskunft habe, werde ich alles daran setzen, die beiden für meinen Prinz zu besiegen. Wie ich weiß, ist Ma-nan ohne Erlaubnis im Lande. Auch Na-aghta könnte eingesperrt werden, weil er ihn versteckt.

Die beiden Männer stehen vor mir. Sie wie ich warten darauf, daß der andere den ersten Schritt macht.

Ich bin es, der Dummkopf, der zuerst spricht.

»Ihr habt mir gesagt, daß ihr eine bestimmte Auskunft für mich habt.«

Die beiden Männer schauen einander an, lächeln und schauen wieder zu mir. »Falls das noch der Fall ist, bin ich nun bereit, zu hören«, sage ich.

Ma-nan schleicht umher wie ein rastloser Löwe, umkreist mich, schaut mich an.

»Du bist jetzt ein Mann«, sagt er mit tödlicher Süße. »Du bist der Freund der Könige. Erinnerst du dich, wie ich dich aufgezogen habe als Säugling, für dich gesorgt habe als Kind?«

»Das werde ich nie vergessen«, sage ich grimmig.

»Du zahltest es mir mit Undankbarkeit zurück«, sagt er sanft.

»Ich gebe zu, daß ich es Euch niemals zurückgezahlt habe, wie ihr es verdient habt«, erwidere ich, erfreut über die Zweideutigkeit.

Na-aghta genießt das Spiel, aber er hält sich heraus.

»Warum sollte ich dir einen Gefallen tun?« schnurrt Ma-nan.

»Ihr habt es angeboten – ich habe nicht darum gebeten.«

»Du bittest jetzt.«

Ich frage mich, ob ich noch einmal hinaus gehen kann – ohne es zu wissen —, und ich weiß, daß ich es nicht kann. Er weiß, daß ich es nicht kann. Er wartet darauf, daß ich frage, was ich ihm als Gegenleistung anbieten könnte, aber es gelingt mir, meine Zunge im Zaum zu halten. Schließlich wird er ungeduldig.

»Ich vermisse mein Land. Ich vermisse die Zwei Länder«, sagt er.

»Ihr seid in Eurem Land. Ihr seid in den Zwei Ländern«, sage ich.

»Du weißt, daß ich nicht frei durch die Straßen gehen kann. Du weißt, daß ich nicht auf dem Fluß segeln kann.«

»Es steht nicht in meiner Macht, den Bannspruch aufzuheben«, sage ich. »Aber es steht in meiner Macht, zu berichten, daß ihr den Befehl des Königs mißachtet.« Vielleicht kann ich ihn erpressen, mir zu sagen, was ich wissen muß.

»Der Befehl des Ketzers«, sagt Na-aghta plötzlich und wendet das Blatt. Ich schaue ihn erschrocken an.

»Das ist Verrat«, sage ich scharf. Ich weiß, daß ich geradewegs aus dem Tempel eilen und die königlichen Wachen rufen sollte, damit diese Männer verhaftet werden, bevor ich mich noch mehr verstricke. Mein Prinz würde mir dafür danken. Er sucht nach einem Vorwand, das Ansehen der Amunpriester zu zermalmen. Doch ein Wurm beginnt, an meinem Herzen zu nagen. Ein Wurm, der, wenn er nicht getötet wird, meinen ganzen Leib verzehren könnte. Die beiden Männer wissen, daß es ihn gibt, und spielen mit mir.

»Was wirst du für mich tun, wenn ich dir sage, wer du bist?«

Ich schweige. Ich leide Todesqualen.

»Ich möchte als freier Mann in mein Land zurückkehren.«

»Dafür kann vielleicht gesorgt werden«, höre ich mich selbst sagen. Ich glaube, daß ich Khurahtaten in dem Raum gewahre, aber ich weigere mich, ihn anzuschauen – weigere mich, ihn anzuhören.

»Amun muß die Ländereien, die Aton ihm abgenommen hat, zurückerhalten. Es muß verkündet werden, daß Aton dem Amun untergeordnet ist.«

»Das ist ausgeschlossen.« Meine Stimme verrät meine Enttäuschung. Echnaton wird dem niemals zustimmen. Ich bin verloren. Jahre voll quälender Wißbegierde warten auf mich.

Sie schauen sich an, und ich sehe, daß sie überlegen, ob sie nicht vielleicht zuviel auf einmal verlangt haben. Na-aghta nickt Ma-nan fast unmerklich zu. Khurahtaten schreit in meine Ohren, aber ich will nicht zuhören. Ich schwitze. *Geh' fort!* rufe ich in meinem Kopf. *Geh' fort! Ich brauche dich nicht. Ich weiß, was ich tue!*

»Du glaubst, der Mitregent wird unseren Bedingungen nicht zustimmen?« fragt Na-aghta glatt.

»Ich weiß, daß er nicht zustimmen wird«, sage ich kläglich. Ich habe mich jetzt hoffnungslos verrannt und versuche noch nicht einmal, das Spiel zu gewinnen.

»Aber wenn er nicht länger Mitregent ist? Wenn er nicht König wird?«

Wie konnte ich nur wieder in Ma-nans Fänge geraten? Ich erinnere mich an Echnatons Worte über den Verräter, der das Tor öffnet, und innerlich weine ich. Ich war niemals gierig oder ehrgeizig – warum jetzt? Warum jetzt? Khurahtaten, ist es zu spät? Aber er ist fort. Ich bin auf mich allein gestellt.

»Sag mir, wer meine Eltern sind«, fordere ich ihn auf. Eine schreckliche innere Gewißheit, es schon zu wissen, erwächst in mir. Aber wie auch immer die Antwort sein wird, ich weiß, daß ich schon zu weit gegangen bin, um noch umzukehren.

Ma-nan lächelt und läßt seine Falle zuschnappen.

»Dein Vater ist Pharao Amenophis-Neb-maat-Ra, der geliebte Sohn des Amun, des Vaters aller Götter. Deine Mutter ist seine Tochtergemahlin, Sitamun.«

Es ist gesagt.

Die nachfolgende Stille ist lang und schrecklich. Die beiden Männer beobachten, wie ich reagiere.

»Ihr lügt!« sage ich schließlich mit sehr rauher Stimme. »Wenn ich der Sohn des Königs und seiner Tochter wäre... «

Die Stille des Raumes beginnt weh zu tun.

Wenn? Aber warum – warum lebe ich nicht wie ein Prinz, wenn es so ist ...? Warum bin ich nicht selbst der Mitregent? Sitamuns Blut stammt aus der königlichen Linie: als älteste Tochter des Königs ist sie königliche Erbin. Ich habe Bildnisse von ihr gesehen als göttliche Gemahlin von Amun, mit den Flügeln von Muts Geier als Kopfputz über ihren Ohren. Tejes Blut ist gewöhnliches Blut, auch wenn ihr die Liebe ihres Gemahls den Titel der Ersten und Großen Königlichen Gemahlin gab und ihr Sohn als Erbe anerkannt ist. Ich erinnere mich an Tejes Augen – die Art, wie sie mich anschaut. Ihretwegen wurde ich verleugnet. Ihretwegen wurde mir kein Name gegeben, wurde ich verborgen wie ein schmutziges Ding.

»Sag' mir... « sage ich gebrochen und unterwürfig zu meinem alten Feind.

Er lächelt.

»Muß ich es dir sagen? Du bist nicht dumm. Du kennst den Ehrgeiz der Königin für ihr eigen Fleisch und Blut.«

»Aber – « Ich denke an Sitamun. Wurde sie von Teje so eingeschüchtert, daß sie es geschehen ließ, zur Frau genommen und dann verborgen unter den fremden Prinzessinnen gehalten zu werden, als ob sie nicht mehr wäre als diese? Kinderlos, soweit man wußte, starb sie jung. Ich habe sie nie gesehen, außer vielleicht in einem Traum, in dem sie weinend hinter ihrem Vater-Gemahl und seiner Gemahlin, Teje, stand.

Irgendwo in meinem Herzen pochen Worte, die ich kaum verstehen kann. *Echnaton ist mein Bruder! Echnaton ist mein Bruder!*

Der große leere Raum scheint sehr, sehr nahe zu sein. Ich könnte die Hand ausstrecken und den Krummstab und die Geißel nehmen – oder ich könnte die Hand ausstrecken und einen schwärenden Beutel voller Würmer aufheben.

»*Genug*«, sage ich scharf. »Eure Geschichte ist lächerlich.«

Ich mache auf dem Absatz kehrt und schreite aus dem Raum. Eingebung muß mir den Weg durch das Labyrinth der Gänge gezeigt haben, denn ich bin fast blind vor Tränen. Nur einmal höre ich ein Geräusch, wende meinen Kopf und erblicke durch eine offene Tür den Lieblings-General des alten Königs, Haremhab, den Echnaton in seiner Jugend so sehr fürchtete und achtete.

Die kleine Maketaton ist kaum in ihrem Grab, als wir die Nachricht erhalten, daß Echnatons Vater *(mein Vater!)* ernsthaft erkrankt ist und wohl nur noch wenige Tage zu leben hat. Die Ereignisse überschlagen sich. Ich hatte noch nicht die Zeit, mir klar zu werden, was ich mit meinem Wissen anfange, das ich nun wie ein Bleigewicht um meinen Hals trage. Bis jetzt habe ich niemandem davon erzählt, und ich hoffe, die Kraft zu haben werde, es nie jemandem zu erzählen.

Als Echnaton gerufen wird, seinen Vater auf seinem Totenbett zu besuchen, bittet er mich, ihn zu begleiten.

»Ich kann nicht vergessen«, sagt Echnaton nachdenklich, »wie ärgerlich er war, wenn ich nach dir fragte, nachdem wir dich in Men-nefer gesehen hatten, als du noch Orakel warst.«

Mein Herz schlägt schneller. Wird meine Verwandtschaft nun offenbar, ohne daß ich mich selbst erklären muß? Ich bete, daß es so sein möge. Das Geheimnis, das ich mit mir herumtrage, bringt mich fast um, wie Ma-nan es wohl voraussah. *Wie arglistig sie sind,* denke ich. Wenn ich den Köder schlucke, werde ich aus Dankbarkeit ihnen gegenüber Amun wieder einsetzen. Wenn ich ihn nicht schlucke, werde ich niemals mehr auch nur einen Augenblick des Seelenfriedens haben, und meine Freundschaft mit Echnaton, eine Freundschaft, von der er so stark abhängig ist, wird sich verändern und bitter werden. Nofretete hat die Veränderung in mir schon bemerkt und hat mich bei einigen Gelegenheiten gefragt, was mit mir los sei. Jedesmal streite ich ab, daß da etwas ist. Und jedesmal sah sie weniger überzeugt aus.

Seit meiner Rückkehr aus Waset, hat sich Meritaton von mir entfremdet. Ich weiß, daß es so ist, weil ich sie allein ließ, als sie mich nach dem Tod ihrer jüngeren Schwester brauchte, aber ich bin nicht in der Stimmung, zart und fürsorglich zu sein. Ich bin launisch und linkisch und bleibe für mich, bis sie zu mir kommt, ihre Arme um meinen Hals legt und mich bittet, ihr zu vergeben, obwohl doch ich es bin, der einen Fehler begangen hat. Wir umarmen uns, und in dieser Umarmung gelobe ich, daß ich, gleichgültig ob ich meine königliche Geburt offenbare oder nicht, Meritaton zur Frau nehmen werde – auch wenn ich nicht weiß, wie das für einen »Gemeinen« möglich sein wird.

Wir gehen alle nach Per-hay, Echnaton und Nofretete, ihre Töchter (seit Maketatons Tod nur noch fünf) und Echnatons kleiner Sohn, Tutenchaton, von einer seiner Nebenfrauen, Kia.

Ich war noch nie in den Privatgemächern des Königs und bin beeindruckt, sogar ein wenig verwirrt, von der überladenen Prachtentfaltung. Unsere Stadt ist hell, licht und glänzend. Sein Raum ist karmesinrot und gold bemalt, die Möbel aus schwarzem Ebenholz, ebenso die Wandschirme. Die Statue der Astarte, die aus Ninive geborgt ist, beherrscht die eine Seite des Raumes. Man sagt, Astarte sei nur ein anderer Name für Isis; aber ich muß gestehen, daß ich ihre Gegenwart an diesem Ort als fremd und bedrückend empfinde. Sie war keine Hilfe für unseren König, auch wenn sie in ihrem Land berühmt für die Wunder ist, die sie bewirkt hat. Ich sinne darüber nach. Wenn man eine Gottheit eines anderen Volkes übernimmt, ohne zu verstehen, wie ihr eigentliches Sein von den innersten Gedanken und Sehnsüchten ihres Volkes abhängt, ist das genauso, als würde man eine Palme in ein kaltes Klima verpflanzen und erwarten, daß sie dort wächst. Ihr Lebensblut ist der lebendige Glaube ihres Volkes. Hier glaubt der König an sie nach ihrer Versetzung, die es ja war. Er hat gehört, daß sie Wunder bewirkt – aber sein Herz weiß es nicht so wie ihr Volk es weiß. Wenn ich darüber nachdenke, frage ich mich, ob Echnaton in des Lage ist, den Glauben seines Volkes über Nacht zu verändern, so wie er es erhofft. Er hat die Tatsache nicht in Betracht gezogen, daß Glaube ein Eigenleben hat, und daß die Kraft, die in dieser Weise gespeichert wird, in sich selbst mächtig ist, ob der Gegenstand des Glaubens echt ist oder nicht. Wieviel mächtiger, denke ich ehrfürchtig, würde ein Glaube sein, der sich auf Wahrheit gründet. Mit einem solchen Glauben kann ein Mensch die Toten erwecken oder auf dem Wasser gehen.

Königin Teje, mit vom Weinen rotem und geschwollenem Gesicht, und ihr Bruder, Eje, der enge Freund des Königs, Berater und Stallmeister, sitzen zu beiden Seiten seines Bettes.

Amenophis Neb-maat-Ra, der große König, der die Zwei Länder fast vierzig Jahre lang regiert hat, ist kaum bei Bewußtsein. Ich denke an die Statuen, die ich von ihm gesehen habe, denke an den schönen jungen Mann, in voller Blüte in Stein gehauen, der die Zeiten überdauert. Er war stattlich, als ich ihn das erste Mal sah, wenn auch damals schon dicker um die Hüften, als die Bildhauer ihn darstellten. Nun ist er ein häßlicher Klumpen Fleisch im Bett, sein Atem rasselt, sein schwärender Mund sabbert. Aber Teje sieht ihn so, wie er war: ein zärtlicher und feuriger Liebhaber und ein wohlmeinender Herrscher, der sich an schönen Dingen erfreute.

Wir versammeln uns, von dem dünnen, spitzen Finger des obersten Arztes angewiesen, um das Bett. Ich vernehme eine Unruhe an der Tür und Haremhab schreitet mit großen Schritten herein. Der Arzt erhebt Einspruch und versucht, ihn zurückzuhalten. Teje blickt schnell auf und bedeutet, daß Haremhab bleiben soll.

Der Raum ist stickig und überfüllt. Die Fliegen versammeln sich bereits, und die Diener wedeln sie mit Fächern aus Straußenfedern fort. Der kleine Tutenchaton sieht aus, als würde ihm übel, und Teje, immer die Befehlshaberin, weist Ejes Gemahlin Tey, Nofretetes Stiefmutter, an, die kleineren Kinder hinauszubringen. Es gibt ein Durcheinander und Gelärm, als sie hinausgeführt werden. Ich höre, wie sich Tutenchaton im Vorzimmer übergibt und lege meine Hand in die von Meritaton. Ihr Gesicht ist ganz weiß und ihre Hand zittert. Sie ist kaum mehr als ein Kind, aber sie muß sich wie eine erwachsene Frau benehmen.

Es hat den Anschein, als ob die Unruhe den Dämmerzustand des Königs durchdrungen hätte. Seine Augenlider flattern und Teje lehnt sich ungeduldig zu ihm hinab. Ohne aufzuschauen, winkt Teje mit einem Finger nach Echnaton, er tritt vor, beugt sich neben ihr nieder und schaut unverwandt in die Augen seines Vaters. Sie haben sich nicht besonders nahe gestanden – der Sohn lag immer im Wettstreit mit seinem toten Bruder um die Gunst seines Vaters. In gewisser Hinsicht hat Echnaton ungeduldig auf diesen Augenblick gewartet, begierig darauf, mit der Einsetzung Atons als einzigen Gott weiter zu gehen, als sein Vater ihm erlaubt hätte; aber es gibt Dinge, um deretwillen er sein Dahinscheiden bedauern wird. Haremhab schiebt sich nach vorne und flüstert dem König etwas ins Ohr.

Der kranke, alte Mann öffnet seine Augen und stiert verwirrt um sich, so als würde er jemanden suchen. Sein Blick fällt auf mich und verweilt. Haremhab flüstert wieder und Teje gebietet ihm scharf, zu schweigen und zurückzugehen.

Als er schweren Herzens zurücktritt, schaut er mich fest an. Nofretete ist nicht das Geringste entgangen. Teje legt ihre entschlossene braune Hand unter das Kinn ihres Gemahls und wendet seinen Kopf, so daß sein Blick dem von Echnaton begegnet. Der Mitregent, von Tejes anderer Hand geführt, beugt sich vor und küßt die Stirn seines Vaters. Ich weiß nicht, was ich tun soll. Haremhab möchte, daß ich vortrete und mich meinem Vater zu erkennen gebe. Ich kann es spüren. Aber meine Treue zu Echnaton ist zu stark und ich widerstehe der Versuchung. Meritaton lehnt ihren Kopf an meinen Arm, und für einen Augenblick überwältigt mich das Verlangen, als königlicher Prinz anerkannt zu werden und damit ein annehmbarer Gemahl für Meritaton zu sein. Ich vergesse, was ich damit Echnaton antue. Ich mache einen Schritt nach vorne. Teje hebt ihre Hand und Eje tritt vor und verstellt mir den Weg zum König. Ich gewahre den finsteren, wilden Blick, den ihr Haremhab zuwirft, und ich erkenne, daß ich ihn nicht gerne zum Feind haben möchte.

Der König ist tot, und ich bin nicht zu seinem Sohn erklärt worden.

Auch ich schaue zu Teje – meine Augen sind in diesem Moment von Haß erfüllt; ihre von bitterem Triumph.

Für die nächsten siebzig Tage, während der Körper des Königs einbalsamiert wird, ist das Land offiziell in Trauer, aber hinter den Kulissen gehen die Vorbereitungen für die Krönung des Regenten als unumschränkter Pharao weiter. Jeder trägt seinen Teil zur Beerdigung oder zur Krönung bei, und es gibt kaum einen Augenblick, an dem ich die Seite meines Prinzen verlasse. Er scheint sich mehr als je zuvor auf die Unterstützung seiner Pläne durch mich zu verlassen, und ich bringe es nicht über das Herz, ihn auch nur mit dem Geringsten von dem, was in mir vorgeht, zu stören. Wenn der alte König mich anerkannt hätte... Doch da er es nicht tat, entscheide ich mich zu schweigen; entschlossen, daß mein Geheimnis mit mir sterben wird.

Teje, immer die Kraft hinter dem Thron, leitet immer noch die Geschicke. Sie besteht darauf, daß ihr Sohn eine seiner eigenen Töchter heiratet, um seine Thronbesteigung unangezweifelt zu sichern. Genau wie sie selbst, ist auch Nofretete keine gänzlich rechtmäßige Erbin, und sie weiß, daß Haremhab, der an der Spitze der Armee eine mächtigen Stellung innehat, Einwände gegen Echnatons Thronbesteigung wegen seiner Feindseligkeit gegen den Gott der Armee, Amun, hat. Ich fürchte, daß Echnaton Meritaton, seine älteste Tochter, auswählt. Ich verbringe eine Nacht in der Wüste und kämpfe mit mir selbst, der Stern Sopdt bezeugt mein Leiden. Haremhab versuchte mehrmals mich zu treffen, aber es wurde jedesmal entweder von meinem eigenem ausweichenden Verhalten oder von Teje verhindert.

Echnaton wählt seine dritte Tochter, Anchesenpaton, und ich finde Meritaton vor Erleichterung weinend im Garten.

Wir küssen uns, so wie Liebende sich küssen, und wir wissen beide, daß wir ohne einander nicht leben können. Sie bittet mich, ihren Vater zu fragen, ob sie meine Frau werden kann, doch ich sage ihr, daß jetzt nicht der richtige Zeitpunkt sei. Erst muß das Begräbnis vorbei sein und die Krönung. Dann, vielleicht… wenn die Dinge sich beruhigt haben. Zu fragen und abgewiesen zu werden – das könnte ich nicht ertragen. Sie sieht nicht, daß eine Ablehnung eine naheliegende Möglichkeit ist. Auch kann sie nicht wissen, in welchem Aufruhr ich bin. In einem Augenblick sage ich mir, wie angenehm es wäre, Ma-nans Köder zu schlucken und Pharao zu werden; im nächsten Augenblick erinnere ich mich daran, welchen Preis mein Bruder zahlen müßte. Ich habe kein Verlangen nach weltlicher Macht wie manche Männer, und ich bin bereit, im Geist für das Wiedererwachen des Geistes zu arbeiten.

Haremhab wird auf Nofretetes Rat hin von Echnaton an die Grenze geschickt, wo die unterworfenen Länder, die wissen, daß der alte König tot ist, ihre Kraft erproben. Schon nach kurzer Zeit seiner Anwesenheit dort kommen die ersten Briefe, die dem neuen Pharao Treue entbieten, aber teure Gefälligkeiten als Gegengabe erbitten.

Suppiluliuma von den Hethitern, einer von Ägyptens alten Widersachern, schreibt:

»*An meinen Bruder, den König Naphuria Echnaton. Dieses spricht der Große König Suppiluliuma der Hethiter. Ich hoffe, Euch geht es gut. Ich hoffe, Eurer Gemahlin, Euren Söhnen, Euren Edlen, Euren Pferden, Euren Wagen geht es gut. Mir selbst geht es gut. Meiner Gemahlin, meinen Söhnen, meinen Edlen, meinen Pferden und meinen Wagen geht es gut.*

Ich schicke Euch soviele Geschenke, wie jeder große König einem anderen schicken sollte. Geschenke von Silber, aus Zedernholz und Lapislazuli. Ich schicke Kisten mit wertvollen Edelsteinen und Salben, und Frauen zu Eurem Vergnügen. Als Gegenleistung erwarte ich so viele Geschenke, wie

sie ein großer König einem anderen schicken sollte. Geschenke von Haus-
rat aus Ebenholz und Elfenbein, von süßen Ölen und Weinen, von feinem
Leinen und Gold. Euer Vater war immer wie ein Bruder für mich. Mögen
die Götter sehen, daß Ihr und ich ebenfalls Brüder sind.

Feindliche Kräfte sammeln sich an meinen südlichen Grenzen. Darf ich
nicht erwarten, daß mein Bruder seine Armeen schickt, um seinem Bruder
zu helfen?

Vor etwa einhundert Jahren hat Men-kheper-Ra, der dritte der tutmosischen Könige, seine Streitwagen durch die meisten der Königreiche
des mittleren Ostens geführt. Mit denjenigen, die er nicht unterworfen
und zu Vasallenstaaten gemacht hat, hat er kluge Bündnisse zu Ägyptens
Vorteil ausgehandelt. Das ägyptische Reich war stark, als Echnaton auf
den Thron kam, und die Königreiche des Nordens, die Hethiter, Mit-
taner und Syrer, spielten vorsichtig diplomatische Spiele. Ihnen war
darum zu tun, seine Unterstützung und sein Wohlwollen zu erhalten.
Viele von ihnen gaben Prinzessinnen als Pfand in das königliche »Haus
der Frauen«, Nebenfrauen für Amenophis Neb-maat-Ra, die nach
seinem Tod an seinen Sohn Echnaton übergehen.

Ich sehe einige der Briefe, die sich in das königliche Archiv ergießen,
aber nicht alle. Viele von ihnen bitten um Hilfe. Viele beklagen sich über
nicht geleistete Hilfe. Alle werden sorgfältig aufbewahrt. Keine Hilfe
wird Suppiluliuma geschickt. Ich glaube, noch nicht einmal Geschenke
werden geschickt. Mein Bruder glaubt, daß die Grenzstaaten zur Ruhe
kommen, sobald Haremhab klar gemacht hat, daß die Doppelkrone
der Zwei Länder in festen Händen ist und Aton, der große Kreis göttlichen Lichtes, sie alle umgibt.

Er mochte Haremhab noch nie, aber er achtet ihn als den General,
den sein Vater bevorzugt und dem er am meisten vertraut hat, und er
hätte ihn zur Beerdigung nach Hause eingeladen, wenn ihn Nofretete
nicht überredet hätte, anders zu handeln. Die junge Königin scheint
unter einer großen Anspannung zu stehen und hat viel von ihrer spie-
lerischen Begeisterung für das Leben verloren. Ihr Gesicht ist zuzeiten
recht verzerrt, so als ob sie sehr wenig geschlafen hätte, und häufig
behandelt sie mich mit Kälte. Ich entdecke, daß ich sie zu fürchten
beginne, obgleich ich mich manchmal frage, ob ich ihr nicht unrecht
tue. Wenn sie ihren Gemahl liebt und treu zu ihm hält, wäre es nur
natürlich, daß sie vor jedem auf der Hut ist, von dem sie annimmt, er
könne eine Bedrohung für ihn darstellen. Ich weiß nicht, wie sie von
den Dingen, die ich mit Na-aghta und Ma-nan besprochen habe, erfahren haben könnte. Vielleicht ist es nur scharfe Beobachtungsgabe.

Oder vielleicht… Ich schrecke plötzlich auf und alle Farbe weicht aus meinem Gesicht. Vielleicht sie und Haremhab… ? Niemals! Wenn sie irgend jemanden haßt, dann Haremhab. Hat sie nicht ihren Gemahl überredet, ihn an der Grenze zu belassen, damit er das Begräbnis und die unvermeidlichen, Stärke beweisenden Truppenparaden verpaßt, die es begleiten? Die andere Möglichkeit ist Teje. Sie weiß mit Sicherheit, wer ich bin, und sie könnte es gut ihrer Nichte und Schwiegertochter mitgeteilt haben, damit sie Echnaton vor der großen Bedrohung, für die sie mich halten, gemeinsam beschützen können.

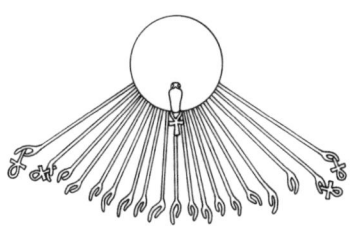

Der Bilderstürmer

Nach seiner letzten und wichtigsten Krönung wartet Echnaton nicht länger und gibt öffentlich bekannt, daß das Mysterium des Einen Gottes durch kein anderes Bildnis als durch die Sonnenscheibe dargestellt wird. Alle anderen Bildnisse, die die mannigfaltigen Aspekte des Einen Gottes darstellen, die früher »Götter« genannt und als solche verehrt wurden, sollen als untergeordnete Eigenschaften des Einen Gottes betrachtet werden, wie es immer schon war, und nichts weiter. Jeder Priester, der anderes verkündet, wird seines Amtes enthoben; und wenn er weiter auf seiner Torheit besteht, wird er geächtet und für namenlos erklärt. Umgehend überfallen die Soldaten des Königs die Priester des Amun-Ra in Ipet-Esut und vertreiben gewaltsam alle, die sich im Tempelbezirk aufhalten. Handwerker werden durch das ganze Land geschickt, um alle Hinweise auf Amun als höchste Gottheit auszumeißeln und durch Bildnisse zu ersetzen, die den neuen Pharao und seine Königin zeigen, über ihren Köpfen ihr Symbol des Aton, die Sonnenscheibe, deren Strahlen in Händen enden, die das Ankh halten. Das mächtige Waset, von den reichen und mächtigen Familien verlassen, die Echnaton in seine neue Hauptstadt gefolgt sind, wird geistiges Hinterland. Die über die Zwei Länder verstreuten unzufriedenen Priester finden Schlupflöcher für sich und warten auf ihre Stunde.

Ich aber fühle mich keineswegs glücklich über die Entweihung der heiligen Namen. Gleichgültig wie oft ich mir sage, Entstellungen und Verderbtheit gehören vom Angesicht der Erde getilgt und eine reine Form der Religion muß ihre Stelle einnehmen, macht es mich traurig zu sehen, wie das Bild eines Gottes zerstört und der Name von der Tempelwand abgeschlagen wird. Da ist etwas, das einst gut war, etwas, das gebraucht wurde, etwas Mächtiges und Göttliches. Mißdeutet und mißbraucht – eine Gelegenheit ist vertan worden, eine Botschaft verloren.

Besonders ein Tempel bereitet mir Schwierigkeiten und beinahe zerbricht daran meine Freundschaft mit meinem Bruder, meinem König.

Echnaton verläßt nur selten Achetaton, um Waset zu besuchen, aber eines Tages fahren wir zusammen zum westlichen Ufer, um das Werk der Reinigung zu überwachen. Echnaton begutachtet zuerst den prachtvollen Totentempel seines Vaters. Die Arbeit war schon vor unserem Besuch abgeschlossen, und wo wir auch gehen, ist der Name »Amun« bereits abgeschlagen, sogar aus »Amenophis«, dem Namen seines eigenen Vaters.

Schweigend wandert der Pharao durch die Säulenreihen und die Kapellen, vorbei an den sich verbeugenden, unterwürfigen Totenpriestern, und überprüft, daß der Name des Amun ausgetauscht und die Bildnisse des Amun entfernt wurden. Sogar in den dunklen Räumen, in die niemals natürliches Licht gelangt, werden auf Befehl des Königs Fackeln in jeden Winkel und jede Spalte gehalten.

Ich bin froh, hinauszugelangen, und warte ungeduldig im Garten, während mein Begleiter vor den großen Kolossen aus Sandstein innehält und vor dem Eingang stehenbleibt. Mir scheint, daß der alte König noch immer über sein früheres Königreich wacht. Ich frage mich, ob sich Echnaton unter dem starren und kraftvollen Blick der riesigen gemeißelten Gesichter unbehaglich fühlt. Ich frage mich, was er vor sich hin flüstert, als er seinen dünnen Hals reckt, seinen Kopf neigt und einen verstohlenen Blick auf den steinernen Schädel seines Vaters wirft, der im Sonnenlicht erstrahlt.

Plötzlich macht er auf dem Absatz kehrt und kommt mit langen Schritten auf mich zu. Wir sprechen nicht miteinander, als wir die wartenden Wagen besteigen und zum nächsten Tempel fahren, an den er sein Herz gehängt hat und wo er persönlich anwesend sein will.

Vor dem großen Torbogen der Klippen bei Serui, wo die Felsenwand die Gräber der Könige vor den Blicken der Lebenden verborgen hält, hat Men-kheper-Ra, der dritte der tutmosischen Könige, der Baumeister des Königreiches und Krieger, seinen Tempel für Amun errichtet. Die lange Allee, die zu ihm führt, ist mit Statuen gesäumt. Zu beiden Seiten liegen zwei größere verlassene Tempel. Der eine zur Linken stammt aus den alten Tagen. Es ist der Totentempel des Mentuhotep, beinah völlig verfallen, und nur ein kleiner Tempel an der Rückseite, wo die eigentlichen Gräber der Könige und ihrer Gemahlinnen liegen, ist noch in gutem Zustand. Priester pflegen noch den Totenkult inmitten des verfallenen Glanzes des alten Tempels.

Zur Rechten, auf drei riesige Terrassen erbaut, schimmert ein anderer Tempel im Hitzedunst, der seine Nachbarn fast zwergenhaft erscheinen läßt. Es blieb immer ein Rätsel, warum Men-kheper-Ra den zweiten, kleineren Tempel an diesem Ort gebaut und diesem viel größeren und eindrucksvolleren preisgegeben hat. Es ist offensichtlich, daß dort einst Gärten mit Teichen und Fischen und singenden Vögeln waren, doch die Gewässer sind ausgetrocknet und die Kanäle, die sie einst füllten, sind längst versandet und mit Gräsern überwachsen. Einige der alten Bäume sind noch am Leben und ein paar Gärtner pflegen sie, denn es sind seltene, Weihrauch liefernde Bäume, die Men-kheper-Ra vor einem Jahrhundert aus dem fernen Land Punt über den großen Ozean gebracht hat.

Die Bäume werden noch gepflegt, nicht jedoch der Tempel. Keine Priester kommen, uns zu begrüßen. Seine großen Tore stehen offen, seine Wände bröckeln, die Farbe, die einst jede Wandfläche geschmückt haben muß, blättert ab. Sand ist hereingetrieben und hat sich an die Säulen und die Wände dahinter gelegt. Man erblickt Spuren und Kot von Wüstenfüchsen und Schakalen.

Ich hatte nicht geglaubt, Echnaton würde sich mit einem Tempel belasten, der bereits vor seiner Geburt tot und verlassen war, aber aus irgend einem Grund kehren wir, nachdem wir mit dem kleinen noch benutzten Gebäude fertig sind, durch das offene Tor in den Tempel ein, den der Krieger-König aufgegeben hat. Ich war vorher noch nicht in dem Bezirk, obgleich ich einige Male daran vorbeigekommen bin und die Schönheit und die gefälligen Proportionen, die ich flüchtig erblickte, bewundert habe. Dieser Tempel scheint anders als alle anderen zu sein, die ich je gesehen habe. Er scheint mehr aus der Erde gewachsen als darauf gebaut zu sein. Ich erforsche mit wachsender Erregung die langen, kühlen Säulenreihen, die parallel zu den Klippen verlaufen. Zum ersten Mal habe ich das starke Gefühl, daß sich der Name »Die Zwei Länder« nicht nur auf den Norden und den Süden von Khemet bezieht – sondern auf das Land, das wir sehen können und das unsichtbare Land dahinter, das unser geistiges Dasein trägt, so wie das andere unser körperliches Dasein trägt. Eine starke und machtvolle geistige Kraft ist in diesem Bezirk immer noch tätig.

Ich scheine eine Schwelle in eine andere Welt zu überschreiten. Meine Haut prickelt. Mein Atem geht schnell. Ich habe in meinem Leben in vielen, vielen Tempeln gestanden, aber nie habe ich mich so gefühlt.

Ich schaue mich um. Mit meinen Augen sehe ich ein vernachlässigtes und herrenloses Gebäude, doch ich *empfinde* ein lebendiges und pulsierendes. Mir scheint, ich kann Gesang hören – Frauenstimmen hoch und klar aus der Richtung der Kapelle der Hathor, links von dort, wo ich stehe. Sie sind schwach und wie von Geistern, aber eindeutig, und dann, im nächsten Augenblick, verschwunden. Ich eile, in die Kapelle zu schauen. Aber da ist niemand. Keine Fußspuren auf dem glatten Überzug aus Sand.

Ich schaue Echnaton an und frage mich, ob er es auch vernommen hat, frage mich, ob er auch fühlt, was ich fühle. Aber er sieht ahnungslos aus und teilt seinen Handwerkern ihre Aufgaben zu.

Ich möchte allein sein und entferne mich von den anderen. Ich sehe den verabscheuten Namen von Amun in jeder Inschrift. Ich sehe sein Bildnis hundertfach wiederholt.

Und dann bemerke ich etwas anderes. Ein Bilderstürmer war vor uns dagewesen – aber nicht, um den Namen des Gottes auszumerzen.

Ich beginne, die Inschriften mit größerer Aufmerksamkeit zu untersuchen, besonders jene, die so aussehen, als ob sie absichtlich beschädigt worden wären. In jedem Fall ist es der Name eines Pharaos, der abgeschlagen wurde, und nicht der Name eines Gottes. Die Kartuschen der ersten drei tutmosischen Könige sind nicht beschädigt. Oder sind sie es doch? Manchmal scheint es mir, als sei ein Name in der Kartusche entfernt und der tutmosische Name obendrüber gemeißelt worden. Manchmal waren die Handwerker nachlässig und Überbleibsel eines anderen Namens scheinen unter dem neuen hervor. Men-kheper-Ra muß sich diesen Tempel von jemand anderem angeeignet haben. Ich bin fasziniert. Die frühen Könige unserer Dynastie waren große Helden. Sie haben die verhaßten hyksischen Eindringlinge aus unserem Land vertrieben und unsere Grenzen weit nach Djahi ausgedehnt. Sie haben das reiche und mächtige Königreich begründet, das Echnaton geerbt hat. Es würde doch wohl niemand wagen, einen ihrer Namen auszulöschen und ihren Totentempel zu entweihen?

Als ich tiefer in den Tempel gelange und Inschriften im Schatten hinter Türen und Säulen verborgen finde, oder solche, die zu hoch für die Aufmerksamkeit der Bilderstürmer waren, bemerke ich, daß ein anderer Name gelegentlich auftaucht. »*Hatschepsut. Maat-ka-Ra. Weiblicher Horus aus reinem Gold. Herrscher der Zwei Länder. Sohn der Sonne. Geliebte Tochter des Amun. Lebe im Glanz ewiglich.* Die verwendeten Beinamen sind zur Hälfte männlich und zur Hälfte weiblich. Ich vergesse, warum ich hier bin und durchsuche das Gebäude fieberhaft nach Hinweisen auf die Person dieser geheimnisvollen Herrscherin. Der Name der Königin des dritten tutmosischen Königs war Hatschepsut Merit-Ra, aber die Beinamen und die anderen Namen dieser »Tochter des Amun« waren sehr verschieden. Es ist eindeutig, daß »sie« ein »König« war, und nicht eine »Königin«.

Nicht nur, daß meine Neugier jetzt völlig erwacht ist, auch beginne ich, mich sehr seltsam zu fühlen. Ich zittere. Ich fühle mich in gehobener Stimmung wie nie zuvor. Es ist, als ob der Rest der Welt aufgehört hätte zu bestehen, und als ob ich nicht länger aus Fleisch und Blut wäre, sondern ein körperloses Ka, das in dieser ungeheuren Verflechtung von Gebäuden von Ort zu Ort fließt, von einer Art Unvermeidlichkeit geführt, um die wenigen, dünn verstreuten Teile eines Namens zu finden, der dem Volk der Zwei Länder nichts mehr bedeutet, der aber allmählich anfängt, mir eine Menge zu bedeuten.

»Hatschepsut. Maa-ka-Ra. Hatschepsut. Maat-ka-Ra.«

Selbst als ich die Hieroglyphen, die den Namen beschreiben, nicht mehr sehen kann, rollt der Name noch wie Donner durch mein Hirn. Ich erkenne allmählich, daß er überall im Gebäude unter den tutmosischen Namen liegt – »Tochter des Amun«. Ein weiblicher Pharao! »Der weibliche Horus aus reinem Golde«.

Ich kann vor Aufregung kaum noch atmen. Welche Geschichte verbirgt der eingefallene Tempel? Welche mächtige Fehde hat den dritten tutmosischen König dazu bewegt, diese Maßnahme zu ergreifen und diese großartige Anlage aufzugeben, um seine eigene daneben zu erbauen? Er muß diese Hatschepsut gehaßt haben. Er muß versucht haben, sie und ihr Andenken vom Angesicht der Erde zu tilgen. Ich stelle mir vor, wie er ihren Platz an sich reißt, ihren Namen ausradiert in dem Versuch, ihren Tempel als seinen eigenen zu benutzen. Ich frage mich, ob auch er ihre Namen durch diese Säulenreihen, Innenhöfe und Kapellen klingen hören konnte. Ich frage mich, ob auch er den Gesang hören konnte, wenn niemand da war, der singt? Fühlte er sich so, wie ich mich jetzt fühle – am Beginn einer überwältigenden Entdeckung – und entschied er sich, lieber zu fliehen als sich ihr zu stellen?

Aber ich fliehe nicht. Ich kann nicht. Ich werde von einem Gefühl an diesem Ort gehalten, das so stark ist, daß ich darüber beinahe mein Bewußtsein verliere. Ich sehe mich den Aufgang zur dritten Terrasse hochsteigen wie ein Schlafwandler. Ich sehe mich durch den weiten Durchbruch gehen, wo einst das dritte Tor war, als zwänge mich eine unsichtbare Kraft. Ich möchte schwören, als ich hindurchgehe höre ich die großen Zedernholztüren hinter mir zuschlagen und den Riegel fallen. Aber es gibt keine Zedernholztür dort, auch wenn es zu Hatschepsuts Zeit eine gegeben haben mag.

Ich durchquere den dritten Innenhof und sehe die Prozession des Amun, als würde sie in diesem Augenblick stattfinden, auch wenn mein Verstand mir sagt, daß ich auf ein bemaltes, in die Wand gehauenes

Relief schaue. Ich sehe den Glanz von Amuns goldener Barke und den Schweiß, der auf den Schultern der Männer schimmert, die sie tragen. Ich höre die lobpreisenden Sänger und fühle das kühle Wehen der Fächer aus Palmenblättern und Pfauenfedern.

Ich betrete Amuns Heiligtum – ich weiß genau, wo es ist – und ich weiß, daß ich dort schon einmal gewesen bin. Ich falle auf meine Knie, die Stirn auf dem Boden. Ich sehe nichts – aber ich erlebe eine unermeßliche und erschreckende Anwesenheit. Ich fühle den heißen Atem des Zornes in meinem Nacken. Ich bin schon einmal hier gewesen. Ich habe gesündigt. Ich war Teil des gewaltigen Dramas, das diesen Tempel zerstört und den Namen dieses Pharaos von den Aufzeichnungen der Zwei Länder getilgt hat. Ich fange an zu brabbeln, flehe um Vergebung, auch wenn ich mich immer noch nicht daran erinnern kann, was ich getan habe.

In diesem Moment höre ich ein Geräusch hinter mir. Es ist weder das Dröhnen des göttlichen Zornes in meinen Ohren, noch das Rufen und Singen und Beten der Toten, sondern der gewöhnliche Klang der rufenden Stimme eines lebenden Menschen.

Befremdet hebe ich meinen Kopf.

Das Heiligtum ist eine Ruine. Ich bin umgeben von kaltem Stein und zersplitterten Bildern. Felsen sind von der Klippe auf das Dach gefallen und haben es zerbrochen, so daß es einen dünnen Lichtstrahl hineinläßt. Mit ihm sind Sand und Staub hereingekommen und bedecken den Boden.

Echnaton steht hinter mir, sein Gesicht ist wutverzerrt.

»Was tust du?« schreit er.

Unbeholfen erhebe ich mich auf meine Füße und kämpfe darum, in die Gegenwart zurückzufinden und mich zu erinnern, wer ich nun bin. In meinem Herzen habe ich ein sehr trauriges Gefühl von Verlust...

Und dann scheint Echnaton, verrückt zu werden. Er hat einen Hammer und einen Meißel in seiner Hand und fängt an, auf alle Hinweise auf Amun, die er in dem Heiligtum finden kann, einzuschlagen. Ich höre die Handwerker unten auf den anderen Terrassen das gleiche tun – aber sie führen nur Befehle aus, miteinander schwatzend und pfeifend. Aber Echnaton schlägt auf die steinernen Inschriften ein wie ein Mörder auf sein Opfer. Ich habe noch nie einen Mann gesehen, der so von Haß und Wut besessen war. Seine Kraft ist gewaltig. Seine Augen sind glasig und sehen nichts.

Am ganzen Leib zitternd ziehe ich mich zurück und verlasse ihn, renne den langen Abgang hinunter, schaue weder nach rechts noch nach links. Ich kann ihn nicht aufhalten und ich kann nicht bleiben und ihm zuschauen. Ich gehe durch das zerbrochene Tor und renne nach rechts zu einem alten Steinbruch in den Klippen. Als ob ich wüßte, wohin ich gehe, laufe ich geradewegs zu einem dunklen Spalt im Felsen. Tränen strömen mir aus den Augen, und das Gefühl des Verlustes ist überwältigend. Ich klettere über einen rutschigen Haufen von Scherben und ziehe einigen alten Müll und Holzlatten beiseite, die über dem Loch im Felsen liegen. Wie ein Kind, das ein Lieblingsversteck hat, wenn es verstört ist, krieche ich in die dunkle Höhlung, die der Eingang zu einem Tunnel ist. Er ist mir vertraut. Er ist mir in der gleichen Weise bekannt, wie der Rest dieses geheimnisvollen Tempels. Doch wenn mich jemand gefragt hätte, wäre ich nicht in der Lage gewesen, vernünftige Antworten zu geben. Mein Herz pocht vor Liebe und Sehnsucht und Enttäuschung und Schmerz – aber für was oder für wen, kann ich nicht sagen. Der Tunnel ist nach einer kurzen Strecke versperrt, und es gibt keine Möglichkeit hindurchzukommen, auch wenn ich mit meinen bloßen Händen an den Felsblöcken zerre und mein Blut sich mit dem Staub vermischt.

Schließlich gebe ich erschöpft auf und kehre in das Sonnenlicht zurück. Ich sitze keuchend neben dem Eingang. Staub, Blut und Schweiß laufen meine Arme herunter. Ich schaue hinüber zu den Terassen des Tempels, den Echnaton entweiht, die riesige, teilnahmslose Klippe, die sich dahinter erhebt und uns alle klein erscheinen läßt. Was tun wir gerade? Der Himmel über den Klippen, über Echnaton, über mir, ist unermeßlich und grenzenlos. Wie klein und lächerlich wir plötzlich erscheinen, wenn wir unsere Leidenschaft diesem Bildnis gegenüberstellen. Wir wissen nichts über »die Götter«. Wir wissen sehr wenig über irgendetwas. Wie sind wie Ameisen, die den ganzen Tag damit verbringen, einen Krümel über ein Hindernis zu bewegen, und dann, wenn wir innehalten, denken wir, wir könnten einen besseren Weg finden.

Ich beginne, zu meinem normalen Bewußtsein zurückzukehren. Ich bin Djehuti-kheper-Ra, der Bruder des Pharaos, und ich habe mich unbegreiflich benommen. Die Gefühle, die mich dazu gebracht haben, so zu handeln, wie ich es tat, scheinen nun unwirklich und wunderlich. Ich kann mich kaum an sie erinnern. Ich weiß nur, daß ich den Tempel nicht wieder betreten möchte. Ich kann mich nicht mehr an den Namen erinnern, den ich unter den Inschriften verborgen fand, den Namen, den Men-kheper-Ra auszulöschen versuchte. Laß’ die alte Geschichte lügen, denke ich, wenn sie Feindschaft zwischen mir und meinem Bruder bedeutet.

Als Echnaton schließlich den zerstörten Tempel verläßt, schaut er mich nicht an. Ich biete keine Erklärung oder Entschuldigung an, sondern fahre schweigend neben ihm. Sein Gesicht ist verzerrt und müde und genauso staubbedeckt wie meines. Wir trennen uns am Palast so schweigend, wie wir gefahren sind, und gehen unserer Wege.

Aber als wir uns das nächste Mal begegnen, scheint es, als hätte er sich mit dem Erlebnis in irgendeiner Weise abgefunden, und behandelt mich, als sei nichts geschehen.

Das ist das letzte Mal, daß er sich persönlich an der Entfernung von Amuns Namen in den Zwei Ländern beteiligt.

Des nachts werden meine Träume oft von dunklen Bildern gestört, von Ma-nans Geistern, die um mein Bett heulen. Er selbst steht in der Tür mit Augen glänzend wie Pechkohle und bietet mir die zwei Kronen an. In so mancher Nacht stehe ich auf und durchwandere den Raum, um meinen Träumen zu entfliehen, und dann frage ich mich, was ich täte, wenn ich König wäre. Meine vorsichtigen Warnungen haben zunehmend weniger Wirkung auf meinen Freund und Bruder. Er will nicht sehen, daß unter der Oberfläche des siegreichen Denkmales, das er für Aton errichtet hat, der Grund nicht fest ist, und daß der leichteste Druck eines entschlossenen Feindes es zum Einsturz bringen kann. Weil die Menschen lächeln, sich verbeugen und seinen Befehlen gehorchen, glaubt er, sie verstünden seine Lehre und würden sie anerkennen. Oft besuche ich als Heiler-Priester die Häuser von Arbeitern und finde kleine Amulette und Talismane der überlieferten, alten Götter, die bei meinem Erscheinen hastig und ungelenk versteckt wurden. Ich melde das niemals dem König, denn schnell fand ich heraus, daß er dann selbst solche kleinen Vergehen bestraft. Sein Traum von der Befreiung seines Landes von Angst durch das Baden im Licht der Wahrheit hat zwei Dinge nicht in Betracht gezogen: zum einen die natürliche Neigung der Menschen, an alten, vertrauten Ideen so festzuhalten wie ein Kind an seiner Kinderdecke; zum zweiten den schädlichen Einfluß der Macht. Echnaton scheint nicht zu bemerken, daß er mit der Plötzlichkeit seiner neuen Verordnungen und den Strafandrohungen, die er ergehen läßt, das Volk nicht von der Angst befreit, sondern nur ihre Ursache verändert hat. Aber vielleicht bin ich zu tadelsüchtig. Zweifellos fallen auf seine Stadt Achetaton sehr wenige Schatten. Was im übrigen Land geschieht, wenn seine Offiziere seinen neuen Gesetze durchsetzen, wissen wir nicht, denn in Echnaton leben wir in einem goldenen Zeitalter. Alles Schöne wird unterstützt: Kunst, Gesang, Musik, Tanz, Feste für jedes neue Jahr der Regentschaft des Königs; Feste der Freude an jedem der königlichen Geburtstage. Wieder einmal bricht er mit der Tradition und beginnt, die Grabmäler für die königliche Familie und die hohen Beamten in den Bergen östlich der Stadt zu bauen – wo die Sonne aufgeht. Der Tod soll eine Reise des Tages werden – und nicht eine der Nacht.

Ich sitze im Schatten eines Maulbeerfeigenbaumes im Garten meines Hauses. Es ist Mittag und die Stadt schläft. Sogar der Hund, der im Schutz der Wand liegt, ist zu faul, mehr zu tun, als ein Auge zu öffnen und ein Ohr zu spitzen, als eine Gestalt leise hinter ihm vorbeigeht. Als er sieht, wer es ist, wedelt sein Schwanz einen Augenblick und fällt dann wieder auf die warmen Steinplatten hinab.

Ich kenne ihren Schritt, tue aber so, als höre ich nichts. Schon sind ihre zarten Hände über meinen Augen und kann ich die Rundungen ihres Körpers in meinem Rücken spüren. Ich lehne meinen Kopf an ihre Brüste. Sie küßt mich auf meinen Kopf, aber ihre Hände hält sie noch fest über meine Augen. Ich weiß, ich soll raten, wer sie ist, und ich nenne alle Namen ihrer Schwestern. Und dann nenne ich andere Namen, so als hätte ich viele Liebhaberinnen gehabt. Erbost läßt sie los – aber bevor sie fortgehen kann, drehe ich mich um, packe sie bei den Schultern und ziehe sie nahe an meine Brust. Meine Lippen können die ihren berühren. Erst küsse ich ihre Lippen, dann ihre Augenlider und ihre Ohren.

Sie zieht ihr Ohrläppchen weg, und ich kann noch die Eindrücke meiner Zähne in ihrem Fleisch sehen.

»Wer sind diese anderen Frauen?« fragt sie heftig.

»Bist du nicht meine einzige Liebe?« frage ich und versuche, meine Stimme leicht klingen zu lassen, aber es hört sich spöttisch an. Ich bereue es sofort. Töricht habe ich einen schönen Augenblick verdorben. Sie ist aufgebracht und ärgerlich. Sie will fortgehen. Ich packe ihren Arm fester als beabsichtigt, um sie an mich zu ziehen.

»Laß' mich los«, sagt sie hitzig.

»Nein«, sage ich, »nicht, wenn du böse mit mir bist.«

»Was kümmert es dich, ob ich böse mit dir bin? Du hast offensichtlich andere Frauen, die nicht böse sind.«

»Ich habe keine anderen Frauen. Glaube mir. Du bist meine einzige Liebe.«

»Es ist kein Wunder, daß du mit meinem Vater nicht über unsere Hochzeit sprechen willst. Du willst mich gar nicht heiraten.«

»Ich werde heute mit ihm sprechen. Heute, an diesem Tag. Ich liebe dich. Es gibt keine andere Frau – Meritaton – Geliebte des Djehutikheper-Ra.«

Sie hört auf sich zu wehren und schaut mich genau an.

»Du wirst mit meinem Vater sprechen? Am heutigen Tag?«

»Ja«, sage ich unbekümmert. Plötzlich scheint die Zeit sehr, sehr kurz zu sein, und ich verfluche mich dafür, soviel davon verschwendet zu haben.

Ihr Ärger vergeht wie die Dunkelheit, wenn Aton erscheint. Sie schlingt ihre Arme um meinen Hals und küßt mich atemlos.

»Jetzt! In diesem Augenblick!« ruft sie. »Bevor du es dir anders überlegst.«

Der Hund hat die Aufregung bemerkt und sich entschlossen, trotz der Hitze daran teilzunehmen. Er rennt kläffend und schwanzwedelnd um uns herum. Freudentränen stehen in Meritatons Augen. Auch ich fühle Tränen in meinen Augen, aber unter meine Freude mischt sich Sorge.

Eines Tages bin ich allein in Meritatons Zimmer. Ich bin in der Morgendämmerung gekommen und habe erwartet, sie warm und rosig vom Schlafen zu finden, für mich bereit. Aber der Raum ist leer. Die feinen, gefärbten Leinentücher sind achtlos aus dem Bett geworfen, so als ob sie eilig aufgestanden und gegangen wäre, ohne ihre Frauen zu rufen. Der Abdruck ihres Körpers ist auf dem Bettzeug zurückgeblieben, ich stehe eine Weile, schaue darauf hinab und stelle mir vor, wie sie wohl aussah, als sie erwachte. Ich frage mich, was sie veranlaßte, so früh zu gehen. Sie geht wahrscheinlich am See spazieren, denke ich. Sie hat immer die Morgendämmerung mehr als jede andere Zeit geliebt, und sie spricht ihre Gebete zu Aton viel lieber in natürlicher Umgebung als in der feierlichen Atmosphäre des Tempels.

Der Raum ist von ihr erfüllt – Blumen in Alabastervasen, Reihen von kunstvollen Perücken auf ihren Ständern. Ich durchquere den Raum und stehe vor ihrem Tisch, auf dem ihre Schönheitsmittel stehen – gemahlener Graphit, um die Wimpern zu schwärzen, gemahlener Malachit, um die Lider zu färben, Henna für die Farbe rot, Gipspulver, um ihre bereits helle Haut zu bleichen. Da ist eine Sammlung von äußerst fein geformten Glasgefäßen mit Parfüm, die Stopfen erinnern an Vogelköpfe. Alles ist fein säuberlich von ihren Dienerinnen aufgereiht, das einzige, was sich nicht an seinem Platz befindet, ist der Spiegel. Er liegt unordentlich auf der Kante eines Salbenkästchens, als ob er aufgenommen und wieder hingelegt wurde, bevor sie aus dem Raum eilte, um den Sonnenaufgang mitzuerleben.

Eitel hebe ich ihn auf und schaue auf seine polierte Oberfläche. Er ist beinahe rund, wie die Sonne am Horizont, aber prächtig golden wie die Sonne am Mittag. Ich sehe die Spiegelung meines Gesichtes in ihm. Ich habe Spiegelungen und Bilder von mir schon früher gesehen und sollte nicht überrascht sein über das, was ich sehe. Aber diesmal kann ich es kaum ertragen, in mein eigenes Gesicht zu blicken – und kann doch auch nicht wegschauen. Hinter mir steht die Gestalt von Hathor, deren heiligen Spiegel ich in meiner Hand halte. Sie zwingt mich, mich selbst zu betrachten, und hinter dem oberflächlichen guten Aussehen, dem vollen Mund, der dem meines Bruders so ähnlich ist, und den tiefen, fragenden Augen, sehe ich andere Gesichter. Manche sind nicht so edel, wie ich gerne sein möchte, selbstsüchtig und scheinheilig oder eine Erleuchtung vorspiegelnd, die sie nicht haben. Manche sind angstvoll, manche überheblich, manche ungeduldig und leichtsinnig. Da ist eines, das große Möglichkeiten hat, sagt mir der Spiegel, eines, das das Gewicht von vielen Leben hinter sich hat und von den Göttern geliebt wird – doch da ist eines, das zögert, das Ausreden findet, um seinen Auftrag nicht erfüllen zu müssen, das den bequemen Weg sucht, das sich im Ruhme sonnt und Tadel ausweicht. Meine Augen füllen sich mit Tränen des Schams, und ich kann das Bild im Spiegel nicht mehr sehen. Lächelt Hathor hinter mir? Sieht sie die Tränen der Scham und des Selbstmitleids? Deutet sie sie nur als einen weiteren Versuch, der wahren Selbsterkenntnis auszuweichen?

Die Tür fliegt auf, und Meritaton betritt den Raum. Ihr Gesicht strahlt vom Zauber der Morgendämmerung, die sie gerade erlebt hat. Sie stürzt auf mich zu und schlingt ihre Arme um mich.

»Was? Du bewunderst dich im Spiegel?« lacht sie und legt die polierte Metallscheibe mit dem Stiel einer Lotosblume auf den Tisch. »Ist es nicht genug, daß ich dir jeden Tag sage, wie schön du bist?«

Ich küsse sie, froh darüber, daß sie nicht gesehen hat, wie ich wirklich bin, und ich frage mich, wie ich mit dem Wissen, das ich gerade über mich erfahren habe, leben soll.

»Leg' die Scham ab, sie wird dich zerstören«, flüstert Hathor neben mir. »Leg' den Stolz ab. Auch er wird dich zerstören. Gehe aus dem Spiegel in die wirkliche Welt ohne Scham, ohne Stolz. Tue, was du zu tun hast und mache dir keine Gedanken darüber, wie es im Spiegel erscheint.«

Ich wende meinen Kopf, schaue über Meritatons Schulter und erwarte fast, daß Hathor immer noch bei uns ist. Aber ich kann niemanden erblicken.

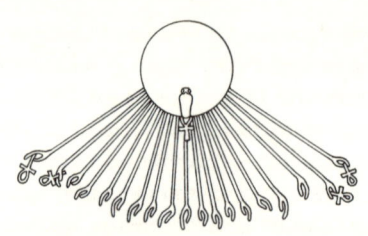

Die Grabräuber

Als ich eines Tages in Waset für meinen Pharao zu tun habe, erhalte ich Nachricht vom Oberaufseher der königlichen Nekropole im Tal unter den Schatten von Meretseger. Er glaubt, eine Bande von Grabräubern mache sich in dem abgelegenen südlichen Arm des Tales zu schaffen. Vorher hatte niemand dort königliche Grabstätten vermutet, und die Medjay, die Talpolizei, ging in diesem Gebiet nicht auf Streife. Aber eines Tages wurde ein Wachtposten im Hauptgebiet des Tales neugierig, als er einen Lichtschimmer auf der Vorderseite einer Klippe auf halber Höhe zu sehen glaubte, und er brach mit einem Begleiter auf, um dem auf den Grund zu gehen. Die zwei Männer kamen nicht zurück. Die beiden Leichen wurden zwei Tage später unter einem Haufen Schutt begraben gefunden. Eine sorgfältige Untersuchung des südlichen Tales zeigte, daß dort tatsächlich Pfade von frischen Fußspuren im Sand waren. Sie hörten auf, wo der Sand in Fels überging, aber man fand eine zerbrochene Alabasterschale in einer Felsspalte, die Kanten noch scharf und unverwittert. Man folgte den Schleifspuren auf dem Fels, fand dann und wann einen Teil eines alten Kunstwerkes oder Fetzen von zerrissener Kleidung, bis man zu einer engen Schlucht kam, wo man ein paar grobe Stufen entdeckte, die in die steilen Felswände gehauen waren. Man fand sogar die ausgebrannten Überreste einer Fackel, die achtlos in ein Loch geworfen worden war.

Mein Besuch fiel genau in die Zeit, als der Oberaufseher versuchen wollte, die Diebe zu ergreifen, und ich treffe ihn mit den Medjay über den Plan im Gespräch vertieft.

Ich bestehe darauf, mit der Gruppe zu gehen, die in dieser Nacht den Ort aufsuchen will.

Sie versuchen, mich davon abzubringen, aber ich bleibe fest. Ich trage das Siegel des Pharaos. Sie können mir meinen Wunsch nicht abschlagen. Aber wie ich ihren Mienen ansehen kann, glauben sie, daß ich zu einer Belastung werde.

Ich hatte immer einen besonderen Haß auf Grabräuber. Wie ich weiß, glaubt Echnaton, daß die kunstvollen Zaubersprüche, die auf den Wänden der alten Gräber geschrieben stehen, um die Seele des Verstorbenen durch die Prüfungen und Schwierigkeiten zu geleiten, denen sie im Duat begegnet, ihre Bedeutung im strahlenden und läuternden Licht des Aton verloren haben, aber für die Könige, die nach diesen alten Riten begraben wurden, sind sie sehr wichtig. Und ich, der an die Wirksamkeit von Zaubern glaubt, verabscheue den Gedanken, sich da einzumischen. In den Gräbern, die in die Klippen hinter Achetaton gehauen sind, ist das Buch des Erwachens, Grundlage für jedes Begräbnis seit tausenden von Jahren, durch die Hymne an die Sonne und durch Bildnisse von Echnaton und seiner Familie ersetzt worden. Auch wenn die Einbalsamierung noch durchgeführt wird, werden die Talismane nun fortgelassen, die gewöhnlich in die Binden der Mumie eingebunden wurden, um jeden Teil des Verstorbenen mit magischer Kraft zu schützen. Nur das Bildnis der Sonne und ihrer Strahlen bietet Schutz. Ich bin nicht sicher, ob das weise ist. Es mag keine Kraft in dem eigentlichen Türkis, Gold und Jet des Horusauges sein, das auf den Leichnam gelegt wird – aber es *ist* Kraft im Gedanken desjenigen, der es dorthin legt, und in dem Glauben desjenigen, der es durch die Ewigkeit zu tragen gedenkt.

Der Oberaufseher der Nekropole, der Anführer der Medjay, zwei starke nubische Wachen und ich brechen am späten Morgen auf und gehen das Tal hinunter, das nach Süden abzweigt, fort von dem Hauptgebiet, das normalerweise von der Polizei überwacht wird. Wir wissen nicht, ob die Räuber zurückkehren, aber wir wollen das Grab finden und darin und darum herum in Stellung gehen. Wir werden entweder warten, bis sie kommen, oder wir finden genügend Hinweise, die sie zurückgelassen haben, um sie später festzunehmen. Das Grab selbst muß auf jeden Fall untersucht, wieder geweiht und neu versiegelt werden. Ich bin neugierig, als wessen Grab es sich erweisen wird. Seit ich weiß, wer meine Eltern sind, habe ich eifrig alles studiert, was über meine Vorfahren bekannt ist. Meine Erlebnisse im Tempel der geheimnisvollen Pharaonin Hatschepsut haben meinen Wissensdurst noch gesteigert und mich veranlaßt, alte Aufzeichnungen zu überprüfen. Ich kann ihren Namen nirgends finden, aber viele Abweichungen in den Schriften zeigen, daß es einen Pharao zwischen dem zweiten und dem dritten thutmosischen König gegeben haben muß. Ich hoffe inbrünstig, daß dies das Grab ist. Da es den Bewachern der Bergräbnisstätten bisher unbekannt war, scheint es eine Möglichkeit zu sein. Viele Könige achteten sehr sorgfältig darauf, daß ihre Gräber geheim blieben und niemals aufgezeichnet wurden, denn der Schatz, der mit ihnen begraben wurde, ist eine große Versuchung für Räuber.

Der Morgen fängt an, heiß zu werden – die hohen Wände aus rostbraunem Fels halten die Luft vollkommen unbewegt im Sonnenlicht. Wir erklimmen einen Grat und sehen uns vor einem weiteren Aufstieg zu der Kluft hinauf, die, wie die Medjay vermuten, den Eingang zu dem ausgeraubten Grab enthält. Als ich nur mit Mühe einen Halt für meinen Fuß auf dem steilen Fels finde, frage ich mich, wie es möglich war, die schweren Gegenstände eines Königsgrabes diesen Weg hinaufzubringen. Dennoch muß es so geschehen sein. Ich staune, mit welchem Eifer die Räuber, die in der Nacht kommen, zweifellos dieselben Gegenstände wieder hinuntertragen. Wir hoffen alle, als wir uns den Weg hinauf mühen, daß wir wegen des schwierigen Geländes das Grab noch weitestgehend unversehrt vorfinden. Es ist jedoch eine verzweifelte Hoffnung. Grabräuber sind nicht leicht abzuschrecken. Die Dinge in diesen Gräbern sind so wertvoll, daß die Männer, die sie stehlen, sich weder um natürliche noch um übernatürliche Härten und Gefahren kümmern. Wir erinnern uns an die beiden jungen Männer, die getötet wurden, und schauen uns verstohlen zu den schweigenden Säulen und Felsen um. Ob wir wohl beobachtet werden?

Schließlich erreichen wir das dunkle Loch in den Klippen, das von den Räubern ausgehöhlt wurde. Es ist ein Eingang, der sorgfältig hinter Felsblöcken versteckt worden war. Sturzfluten haben weitere Trümmer herabgespült, die ihn zudeckten, aber irgendetwas muß die Räuber auf das Vorhandensein eines Grabes aufmerksam gemacht haben. Sie haben keine Vorkehrung getroffen, es wieder zu verbergen. Sie glauben zweifellos, daß es an diesem entlegenen Ort vor Entdeckung sicher sei.

Der Oberaufseher und ich entzünden unsere Fackeln und gehen gebückt hinein. Die drei Medjay werden als Wache draußen zurück gelassen.

Ich weiß nicht, zu wem mein Begleiter betet, aber ich bete zu Echnatons Gott und bitte um Schutz. Der Gang im Innern ist steil und schlüpfrig von Scherben und verliert sich nach unten in der Dunkelheit. Ich vertrete meinen Knöchel auf dem Bruchstein und murmele eine Verwünschung. Die Räuber haben einen engen Pfad gesäubert, den wir nun dankbar benutzen. Während wir weiter vordringen, riechen wir stark die muffige Luft und einen angenehmeren Geruch, vielleicht von Zedernholz und Totensalben. Nach meinen Kindheitserlebnissen als Orakel fühle ich mich an dunklen und beengten Orten unwohl. Ich fange an, vor Angst zu schwitzen und überlege, ob ich lieber umkehre. Mein Rückweg ist versperrt. Der Beamte treibt mich voran. Es ist zum Ersticken heiß. Der Gang wird steiler. Ich rutsche fast und kann mich gerade noch halten, nur wenige Zentimeter von einem tiefen Schacht entfernt. Ich hebe meinen Arm, um ihn davor zu bewahren, an mir vorbei in die Leere zu stürzen. Dieser Schacht, ein Bestandteil der meisten Gräber, symbolisiert das dunkle und unergründliche Unbekannte, das das Leben im Fleische vom Leben im Geiste trennt. Wenn der Verstorbene an dieser Stelle des Abstieges zu seinem Grab vorübergekommen ist, gibt es kein zurück. Die Räuber haben den Stamm einer Palme darüber gelegt und ihren Weg fortgesetzt, so wie wir es nun tun. Der Stamm biegt sich unter meinem Gewicht und mir bleibt fast das Herz stehen. Ich blicke angespannt in die schwarze Tiefe unter mir, die das Licht meiner Fackel nicht durchdringen kann, und empfinde wirklichen Schrecken – nicht vor einer körperlichen Gefahr, sondern vor dem unbekannten und unwißbaren Geheimnis, über dem wir in jedem Augenblick unseres Lebens in der Schwebe gehalten werden.

Mein Begleiter hält seine Fackel hoch und wartet am Rand, bis ich meinen gefährlichen Weg über den Abgrund beendet habe. Ich blicke flüchtig nach oben, wo die Flamme die Decke über uns erhellt. Sie ist mit Myriaden goldener Sterne bemalt. Ich gelange endlich auf die andere Seite. Dort halte ich meine Fackel für meinen Begleiter ruhig hoch, so wie er es für mich getan hat.

Hinter einem Eingang liegt ein Raum, der über und über mit unzähligen Gottheiten ausgemalt ist. Dahinter ist eine Begräbnishalle ausgehöhlt. Zwei riesige eckige Pfeiler tragen die Decke, welche ebenfalls mit goldenen Sternen bemalt ist. Auf der Fläche der verputzten Wände und auf der breiten Seite der Säulen ist die Reise der Seele und all das, was ihr in der Anderswelt begegnet, bevor sie den Ort der Rechtfertigung und die Rückkehr ins Leben erreicht, in schwarzen Umrissen dargestellt. Ich bemerke die großartige Litanei des Ra unter den Inschriften.

Der große rote Sarkophag scheint unversehrt, aber die Grabbeigaben, die unschätzbaren Besitztümer des Königs, sind überall verstreut, viele zerbrochen und weggeworfen. Lebensgroße Zedernholzstatuen von Wächtern, die zweifellos am Eingang des Raumes standen, liegen mit dem Gesicht nach unten auf dem Boden, ihre Verkleidung aus Goldblättchen ist abgerissen, ihre Augen aus wertvollen Steinen sind herausgebrochen. Die zerschmetterten Zedernholzbretter, die wohl einst die Wände der Schreine bildeten, die den Sarkophag umschlossen, liegen in zersplitterten Haufen – ihre Verkleidung aus Blattgold ist unsauber abgerissen. Einige Dinge sind gegen die Wand geworfen worden, damit die wertvollen Steine, die darin gefaßt waren, leichter zu entfernen waren. Der lange, schwierige Abstieg die Schlucht hinunter muß die Räuber davon abgehalten haben, zu Unhandliches oder zu Schweres zu tragen.

Da der Deckel noch auf dem Sarkophag liegt, nehmen wir an, daß die Räuber bestimmt wiederkommen – denn sie werden die vielen Talismane aus Silber, Gold und wertvollen Edelsteinen haben wollen, die rituell in die Körperbinden des Königs gesteckt werden.

Unsere Fackeln flackern in der muffigen Luft und mir wird allmählich übel. Ich war niemals zuvor in einem versiegelten Grab. Die, in denen noch lärmende Handwerker arbeiten, haben eine ganz andere Atmosphäre.

Dieser Platz ist erfüllt von magischen Zaubern. Mein Mund ist ausgetrocknet. Jeder Schatten scheint sich zu bewegen und jeder meiner Atemzüge könnte mein letzter sein.

Während mein Begleiter den Sarkophag untersucht, starre ich in verzauberter Ehrfurcht auf die Zeichnungen an den Wänden. Sie stellen die reinsten Geheimlehren dar, das geheime Wissen, das seit alten Zeiten von einem Eingeweihtem zum nächsten weitergegeben und auf diese Wände von Schreibern abgeschrieben wurde, die sehr wenig von ihrer Bedeutung wissen, den Augen der Lebenden verschlossen und nur von den Toten wirklich verstanden…

Ich bin in den Mysterien unterwiesen worden, werde aber niemals müde, die verschiedenen Weisen zu betrachten, wie sie abgebildet werden können, die verschiedenen Arten, wie sie dargestellt werden können. Ich zähle die Namen von Ra in der Litanei – hundert und aber hundert von ihnen. Es sind die, die den Menschen bekannt sind. Es gibt viele mehr, die nur die Götter kennen und einen, den nur Ra selbst kennt. In den Namen liegt der Schlüssel zum Verständnis seiner Natur. Hier sind die Zeichen der alten Mythen – der gewaltige nächtliche, gar unendliche Streit zwischen dem Sein in der Form von Ra und dem Nichtsein in Form der abscheulichen Schlange, Apep. Hier sind die heiligen und verborgenen Seiten eines Lebens, das niemals endet, aufgezeigt in Bildern, die nicht mehr sein können, als ein Fingerzeig auf die Wirklichkeit, die sie darzustellen glauben. Während meine Augen der Geschichte folgen, beginnt mein Herz, sie zu ergreifen, und ich vergesse, wo ich bin und warum ich hier bin. Ich durchlebe die Prüfungen… spiele meine Kraft gegen die Gefahr und die Feinde aus… ernte die Belohnung des Überlebens ...freue mich über die Erleuchtung von alten und unaufhörlichen Wahrheiten.

Plötzlich werde ich mit einem Ruck in meinen Körper zurückgezogen. Der Anführer der Medjay ist gekommen. Wir scheinen viel länger in dem Grab gewesen zu sein, als wir dachten. Draußen ist die Sonne untergegangen und die halbe Nacht vorbei. Die Wachen haben den Schein von mehreren Fackeln unten im Tal gesehen, und sie sind sicher, daß die Räuber sich nähern. Die zwei Männer sind in der Nähe des Eingangs verborgen zurückgeblieben, und der Anführer ist gekommen, um uns zu warnen.

Wir halten eine eilige Besprechung. Wie wir aus den Inschriften wissen, enthält dieser Sarkophag den Körper des Men-kepher-Ra, des dritten thutmosischen Königs. Er ist einer der großen Helden der Zwei Länder, und sein Grab muß eines der reichsten im Tal sein. Wir mögen gar nicht daran denken, was die Räuber schon alles gestohlen haben, und sind entschlossen zu verhindern, daß sie den Leichnam selbst aus seiner Umhüllung aus goldenen Särgen reißen.

Der Anführer hat seine Männer angewiesen, versteckt zu bleiben, bis die Räuber weit im Grab sind, und ihnen dann zu folgen. Mit etwas Glück werden wir, verborgen hinter den eckigen Säulen der Grabkammer, und sie, den Rückweg versperrend, den Eindringlingen geschickt eine Falle stellen. Ich wünschte mir wäre nicht so bang. Ich bin kein Mann der Tat und aufgewühlt und verwirrt von der starken magischen Kraft in dem Grab. Der Oberaufseher und der Anführer der Medjay scheinen unbeeindruckt von der Fremdartigkeit ihrer Umgebung und sehen so aus, als sei dies eine ganz gewöhnliche Nachtarbeit für sie.

Die Fackeln sind gelöscht.

Das lange Warten beginnt.

Kein Laut und kein Lichtschimmer dringt in die schwer lastenden Dunkelheit. Ich werde von den Erinnerungen meiner Jugend gequält – das Warten an dunklen Orten, von Ma-nans Rachegeistern bedroht. Doch Ma-nans Rachegeister sind mir bekannt. Diejenigen, die in dieser Dunkelheit lauern, nicht.

Was für ein Mann war dieser König? Welche Priester schwangen ihren Stab der Macht an diesem Platz und zogen die Zauber? Es ist ein böser Wille hier. Men-kheper-Ra war ein Krieger. Das Töten war etwas Natürliches für ihn. Sein Ka muß mit dem Blut von tausenden besudelt sein. Ich halte nichts von der Ehre, die seine Nachfahren ihm erweisen, denn ich kann niemanden ehren, der das Leben von anderen so wenig achtet.

Ich fühle sein Ka bei uns in dem Raum und weiche zitternd zurück. Aber ich kann mehr als das fühlen. Ich kann etwas zwischen uns fühlen – einen persönlichen Haß – eine persönliche Fehde. Da ist etwas aus der Vergangenheit, das ihn zu mir zieht und mich zu ihm. Der schwere Griff meiner erloschenen Fackel ist schweißnaß und rutscht mir aus der Hand. Der Anführer der Polizei schilt mich, weil ich so einen Lärm mache, während die Räuber schon in der Nähe sein müssen.

Ich sehne ihre Ankunft herbei. Wenigstens sind sie aus Fleisch und Blut. Ich strenge meine Augen in der Dunkelheit an und wünsche mir, etwas sehen zu können – irgendetwas – mag es auch noch so schrecklich sein.

Ich spüre ein Ziehen in meiner Kehle und glaube, daß unsichtbare Hände um meinen Kehlkopf das Leben aus mir herausquetschen. Ich zerre mit meinen Händen an ihnen und will die anderen um Hilfe rufen. Es kümmert mich nicht, ob die Räuber gewarnt werden. Die Räuber sind nichts gegen die böse Kraft, die mich würgt. Ich wünschte, die Räuber hätten schon den Sarkophag geöffnet, die Talismane zerbrochen und die mächtigen Zauber und Flüche auf sich gelenkt...

Woher kommt dieser Haß zwischen diesem König und mir? Was habe ich getan?

Plötzlich ist es hell.

Drei rauhe, muskulöse Männer stehen im Eingang und halten Fackeln über ihren Köpfen. Sie starren in den Raum und sehen nur das Gold, das im Flammenlicht glänzt.

Meine Kehle ist befreit. Mein Blick fällt auf den Sarkophag, aber da ist nichts zu sehen. Er ist verschlossen und unberührt wie zuvor. In dem Raum ist niemand außer den drei Gesetzeshütern und den drei Gesetzesbrechern.

Wir warten verborgen, kaum atmend, bis sie ihre Fackeln befestigen und mit ihren Werkzeugen, die sie mitgebracht haben, zu arbeiten beginnen und den Deckel des Sakrophages anheben. Ich sehe einen Schatten im Eingang. Im selben Moment ruft der Anführer der Medjay und wir springen alle vor, die beiden Nubier an der Tür, der Oberaufseher, der Anführer der Medjay und ich.

Nach der furchtbaren Anspannung des Wartens drängt es mich verzweifelt zu Taten. Ehe ich weiß, was ich tue, habe ich ein schweres Stück Holz vom Boden aufgehoben und schlage wild auf einen der Räuber ein. Ich schlage und schlage und schlage. Ich habe ihn überrascht und er hat seinen Halt verloren. Er fängt an zu bluten und wimmert um Gnade. Ich schlage weiter zu.

Plötzlich fühle ich eine Hand auf meinem Arm und wirbele grimmig herum – bereit wieder zuzuschlagen. Der Oberaufseher bittet mich mit besorgter Mine, aufzuhören. Es ist alles vorbei. Wir haben die Räuber gefangen. Ich schaue benommen um mich. Die beiden anderen Räuber sind gebunden und liegen zu Füßen der Polizei, augenscheinlich unverletzt. Der Eine, den ich angegriffen habe, ist tot.

Ich schaue entsetzt auf ihn hinab. Ich kann nicht glauben, daß ich das getan habe. Ich werfe mich auf ihn und flehe zu den Göttern, ihm sein Leben zurückzugeben. Er fällt mir aus den Händen wie ein Bündel leerer Kleider.

Ich kann ihn nicht wieder lebendig machen.

Nachdem wir das Grab wieder versiegelt haben, klettern wir die Schlucht hinunter und tragen den toten Mann zwischen uns. Steinchen rutschen unter unseren Füßen. Die Sonne geht auf.

Der Name von Ra klingt in meinen Ohren … »Er, dessen glänzendes Auge spricht«… »Er, der der Erneuerer der Erde ist«… »Er, der der Meister des Werdens ist« … »Er, der den Lebenden und den Toten Licht bringt« … »Er, der der Ewige ist« … »Er, der der Herr des Lichtes ist« …

Siehst du mich, Flammender? Siehst du die Schuld in meinem Herzen? Werde ich dieses Verbrechen jemals wieder gutmachen?

Oh, Reisender des unsichtbaren und unvergänglichen Himmels, hilf mir. Wie leicht ist es, Deine Namen zu kennen, wie schwer ist es, nach Deinen Gesetzen zu leben!

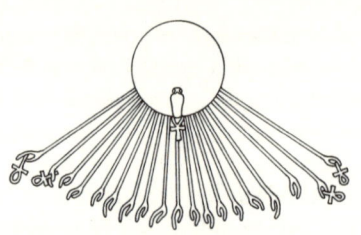

Der Schlafzauber

»Mein Herr«, General Haremhab steht hoch aufgerichtet vor dem König, und ich kann die Adern an seinem Hals und auf seinen Händen sehen. Er ist enttäuscht und ärgerlich, doch er beherrscht sich. Nofretete steht hinter dem Stuhl ihres Gemahls und hat ihre Arme um seine Schultern gelegt, ihr Kinn ruht auf seinem Kopf. Ihr Blick weicht nicht von Haremhab. Sein Blick weicht nicht vom König. Ich kann ihr Gewahrsein fühlen wie ein greifbares doch unsichtbares Band zwischen ihnen.

Echnaton sieht entspannt aus. Er genießt die Umarmung seiner Lieblingsfrau. Die Anwesenheit seiner Freunde und seiner Familie gibt ihm Sicherheit im Umgang mit dem Mann, der ihm immer Unbehagen bereitete. Tadukhipa, seine junge mitannische Frau, die aus der königlichen Linie seiner Großmutter stammt; Anchesenpaton, seine Tochter-Gemahlin; Nezem-mut, nicht so schön wie ihre Schwester Nofretete, aber dennoch eine gute Freundin, und ich – wir alle sind bei ihm. Meritaton ist nicht dabei. Sie ist traurig, weil ich mein Wort noch nicht gehalten und mit ihrem Vater nicht über unsere Heirat gesprochen habe.

»Mein Herr, verzeiht mir, wenn ich meine Gedanken äußere. Es sind die Gedanken eines Ehrenmannes, eines treuen und vertrauten Dieners Eures Vaters – «

»Ich bin jetzt der König«, sagt Echnaton leichthin. »Bist du mein treuer und vertrauter Diener, General?«

Haremhabs Farbe wird dunkler. »Natürlich, mein Herr ... Ich meine nur – «

»Ich weiß, was du meinst, General. Ich achte dich, so wie mein Vater dich geachtet hat. Du hast die Erlaubnis, so frei zu sprechen, wie du möchtest.«

»Ich wurde geehrt, sowohl Eurem Vater als auch Euch zu dienen, Herr, als Oberbefehlshaber Eurer Armee, als Richter Eurer Verbrecher, als Botschafter für die Vasallenstaaten Eures Reiches, als Oberaufseher Eurer Tributeintreibungen…«

»Ich kenne deine Titel, General. Sprich zu mir von deinen Gedanken. Die Gedanken eines Mannes sind interessanter für mich als hunderttausend Titel.«

»Ich meinte nur, daß die Gedanken eines gewöhnlichen Menschen wirr und unbeherrscht sein mögen, aber die Gedanken eines Inhabers solcher Titel mögen es nicht sein.«

»Sprich«, sagt Echnaton gelassen, seine rechte Hand geht zu seiner linken Schulter, um Nofretetes Hand zu halten. Langsam wendet er seinen Kopf und läßt seine Lippen für einen Augenblick auf ihren schlanken Fingern ruhen.

Spüre ich die wachsende Anspannung des stattlichen Generals anwachsen? Ich liebe meinen Freund, den König, doch er scheint immer weniger empfindsam für die unterschwelligen Gefühle in seiner Umgebung zu werden. In diesen Tagen ist sogar Nofretetes Liebe selbstverständlich für ihn. Er zweifelt nie daran, daß sie und alle anderen in seiner Nähe genauso entzückt sind wie er von der schwer verständlichen Schönheit der neuen Philosophie und genauso besessen vom verschlungenen Wirken des ewigen Lichtes im Herzen.

Haremhab beschäftigt sich mit dem Naheliegenden. Das große Reich, das von Thutmosis III. aufgebaut und von Echnatons Vater einigermassen erhalten wurde, fängt an, auseinanderzubrechen. Die Amoriter und die Hethiter sind auf dem Vormarsch. Treue Vasallen bitten um Beistand, um ihnen Widerstand zu leisten, weniger treue Vasallen nutzen die Gelegenheit und werden abtrünnig. Der reiche Strom von Tributen, der seit der Zeit von Thutmosis III. in die Zwei Länder geflossen ist und allgemeinen Wohlstand und persönlichen Luxus für den königlichen Haushalt und die Priester des Amun gebracht hat, beginnt zu versiegen. Haremhab spricht nun, lang und leidenschaftlich, von der Notwendigkeit einer starken Hand, um die Zügel des Reiches zu halten, von der Notwendigkeit, die Tributgesetze durchzusetzen, von der Notwendigkeit, Truppen zu entsenden, um den Rebellen eine Lektion zu erteilen.

»Ihr haltet in Eurer Hand den Krummstab und die Geißel, mein König«, sagt Haremhab. »Ihr habt den Krummstab gebraucht. Nun ist es Zeit, die Geißel zu benutzen.«

Echnaton lauscht ihm geduldig mit nachdenklichem Blick, das Kinn in die Hand gestützt, Nofretetes Arme beiseite geschoben.

»Und was ist, wenn ich glaube, daß Aton auf alle Menschen scheint und sein Licht die Herzen aller Menschen erhellt und nur Aton die Menschen der verschiedenen Völker vereint?« fragt er ruhig.

»Aton hat die Völker in die Hand des Pharaos gelegt, mein Herr, und Aton hat sie unter die Herrschaft des Dieners des Aton gestellt.«

»Oh, wirklich?« sagt Echnaton und hebt eine Augenbraue. »Ich dachte, du glaubst, es sei Amun gewesen, der das vollbracht hat.«

Haremhab errötet, und ich sehe, daß seine Knöchel weiß werden, als er die Faust ballt. Er schluckt herunter, was er sagen wollte.

Echnaton schaut ihn belustigt an, bleibt noch einen Augenblick ganz gelassen. Dann verdüstert sich sein Gesicht und seine Augen verengen sich.

»Mein Großvater, und vor ihm sein Vater, ließen sich vom falschen Gott Amun verleiten«, sagt er, nun mit einer gefährlichen Schärfe in seiner Stimme. In letzter Zeit ist mir aufgefallen, daß mein König unerklärlichen und heftigen Stimmungswechseln unterworfen ist. Plötzliche Wutausbrüche kommen aus einem klaren und wolkenlosen Himmel, geboren aus der Enttäuschung eines weitblickenden Mannes, der zum Horizont schaut, während sein Gefolge nicht weiter als bis zu den Wänden des eigenen Hauses sieht. »Unterwerfen und Schlachten und Versklaven ist nicht der Weg Atons. Wenn Fremde unter unserem Joch unglücklich sind, so lasse sie frei. Wir hätten ihr Land gar nicht erst erobern sollen.«

»Mein Herr, ob wir es hätten tun sollen oder nicht, ist eine andere Frage.« Ich beginne, Haremhabs Selbstbeherrschung zu bewundern. Ich weiß, daß er auf das äußerste gereizt ist, aber seine Stimme schwankt kaum. Echnaton hat ihn aufgefordert, frei zu sprechen, und Haremhab geht soweit wie er es wagt. »Eure Großväter gewannen ein großes Reich für Euch, und Ihr schuldet es ihnen und Euren Untertanen, es fest und stark zu halten, so daß niemandem darin auch nur ein Haar gekrümmt werden kann.«

»Was ist ein Reich anderes, als Völker, die unterworfen und ausgebeutet wurden? Es wurden viele Haare gekrümmt, als wir es uns aneigneten.«

»Ein König schaut auf sein Volk und nimmt, was es braucht. Dies ist das übliche Spiel zwischen den Völkern. Die Hyksos besiegten uns, weil unsere Könige schwach waren, und ihr Volk brauchte Tribute und Land. Erst als Amun den Armen des großen Ahmose Stärke gab, konnte er sie aus unserem Land vertreiben und ließ sie zu den hintersten Winkeln der Welt rennen. Niemand tadelte den König dafür. Alle freuten sich. Sein Name als Retter der Zwei Länder wird für immer leben. Es liegt an uns, unsere Stärke zu gebrauchen, die Stärke, die er uns gab, um die Ehre und das Ansehen, das er für uns gewann, zu schützen, andernfalls werden die räudigen Köter aller Völker auf uns pinkeln.«

»Ich pinkel' auf die ›Ehre‹ und das ›Ansehen‹, von dem du sprichst«, sagt Echnaton bitter. »Das sind lächelnde Masken über dem schwärenden Übel von Angst und Haß – das Vermächtnis von Amun. Wenn die Völker uns wirklich achteten und ehrten, bräuchten wir nicht zu fürchten, daß sie jetzt von uns abfallen.«

Einen Augenblick lang denke ich, Haremhab würde den König schlagen. Nofretete muß es wohl auch geglaubt haben, denn sie eilt nach vorn und stellt sich zwischen die beiden.

»Mein Gemahl glaubt an die Zukunft, General«, sagt sie sanft. »Er träumt. Er hat Gesichte. Doch obwohl sie dir unzweckmäßig erscheinen mögen, weil du gewöhnt bist, nur mit den Augen deines Kopfes zu sehen, versichere ich dir, daß sie für einen, der mit der langen Sicht des Geistes zu sehen vermag, sehr wirklich und nützlich sind.«

Haremhabs Augen glühen, aber er verbeugt sich steif vor ihr und vor dem König. Ich weiß, daß er es nicht versteht. Für ihn gibt es nur die körperliche Gegenwart. Das Ba und das Ka, der Geist, der durch die Ewigkeit reicht und sich seiner Einheit mit allem, was ist, bewußt ist, und die Seele, die die Larve des Geistes ist, sind für ihn leere Begriffe, denn er hat bis jetzt ihre Wirklichkeit nicht erfahren.

Haremhab wird als Verwalter eingesetzt, während es ihn verlangt, ein General zu sein. Die Meldungen aus dem Reich werden sorgfältig im Archiv abgelegt. Für die Erhaltung des Friedens ist allein Aton verantwortlich.

Achetaton ist vom mittleren Osten weiter entfernt als die alte Verwaltungshauptstadt Men-nefer, und die Briefe brauchen länger, bis sie den König erreichen. Dies, und das fehlende Interesse in ausländischen Angelegenheiten, verlangsamt den Briefwechsel gefährlich. Die Briefe werden immer weniger freundlich. Die Zeit vergeht, und weitere Briefe sind oft scharf und vorwurfsvoll. Vasallenstaaten lehnen sich auf oder werden besetzt, und die vielgefürchteten ägyptischen Bogenschützen werden entweder gar nicht oder zu spät entsandt. Ein Vasall wagt in seiner Enttäuschung sogar, der Macht der Zwei Länder zu drohen: »Wenn Ameisen geschlagen werden, beißen sie nicht zurück?« schreibt er.

Ich schreite durch die lieblichen Gärten des großen Palastes und fühle mich unbehaglich. Ich denke eigentlich nicht, daß Haremhab recht hat und wir Truppen schicken sollten, um Menschen zu töten, doch glaube ich, daß die Erhaltung des Friedens eine gute Sache ist, vielleicht eine der schwierigsten, umfassendsten und wichtigsten, der ein Herrscher sich widmen muß. Hier sind genaue und achtsame

Kenntnis der Wege der Menschen, beständiges Anhören ihrer Nöte, Führung und Hilfe in allem, was für sie zum Guten ist, vonnöten. Eine glückliche und zufriedene Gesellschaft, die fest auf einer Reihe von dauerhaften und gemeinschaftlichen Werten ruht, wird nicht so leicht unzufrieden werden. Auch auf Angreifer kann eine kluge und geschickte Diplomatie zur rechten Zeit Wunder wirken. Amenhotep Neb-maat-Ra wußte über alles Bescheid, was in anderen Ländern vor sich ging und möglicherweise eine Bedrohung für das Reich darstellen konnte. Seine Spione waren überall, und ihre Nachrichten wurden sehr aufmerksam gelesen. Aufruhr wurde bemerkt lange bevor es Aufruhr wurde. Fremde Prinzen wurden auf die Schulen der Zwei Länder geholt, fremde Prinzessinnen in das Haus der Frauen verheiratet. Ein ununterbrochener Strom von Geschenken – Gold aus Nubien, Türkise vom Sinai, feines Leinen, ausgesuchte Möbel – floß zu den hethitischen, amoritischen und mitannischen Königen und den Herrschern der Vasallenstaaten. In den langen Jahren seiner Herrschaft hat Amenhotep die Strategie des Friedens so geschickt entwickelt wie einst Thutmosis III. die Strategie des Krieges.

Echnaton ist an keinem von beidem interessiert. Er glaubt, wenn erst das Land unter der einen wahren und unumstößlichen Religion vereint ist, wenn erst jeder Mann, jede Frau, jedes Kind seinen Glauben und seine Zukunft in die weitreichenden Hände des Aton gelegt hat, wird ein großer Frieden kommen. Mit Khurahtatens Lehren in meinem Herzen glaube ich das auch – aber ich fühle mich sehr unwohl in bezug auf die Art und Weise, wie er den Übergang gestaltet. Früher sprachen wir von langsamer Entwöhnung, von langsamer Erziehung. Aber die Widerspenstigkeit der Priesterschaft, die nicht willens ist, ihre Pfründe und ihre Privilegien aufzugeben, und die Halsstarrigkeit des Volkes, das an dem überalterten Aberglauben festhält, hat ihn ungeduldig gemacht. Und Ungeduld bewölkt den Verstand. Er gebraucht Gewalt, um die alten Tempel niederzuwerfen, harte Gesetze, um die Anbetung der alten, vertrauten Götter zu verbieten. Er vertraut niemandem in der Deutung seiner Vision als sich selbst und hat sich zum alleinigen Gefährten des Aton gemacht, zum alleinigen Deuter des göttlichen Willens

Vergebens unterbreite ich ihm, auch wenn Hathor, Isis, Ptah oder die anderen nicht der höchste Gott sein mögen, sie doch zumindest Eigenschaften des höchsten Wesens darstellen. Sie müssen eine Rolle im allmählichen Erwachen des geistigen Bewußtseins spielen, so wie in einer Schule verschiedene Lehrer an der Entwicklung verschiedener Fähigkeiten eines Kindes arbeiten. Manche werden zurückgelassen, wenn das Kind sich über sie hinausentwickelt, und andere nehmen ihren Platz ein, um das Kind weiterzuführen. Aber mein Freund, mein Bruder, mein König sagt mir, den »Lehrern«, von denen ich spreche, könne man nicht mehr vertrauen… ihre Lehren hätten ihre Kraft verloren, ihre Priester lehrten auswendig gelernte, alte Mythen, und niemand sähe mehr die ursprüngliche Bedeutung.

»Tote Mythen sind wie Steine, die an die Beine eines Mannes gebunden sind, der ins Wasser geworfen wird. Durchtrenne die Seile, die ihn an sie binden, und laß ihn frei schwimmen und das Licht der Sonne suchen.«

»Aber das Licht der Sonne mag zu stark sein, um es geradewegs anzuschauen«, sage ich ruhig. »Sind Mythen nicht oft der einzige Weg, wie wir zu ihm zu finden und es anzuschauen vermögen?«

»Oh, lebendige Mythen«, sagt er. »*Lebendige Mythen,* mein Freund.«

Ich verbeuge mich. Darin liegt Wahrheit.

Echnaton haßt es, seine neue Stadt zu verlassen, aber er muß den Aufbau der neuen Tempel überwachen, die er überall in den Zwei Ländern in Auftrag gegeben hat. Ich bin der einzige Mann, dem er vollkommen vertraut, und er bittet mich, für ihn an ferne Orte zu reisen. Ich wärme mich in seiner Liebe und bringe es nicht über mich, ihm zu sagen, was mir Ma-nan und Na-aghta über meine Eltern mitgeteilt haben; und ohne es zu offenbaren, kann ich nicht um Meritatons Hand anhalten.

Außerhalb der schützenden Umgebung Achetatons, das in der Hoffnung auf ein neues Zeitalter aufblüht, habe ich den Eindruck von schleichender Auflösung. Es scheint, als sei der Junge, der gewöhnlich die Ochsen auf ihrem endlosen Kreispfad antreibt, eingeschlafen, und als drehten sich die gezahnten, knarrenden Räder, die das lebensspendende Wasser aus den Bewässerungsgräben holen, langsamer, so daß das Wasser nur noch ein Rinnsal ist. Die Tempel, die einst der Mittelpunkt der Städte und Dörfer waren, sind größtenteils verlassen, Gräser brechen bereits die Pflastersteine auf und windverwehter Sand dringt in die inneren Heiligtümer. Das Stadt- und Landleben geht natürlich seinen Gang, aber es scheint eine Gleichgültigkeit zu herrschen, ob etwas fertig wird oder nicht, ein Gefühl, daß niemand sich darum kümmert oder es bemerkt, ob ein neues Gebäude gebaut oder ein altes wiederhergestellt wird.

Ich denke über den Zwiespalt nach, in dem Herrscher sich befinden. Streng durchgesetzte Gesetze untergraben den Unternehmungsgeist und stutzen die Flügel derer, die in der Lage sind, sich zu großen Höhen aufzuschwingen. Doch ein völliges Fehlen der Ordnung hat die gleiche Auswirkung. Dann stecken sie so in den Trümmern fest, die von ihren weniger begeisterten Mitmenschen geschaffen werden, die Freiheit als Erlaubnis zum Zerstören mißverstehen, daß sie ihren Mut verlieren und jeden weiteren Versuch aufgeben. Einer der alten Götter, die Echnaton noch achtet, ist Maat, die Göttin der kosmischen Ordnung, des Gleichgewichtes, des Rechts und der Wahrheit. Ein Pharao, der mit Maat regiert, bewahrt das Gleichgewicht zwischen Freiheit und Gesetz. Das ist, was Echnaton eigentlich beabsichtigt. Aber an diesen entlegenen Orten, fern der ausstrahlenden Begeisterung seiner Gegenwart, neigen seine Verwalter, die von der Abschaffung einer Reihe trefflicher und leicht zu handhabender Gesetze verwirrt sind, dazu, alles zu ihrem eigenen Vorteil zu nutzen, ungeachtet dessen, ob es gerecht ist oder nicht. Die alte, menschliche Neigung, zum einen oder zum anderen Äußersten zu gehen, anstatt ein vernünftiges Übereinkommen zu suchen, begegnet mir überall, wo ich bin.

Menschen folgen mir und klagen darüber, wie die Beamten sie ausbeuten und die Jugend verkommt.

»Sie kümmern sich um nichts mehr«, klagen die Väter im mittleren Alter. »Als ich jung war, habe ich vom Sonnenaufgang bis zum Sonnenuntergang gearbeitet und war stolz auf mein Werk, aber jetzt hängen sie in Banden an den Straßenecken, und ihr einziges Interesse besteht darin, den Mädchen nachzustellen und einander zu verprügeln.«

»Die Straßen sind nicht mehr sicher«, klagen die Mütter. »Unsere Töchter fürchten sich, auszugehen.«

Wie traurig, denke ich. *Wie traurig, daß Größe und Schönheit einer solchen Vision wie ein Regensturm in der Wüste versickern soll. Oh, mein Freund, mein Bruder, mein König, du gehst zu schnell für deine Gefährten. Du zerstörst die alte Ordnung, bevor die neue in den Herzen Wurzeln geschlagen hat.*

Überall, wo ich bin, höre ich zu und beobachte. Ich schreibe Brief auf Brief an den König und rate ihm an, was getan werden müßte, um seine Vision in die Welt jenseits der schimmernden Mauern von Achetaton zu tragen, doch er beantwortet nichts von dem, was in meinen Briefen steht. Er erzählt von Familienangelegenheiten oder wie er ein Fest für Aton abhielt, dem die gesamte Bevölkerung der Stadt freudig beiwohnte. Er erzählt von einer Hymne, die er für das Grab des Eje, seines Schwiegervaters, vorbereitet. In einem Brief, den ich in Yunu erhalte, zitiert er daraus (obgleich er anmerkt, daß die letzte Fassung mehr Schliff haben wird).

»Schön ist dein Erscheinen am Horizont des Himmels, du lebende Sonne, die erste, die lebte! Du erhebst dich am östlichen Horizont und erfüllst jedes Land mit deiner Schönheit. Du scheinst und bist erhaben über jedes Land. Deine Strahlen, sie umschließen das Land so weit wie all das, was du geschaffen hast. Du bist Ra. Du bist weit entfernt, doch deine Strahlen sind auf der Erde.

Wenn du am westlichen Horizont untergehst, liegt die Erde in Dunkelheit, als wäre sie tot. Sie schlafen in ihren Kammern, ihre Häupter verhüllt, und keiner nimmt den anderen wahr. Auch wenn ihnen alles genommen wird, was unter ihren Häuptern liegt, sie würden es doch nicht wissen. Jeder Löwe kommt aus seinem Bau und alle beißenden Würmer. Dunkelheit… die Erde schweigt, denn der sie erschaffen hat, ruht in seinem Horizont.

Wenn der Morgen dämmert und du dich am Horizont erhebst und als Sonne am Tag scheinst, vertreibst du die Dunkelheit und sendest deine Strahlen aus. Die Zwei Länder feiern ein Fest, die Menschen erwachen und stehen auf ihren Füßen, denn du hast sie erweckt. Sie waschen ihre Körper, nehmen ihre Gewänder und erheben ihre Hände, um dein Aufgehen zu preisen. Das ganze Land schreitet zur Arbeit.

Alle Geschöpfe sind zufrieden mit ihrer Weide, die Bäume und Kräuter grünen. Die Vögel fliegen aus ihren Nestern und ihre Flügel preisen dein Ka. Alle wilden Tiere tanzen auf ihren Füßen, alles, was fliegt und flattert – sie leben, wenn du für sie aufgehst…

Oh, schön ist der Rhythmus deines Untergehens und deines Aufgehens. Jeder Tag eine Erneuerung und Beteuerung.«

Aber ich weiß, daß der Tag und die Nacht, von denen mein König singt, nicht nur, wie es den Anschein hat, der Tag und die Nacht der Sonne sind, die wir sehen.

Ich reise durch die ganze Länge und Breite der Zwei Länder, von den Türkisminen der östlichen Wüste, wo ich einen Tempel für Aton neben den alten Traumkammern in Auftrag gebe, in denen die Minenarbeiter Eingebung und Anweisung in der Traumzeit von Hathor und Horus suchten, und westlich bis zum großen See She-resy, der Heimstatt von Sobek, dem Krokodilgott. Ich reise bis zu dem alten Labyrinth von Amenemhet-Enkh, in dem die vielen Götter der Zwei Länder ihre Schreine unter einem großen Dach haben. Ich besuche die geschäftigen Häfen des nördlichen Deltas, wo die Handelsschiffe sich auf dem Großen Grün tummeln und schöne schlanke Vasen von den Mykenischen Inseln, phönizisches Silber und Holz von Kepel anlanden.

Im fernen Süden, in Nubien, reise ich auf Lasteseln weit ins Landesinnere, manchmal auf so steilen und schmalen Felsenpfaden, daß ich fürchte, jeder Moment könnte mein letzter sein. Überall hin trage ich die Botschaft des Aton, der auf alles scheint. Überall drücke ich das königliche Siegel auf Pläne für neue Gebäude zu seinen Ehren und erlaube ich die Entfernung der alten Götter in seinem Namen.

In seiner schönen Stadt beschreibt Echnaton auf mehr als nur einer Stele seine besondere Beziehung zu seinem Gott.

»Du bist in meinem Herzen, und es gibt keinen anderen, der dich kennt, außer deinem Sohn, Neferkheprure, Einziger-von-Ra, den du deinen Plan und deine Macht verstehen läßt…«

Als ich nach Achetaton zurückkehre, finden gerade die Ehrungen statt. Die Straßen sind voller Menschen, die versuchen, einen Blick auf den Sohn der Sonne und seine Familie zu erhaschen. Sie weichen zurück als ich hindurchschreite. Viele erkennen mich als den engsten Begleiter des Königs und Hohepriester des Aton. Als ich mich dem Palast und dem Fenster des Erscheinens nähere, welches die königliche Straße überspannt, ersterben der Lärm und das Geschwätz und die Unruhe der Menschen, die um einen besseren Platz rangeln. Die Menge in Sichtweite des Fensters ist still und gesittet und verbeugt sich in Ehrfurcht vor dem göttlichen König. Alle Wagenlenker sind neben ihren Wagen, Stallknechte halten die Pferde, während sie sich verbeugen. Die Fächerträger bilden gerade Reihen, die Bogenschützen, die Diener des königlichen Haushaltes, die Beamten aus fernen Städten und ihr Gefolge… Alle verbeugen sich tiefer als nötig. Dann recken sie ihre Gesichter zu den Lichtstrahlen, die von ihrem König kommen, so wie Blumen sich zur Sonne recken, ihre Hände mit den ihm zugewandten Handflächen ehrerbietig erhoben. Ich nehme meinen Platz unter den Priestern des Aton so leise ein, wie ich kann, antworte auf ihre gemurmelten Grüße mit einem Nicken und einem Lächeln und verbeuge mich mit den Übrigen. Wir haben einen guten Platz, und ich habe einen freien Blick auf das Fenster. Echnaton und Nofretete sind nackt, abgesehen von ihren Kronen, doch auf ihre Haut ist Goldstaub gerieben und sie strahlen wie die Sonne. Ich habe meinen König bis jetzt noch nicht so weit gehen sehen, aber ich weiß, daß er es vorhatte. Er will ein Zeichen setzen – und er tut es. Von seinen Händen strömen Geschenke: Juwelen und Halsbänder, Pokale und ausgesuchte Krüge mit wertvollen Salben. Bek, sein oberster Bildhauer erhält Geschenke, wie ich sehe, und der Goldschmied, Pa-ren-nefer. Meritaton, inmitten ihrer Schwestern, mit im Sonnenlicht goldschimmernden Gliedern, lehnt sich vor, um der Gemahlin des Bek eine schlanke Alabastervase zu überreichen. Mein Herz ist gerührt von ihrer Schönheit und von der Schönheit ihrer Mutter, die ihr jüngstes Kind im Arm hält.

Echnaton sieht mich und bedeutet mir, näherzukommen. Verlegen trete ich vor, denn ich habe noch meine Reisekleidung an, und verbeuge mich bei jedem Schritt. Seine Augen erscheinen mir glasig als ich nahe genug bin, um sie zu erkennen, aber das mag die Wirkung der Farben von Khol, Malachit und Lapislazuli sein, mit denen sie bemalt sind…

Er gibt mir mit seinen goldenen Händen Geschenke, doch ich fühle keine Verbindung zwischen uns. Ich kann nicht glauben, daß dies mein Freund ist. Da ist so ein Abstand. Es ist, als ob er von seinem Gott bewohnt würde. Über seine Schulter sehe ich Meritatons liebliche Augen vor Freude darüber strahlen, daß ich zurückgekehrt bin.

Nach der Zeremonie, als alle auseinandergegangen sind, gehe ich in den Palast. Meritaton eilt sofort zu mir und fliegt in meine Arme, und der Goldstaub von ihrem Körper reibt sich auf mich ab. Ich war lange fort, und in dieser Zeit ist sie ein großes Stück reifer geworden. Eine fast weiblich gerundete Brust drückt sich so stürmisch an mich. Ich küsse sie wie ich eine Frau küssen würde, und für eine Weile verschwindet alles andere.

In diesem Augenblick nehmen wir nur einander wahr – aber dieser Augenblick muß vorübergehen. Echnaton legt seine Hand auf meine Schulter, und an seiner Miene sehe ich, daß er meine offensichtliche Leidenschaft für seine älteste Tochter nicht billigt.

Als wir allein sind, spricht er darüber.

»Ich liebe dich als Bruder«, sagt er sanft, »aber…«

»Ich bin nicht gut genug für eine Heirat mit deiner Tochter«, beende ich den Satz für ihn.

»Du bist gut genug. Bestimmt bist du gut genug, wenn sie nicht die älteste Prinzessin des königlichen Hauses wäre. Nimm eine der jüngeren Prinzessinnen mit meinem Segen. Aber Meritaton muß meinen Erben heiraten.«

»Ich liebe Meritaton.«

»Sie ist schön und klug. Wir lieben sie alle. Aber sie muß königlich heiraten. Sie muß Tut-ench-Aton heiraten.«

Ein langes Schweigen herrscht zwischen uns. Ich wäge die Worte, die ich nun sagen werde, sehr sorgfältig.

»Was, wenn ich tatsächlich dein Bruder bin?«

Echnaton lacht.

»Was, wenn Haremhab Pharao wäre!«

»Der König, dein Vater, hatte einen anderen Sohn, von einer Frau königlicher als deine Mutter.«

Echnatons Gesicht verdüstert sich plötzlich.

»Was sagst du?«

»Ich bin der Sohn deiner Schwester, Sitamun, und deines Vaters.«

Warum nimmt er die Neuigkeit wie eine Drohung auf? Sein Gesicht ist dunkel und böse.

»Du lügst!« sagt er. »Meine Schwester hatte keinen Sohn.«

»Sie hatte mich.«

Echnaton würde gerne meinen Anspruch als Unsinn zurückweisen, aber er beginnt, sich an das merkwürdige Benehmen seines Vaters mir gegenüber zu erinnern. Er erinnert sich, daß Amenhotep mich an sein Sterbelager rief, und daß er gerade etwas zu mir sagen wollte, als Teje zwischen uns trat. Er erinnert sich, daß sie seines Vaters Kopf von mir fort und zu ihm hin drehte.

Ich kann sehen, daß er beunruhigt ist und nachdenken muß.

Ich verbeuge mich.

»Ich beanspruche nicht die Krone, mein Herr. Deinen Segen möchte ich für die Liebe, die ich für Meritaton hege.«

»Meritaton gehört Tut-ench-Aton. Er ist mein Erbe«, sagt Echnaton halsstarrig. Die Gedanken, die ich ihm eingegeben habe, sind noch zu neu. Er hat sie noch nicht aufgenommen.

»Du sprichst viel darüber, die alten, strengen Regeln zu durchbrechen, mein Herr. Du sprichst davon, daß Liebe der wichtigste Richterschnur sei, ob eine Tat richtig oder falsch ist.«

»Liebe, ja. Liebe, die das Herz mit Aton vereint. Nicht die Lust des Fleisches«, fügt er rauh hinzu. Etwas in seinem Ton bringt mich darauf, daß er nicht nur über Meritaton und mich spricht. Ich habe seit meiner Rückkehr nach Achetaton eine gewisse Entfremdung zwischen Nofretete und ihm bemerkt. In der Öffentlichkeit sind sie noch immer Arm in Arm zu sehen, aber im Privaten habe ich die Spannung zwischen ihnen gespürt. Es gab sogar böse Spötteleien darüber, daß ihre jüngsten drei Töchter nicht von ihm sind. Ich habe auch andere Dinge bemerkt. Das wunderbare Gefühl von Hoffnung und Aufregung, der Glaube an ein neues Zeitalter, beginnt, seine Triebkraft zu verlieren... und bitter zu werden. Kleine spöttische Bildwerke der königlichen Familie als Affen gehen um, und unfreundliche Malereien sind auf Wände geschmiert. Die Gestalt des Pharao ist nackt mit all ihren natürlichen Unzulänglichkeiten in übertriebener Weise dargestellt, was diejenigen der alten Schule aus der Fassung bringt, nach deren Gefühl es die Idee des göttlichen Königs herabsetzt, wenn man ihn nicht anders und nicht besser als andere Menschen darstellt. Nofretetes Schönheit ist mehr nach ihrem Geschmack. Sie wird mehr in der Tradition der göttlichen, pharaonischen Bilder gesehen, die man gewohnt ist, und mehr als einmal frage ich mich, ob sie sich nicht Nofretete mehr zuwenden als ihm, und ob er es ahnt und darüber grollt. Sie ist eine scharfsinnige und kluge Frau, und ich habe mich in ihrer Gegenwart niemals richtig wohl gefühlt. Es würde mich nicht überraschen, wenn sie das Interesse an ihrer Person absichtlich und auf seine Kosten pflegt. Es würde mich auch nicht überraschen, wenn das Gerücht, daß ihre jüngsten drei Töchter nicht von Echnaton sind, wahr wäre. Sind sie von Haremhab? Ich beobachte sie genau, aber ich kann keinen Beweis in der einen oder der anderen Richtung entdecken. Nofretetes Angesicht spiegelt sich in den Zügen ihrer Töchter. Haremhab hat mit seiner Frau keine Kinder.

»Meine Liebe zu Meritaton geht tiefer als das Fleisch, mein Herr«, beharre ich.

Plötzlich seufzt Echnaton tief.

»Manchmal, Djehuti-kheper-Ra, wünschte ich, ich würde nicht die Last der Doppelkrone tragen.« Darauf schweigt er lange, und dann sagt er, aber nicht mehr so nachdrücklich: »Tut-ench-Aton ist mein Erbe. Meritaton wird ihn heiraten.«

»Und was ist, wenn ich dein Bruder bin?«

»Du bist der Bruder meines Herzens, ob du meines Vaters Sohn bist oder nicht, aber ich will nichts mehr hören von dir und Meritaton.«

Ich schweige. Ich werde warten. Ein ander Mal mag er zuhören und seinen Segen geben. Nicht nur ich habe bemerkt, daß seine Launen unberechenbar und wechselhaft sind.

Es überrascht mich, daß er nicht mehr Aufhebens um meine Verkündung macht, ich sei sein Bruder. Vielleicht war es nicht so unerwartet für ihn, wie ich angenommen hatte.

Ich verbeuge mich und gehe.

Meritaton und ich sind nun ganz verbunden, nur nicht mit des Königs offiziellem Segen. Wir verbringen viel Zeit in dem Vegnügungspalast südlich von Achetaton in Meru-Aton. Wir spazieren im Garten, rudern auf dem See und liegen zusammen in ihrem Zimmer.

»Wenn ich dein Kind gebäre, wird er uns heiraten lassen«, sagt sie. Ich küsse die Lider ihrer Augen, ihr Haar, ihre Brüste und sage »Ja«, und weiß doch, daß das eine nicht unbedingt dem anderen folgt.

Meine Zunge untersucht jede geheime Stelle von ihr, und wie der große Fluß selbst fließt mein Samen in sie.

Wir werden leichtsinnig und vergessen, daß unsere geheime Liebschaft für politische Intrigen benutzt werden kann. Ma-nan und Na-aghta haben nicht aufgegeben, und mich erreicht die Botschaft, daß es für jemanden, den ich liebe, zum Schaden sei, wenn ich sie nicht in einem bestimmten Haus in Waset zu einer bestimmten Zeit aufsuche. Mein Herz ist kalt. Ich erzähle Meritaton, daß sie unsere geheimen Treffen dem König verraten könnten, wenn ich die Verabredung nicht einhalte.

»Was macht das?« ruft Meritaton. »Ich will, daß der König davon erfährt!«

»Er hat die Macht, uns zu trennen.«

»Niemand hat die Macht, uns zu trennen.«

»Oh, meine Liebe – wenn es nur so wäre.«

»Ich komme mit dir und erzähle ihnen, was ich von ihnen halte.«

Ich habe ihr nicht alles über Ma-nan und Na-aghta erzählt, auch nicht über das Geheimnis meiner Geburt. Sie weiß nur, daß die beiden Männer mir irgendwie drohen. Wie kann ich ihr, die ihr ganzes Leben im warmen Glanz des Aton gelebt hat, erklären, wie diese Männer einen Weg gefunden haben, meine dunkelste Seite zu wecken? Ich erzähle ihr jetzt ein wenig von meiner Jugend und von dem Schrecken, in dem Ma-nan mich hielt, und ich kann sehen, daß sie nicht versteht, warum ich mir das gefallen ließ.

Ich sage ihr, daß sie nicht mit mir kommen kann, denn es könnte gefährlich werden.

»Wir schicken einige von den Soldaten meines Vaters, um sie zu verhaften«, sagt sie sofort. »Die Priester des Amun haben keine Macht mehr.«

Sie versteht kaum, wie weit Menschen, die einst Macht besaßen, gehen, um sie zurückzuerlangen. In einem dunklen, schuldbeladenem Winkel meines Herzens erliege sogar ich noch der Versuchung, nach dem Krummstab und der Geißel zu trachten. Ma-nan und Na-aghta können sie mir geben. Oder wenn nicht sie alleine, dann Haremhab, der mit ihnen verbündet zu sein scheint. Mein bewußtes Denken hat ihr Ansinnen vollständig zurückgewiesen und mein bewußtes Verhalten meinem König gegenüber ist durch und durch ehrenhaft; aber dieser kleine Wurm nagt noch immer dort, wo kein Licht hinkommt. Vermutlich hoffe ich, es könnte mir gelingen, Meritaton und den Thron zu gewinnen, und doch eine ehrbare Freundschaft mit Echnaton zu erhalten. Vielleicht eine Mit-Regentschaft.

Ärger über mich selbst und Angst vor der Gefahr, in der wir uns befinden, bringen mich dazu, sie heftig an mich zu reißen und sie fest und innig zu küssen. Sie sträubt sich, mit plötzlich erschreckten Augen, und weicht zurück. Ich halte ihre Schenkel und dringe so grob in sie, daß sie aufschreit. Als ich fertig bin, ist es an mir, beschämt zu sein. Welche Art von Liebe ist das, frage ich mich. Es ist nicht mehr als ein Aufschrei der Angst, ein verzweifelter Versuch, uns zu verschmelzen, auf daß wir niemals getrennt werden können. Aber – ich schaue in ihre verletzten und zornigen Augen – habe ich nicht das Gegenteil von dem erreicht, was ich wollte? Zum ersten Mal schaue ich nach dem Liebesspiel in ihre Augen und weiß, daß wir nicht zusammen waren.

»Es tut mir leid«, sage ich reumütig mit belegter Stimme.

Sie schaut mich einen Augenblick verwirrt an, und dann schließt sie mich wieder eng in ihre Arme

»Es ist alles in Ordnung«, flüstert sie. »Du mußt deine Gründe gehabt haben.«

Ich küsse sie jetzt sehr, sehr zärtlich und berühre sie, wo sie berührt werden möchte – aber sanft. Zuerst zuckt sie zurück, doch dann seufzt sie, und ganz langsam bringe ich sie zu dem Punkt, wo alles gelöst ist, alles fließt und die Süße der Gefühle jenseits aller Worte ist.

Ich reise ohne sie nach Waset.

Der mächtige Priester des Amun, der im Überfluß wie ein König gelebt hat, begrüßt mich in einem Haus wie jedes andere. Ein kleiner Eingangshof, ein kleiner, dunkler, kühler Raum, der sich daran anschließt; darüber hinaus nicht mehr als drei oder vier Zimmer.

Er ist allein. Ich fühle mich unbehaglich. Seit mich seine Nachricht erreichte, habe ich selbst erfahren, warum die Orakel unverheiratet sind. Mein Geist ist unruhig. Meine Liebe zu Meritaton ist auf allen Ebenen lebendig. Ich fühle sie in meinem Körper, in meinem Verstand, in meiner Seele. Ich kann die Ebene nicht erreichen, wo ich Geist bin. Ich rufe Khurahtaten um Hilfe an, doch ich habe die Fähigkeit verloren, in die Stille zu gehen. Ich habe den Weg verloren, auf dem ich ihn erreichen kann. Ich kann nichts empfinden außer der Angst, daß ihr etwas geschieht, daß ich dem Menschen, den ich in meinem Leben am meisten liebe, Schaden zufüge.

Warum? Ich rufe aus tiefstem Herzen zu Nut, die sie sich über mir wölbt, dunkel und wogend von Sternen; ich treibe auf einem kleinen Boot durch das schwarze Wasser, der kühle Nachtwind bläht seine Segel. *Ich versuche so sehr, das Gute in die Welt zu tragen. Warum... warum ... warum verwandelt es sich immer in das Böse?* Ich weiß, daß meine Worte unvernünftig sind. Ich weiß, der Wortlaut der Frage ist falsch. Nur die trockene Wüste, wo sie flach wie ein gepflasterter Boden ist, hat keine Schatten, und sogar dort, wenn auch unsichtbar, lauert die Dunkelheit unter jedem Körnchen Sand. Licht und Dunkelheit ist das Muster des Lebens. Das ist so. Ich kann es nicht ändern. Eher sollte ich fragen: »Nun, da das Böse zu mir gekommen ist, wie soll ich es in das Gute verwandeln?«

Meine Liebe zu Meritaton hat mich vom Gebrauch meiner Fähigkeiten als Orakel abgehalten, aber sie hat mir anderen Vorteil gebracht: Vertrauen in mich als Mann und ein größeres Verständnis dafür, was es bedeutet, ein Mensch zu sein. Vielleicht war ich in der Vergangenheit zu sehr darauf aus, auf geradem Wege zum Geistigen zu gelangen, und habe beinahe vergessen, daß ich auch Körper und Seele bin. Ich schaue in Na-aghtas bitteres, triumphierendes Gesicht, und ich weiß, daß die Unehrlichkeit darin von etwas kommt, was ihm in seinem Leben widerfahren ist und was er nicht erkennen und verwandeln konnte, und daß sie nichts mit mir zu tun hat.

Na-aghta, Freund, denke ich, *laß es gehen, bevor es dich zerstört.*

Ich bin nicht mehr aufgeregt. Ich weiß, wer ich bin und was ich tue.

»Du drohst mir, Na-aghta?« sage ich und rede ihn ohne Titel an.

»Du und dein König, ihr habt versucht, mich zu zerstören«, erwidert er kalt.

»Nein«, sage ich. »Kein Mensch kann einen anderen zerstören. Das kann nur er sich selbst antun.«

Er blickt finster.

»Predige mir nicht, Priester. Ich kenne die Spiele, die du spielst.«

Ich quittiere seine Worte mit einer Verbeugung, aber mein Blick ist wachsam. Wenn es wahr ist, daß er mich nur vernichten kann, wenn ich selbst meine Einwilligung gegeben habe, und ich mich der dunklen, verwerflichen Hoffnung hingebe… Aber meine Liebe zu Meritaton ist stark und klingt aus meinem ganzen Wesen. Wenn er sie anrührte, unsterblich wie sie ist, das weiß ich, hätte ich keine Kraft und keinen Mut mehr, kein Vermögen und keine Kraft zur Wandlung, kein Leben, das lebenswert ist. Oh – da liegt meine Schwäche!

Er lächelt. Er kann meine Gedanken leicht lesen.

»Du kannst die Prinzessin retten, wenn du willst«, sagt er glattzüngig und lächelt. Er weiß, was er weiß.

Ich schaue ihn an, sage aber nichts. Ich warte.

»Das Kind Tut-ench-Aton ist zu jung, um zu regieren … aber du bist im richtigen Alter und aus der königlichen Linie.«

»Die zwei Länder haben einen König«, sage ich scharf.

»Ich bin ein Seher«, sagt er listig. »Ich habe Kenntnis, daß der König nicht lange leben wird.«

»Du lügst. Du bist kein Seher. Wenn du diese Kenntnis hast, dann weil du ihn zu ermorden planst!«

»Hab' acht, was du sagst, mein Herr. Jeder Gedanke ist eine Handlung.«

»Hab' acht, was *du* denkst, Herr. Deine Gedanken sind Verrat.«

»Wer wird mich zur Rechenschaft ziehen?«

»Ich werde es.«

»Du vergißt die Prinzessin.«

»Ich ließ die Prinzessin in guten Händen. Sie ist bei Nezem-mut, ihrer Tante.«

Na-aghta lächelt spöttisch. »Nezem-mut ist General Haremhabs zukünftige Frau.«

»*Niemals*«, rufe ich entsetzt und gar nicht mehr zuversichtlich. Wenn ich nicht jeden Augenblick des Tages mit meinen Gedanken bei meiner Geliebten gewesen wäre, hätte ich das Netz der Intrigen bemerkt, das sich um den Hof spann. Zurückblickend sehe ich es jetzt. Weiß Echnaton davon? Ich bezweifele es. Ich bin es, der ihn hätte warnen müssen. Ich bin es, der ihn hätte schützen müssen. In diesem Moment schäme ich mich meiner Leidenschaft für Meritaton.

»Ich biete dir die Prinzessin als Gemahlin. Ich biete dir das Königreich der zwei Länder«, sagt Na-aghta schmeichelnd.

Ich höre mein Herz pochen.

Vor einigen Jahren war es mir genug, im Sonnenlicht spazierenzugehen und einen Namen zu haben; begehre ich jetzt so viel mehr?

Er bemerkt mein Zögern und wartet.

Ich höre ein leises Geräusch hinter mir, drehe mich um und sehe Ma-nan, der mit einem dunklen Mantel bekleidet im Eingang steht. Ich frage mich, ob ich lebend aus diesem Raum herauskomme, wenn ich mich weigere. Das würde mich nicht sehr kümmern, wenn nicht Meritaton unter ihrem dunklen Schatten stünde. Vielleicht, denke ich, vielleicht verschonen sie sie, wenn ich mich töten lasse. Schließlich wollen sie doch ihre Blutlinie, um dann den nächsten ihrer Anwärter zu rechtfertigen. Etwas bewegt sich an meiner linken Seite. Ich wirbele herum und erblicke eine riesige Kobra mit goldenen Augen. Sie ist aufgerichtet, bereit zuzustoßen, doch hält sie inne, als sei sie von Ma-nans dunklen Kräften gebannt. Zur rechten Seite ein anderes Geräusch, und dort sehe ich eine so abscheuliche Erscheinung, daß der Verschlinger der Herzen, der so häufig in den Gräbern abgebildet ist, schön gegen sie erscheinen würde. Es ist der Schatten der Verkommenheit, die

Verkommenheit des Schattens, formlos und doch in Bewegung, alle widerwärtigen Gestalten annehmend, die ich mir vorstellen kann. Für einen Augenblick bilde ich mir ein, einen Blick auf Meritatons wunderbaren Körper zu erhaschen, der vom Schatten aufgesogen wird, und ihren verzweifelten Hilfeschrei zu hören.

»Genug!« schreie ich. Es erfordert eine ungeheure Willensanstrengung, mich selbst davon zu überzeugen, daß die Bilder nur Sinnestäuschung sind. Aber es gelingt mir und sie verschwinden augenblicklich. Ich bin allein mit den beiden Männern, aber ich habe genug gesehen, um zu wissen, was sie Meritaton antun können, wenn sie wollen, und ich weiß, daß Meritatons Widerstand gegen sie bedeutend schwächer sein wird als mein eigener. Oder wird die Unschuld ihres Herzens sie beschützen, wo meine Schuld es nicht kann?

»Ich kann dir jetzt keine Antwort geben. Ich muß darüber nachdenken«, sage ich in dem Glauben, auf diese Weise den Raum verlassen und meinen König warnen zu können.

»Wir werden die Prinzessin festhalten, bis du dich entschieden hast«, sagt Na-aghta. »Wenn du Echnaton warnst, wird sie sterben.«

»Und nicht auf leichte Art«, fügt Ma-nan düster hinzu. Ich wende mich ihm zu.

»Was hofft ihr, von mir zu gewinnen?« rufe ich. »Ich bin ein Priester des Aton, und ich werde seine Anbetung aufrecht halten, auch wenn ich König bin.«

»Wir verlangen nicht, daß Aton aufgegeben wird«, sagt Na-aghta ruhig. »Nur daß Amun, unser Vater, wieder eingesetzt wird.«

Werde ich das tun? Wirklich? Was veranlaßt sie, so zu denken? Es ist wahr, daß meine Vision nicht immer mit der des Königs übereinstimmt. Aber gibt es überhaupt zwei Menschen mit derselben Vision? Ich habe mehr als einmal gedacht, daß ich die alte und die neue Religion eher zusammenfügen würde, als die eine zugunsten der anderen abzuschaffen. Ich würde Kurskorrekturen vornehmen, Schwerpunkte verändern und die vergessenen, tiefen Bedeutungen der alten Bildnisse an die Oberfläche bringen.

Plötzlich ist mir sterbenskalt. Mir wird klar, nicht weil ich eine andere Vision habe, wollen sie mich zum Pharao machen, sondern weil sie Macht über meinen Geist und meinen Körper errungen haben. Sogar jetzt kann ich meine Glieder nicht bewegen. Ich gerate wieder unter ihre Herrschaft.

»Khurahtaten!« rufe ich. Von meinen Lippen kommt kein Laut. Nur mein Geist formt das Wort seines Namens, mein Herz die Liebe, die ich für ihn hege. Er ist da. Ich weiß es. Aber er kann mich nicht erreichen.

In meiner Überheblichkeit habe ich Schranken gegen ihn errichtet. Durch mein Verlangen, alleine zu bestehen, stehe ich nun allein.

Ma-nan zwingt mir seine grausigen Bilder auf und umgibt mich mit Dämonen. Ich kann einen Schrei des Entsetzens in meiner Kehle aufsteigen fühlen – und dann... und dann kommt mir zu Bewußtsein, wenn sie dieses tun können, *kann ich es auch.* Eine finstere und schreckenerregende Horde von Bildern rast in mein Bewußtsein, und mit boshafter Gewalt schleudere ich sie nach außen. Ich sehe Na-aghta erbleichen und Ma-nan wanken. Eine grimmige Freude ergreift von mir Besitz. *Auch ich kann dieses Spiel spielen.* Auch ich kann Menschen sich vor Entsetzen winden und um Gnade flehen lassen. Dieses erregende Gefühl läßt mich alles andere vergessen. Das Gefühl der Macht, der Rache ist vergiftend. Ich will immer weiter machen. Ich möchte sie mit dieser neuen und tödlichen Waffe umbringen, die ich in mir selbst entdeckt habe. Und ich hätte es wirklich getan, wenn sie gewöhnliche, schutzlose Menschen gewesen wären... aber nach dem ersten Schreck erholen sie sich, und für einen langen, gespannten Augenblick stehen wir wie erstarrt – in leerer Dunkelheit – unfähig und machtlos, einander zu besiegen.

Ich bin es, dessen Kraft zuerst erlahmt. Ich fühle meine Aufmerksamkeit schwinden. Die Angst ist wieder da. Bevor sie wieder die Herrschaft über mich erlangt, stürze ich zur Tür. Ich nehme all meine Kraft zusammen und entfliehe in die engen, heißen Straßen der Stadt. Ich rempele die Menschen an, während ich renne. Ich denke an nichts anderes, als fortzukommen.

Erst als ich auf dem Boot bin und nach Achetaton zurückfahre, wird mir die ganze Bedeutung dessen, was ich getan habe, klar. Ma-nan hat gewonnen. Ich bin nicht besser als er. Vor Ma-nan kann ich davonlaufen – aber kann ich jemals dem finsteren Makel entfliehen, der nun auf meinem Herzen liegt?

Das Boot durchschneidet die großen Wasser des Flusses. Ich weine, von Scham erfüllt.

Bei meiner Rückkehr nach Achetaton erfahre ich, daß Meritaton erkrankt ist. Die Ärzte können nicht sagen, was mit ihr los ist. Nofretete und der König sind an ihrer Seite, außer sich vor Angst, daß sie von ihnen genommen wird wie die kleine Maketaton. Ich bin verzweifelt, als ich die Nachricht höre. Das ist sicher das Werk meiner Feinde. Mit zitterndem Herzen eile ich zu ihr. Ich glaube nicht, daß ich ihr helfen kann, jetzt, wo ich die Düsternis in meiner eigenen Seele habe.

Sie liegt sehr still und sehr bleich da.

»Sie hat kein Fieber«, sagen mir die Ärzte. »Es ist beinahe so, als hätte sie aufgehört zu leben und könnte doch nicht sterben.«

Ich beuge mich über sie, rufe ihren Namen und wage nicht zu hoffen, ihre Krankheit sei vielleicht von ihrer Angst um mich hervorgerufen worden und sie würdesich nun, da ich sicher zurück bin, auf der Stelle erholen. Das ist in der Tat eine trügerische Hoffnung. Sie rührt sich nicht. Sogar ihre Augenlider sind bewegungslos – keine Träume stören das Niemandsland, in das sie gegangen ist.

»Es ist Zauberei«, sagt Nofretete ängstlich. »Keine andere Erklärung ist möglich.«

Meine Augen verraten mich.

»Was weißt du darüber?« fragt sie.

Ich kann ihr nicht antworten. Wie kann ich sagen, was zwischen diesen Dämonenpriestern und mir geschehen ist und was das Leben ihrer Tochter retten wird? Ich gewahre, daß es sehr still im Raum geworden ist und alle mich anstarren. Echnatons Augen sind von so flehendem Schmerz erfüllt, daß es mir fast das Herz bricht, sie zu sehen; der Zorn beginnt Nofretetes Wangen lebhaft zu färben.

»Was hast du ihr angetan?« schreit sie.

»Nichts. Ich habe nichts getan. Ich schwöre es!« Wie leicht ist die Lüge ausgesprochen. Ich bin blind, taub und stumm auf all den vielen, mannigfaltigen Ebenen meines Daseins. Ich habe meine innere Stärke verpfändet; die Hilfe von Khurahtaten, die Hilfe meines Gottes.

Ich sehe, daß Nofretete mich verdächtigt, Meritatons Krankheit verursacht zu haben, und auch bei Echnaton keimt ein Verdacht, als er die Gefühle in meinem Gesicht liest. In seinem Leid faßt er meine Arme, schüttelt mich und bringt sein Gesicht nahe vor meines.

»Ich sagte dir, du kannst sie nicht haben. Ist das dein Werk? Ja?«

Er ist nicht so stark wie ich, doch seine Leidenschaft gibt ihm Kraft, und meine Schuld schwächt mich. Was habe ich diesem geliebten Freund angetan, der mich bat, von seiner Tochter abzulassen? Weil ich sie liebe, liegt sie hier. Weil ich sie liebe, wird sie sterben.

»Ich liebe sie«, rufe ich schließlich aus, und das Leid in meiner Stimme muß sie überzeugen, daß ich unschuldig bin. »Ich könnte ihr nie etwas antun. Ich würde sie niemals verletzen. Wenn es jemandes Werk ist – « ich halte inne. Hinter der Königin habe ich gerade ihre Schwester bemerkt, Nezem-mut.

Nezem-mut mag so unauffällig sein wie ihre Schwester schön ist, aber ich habe sie immer gemocht. Es ist sicher ausgeschlossen, daß sie es getan hat – aber Na-aghta hatte gesagt, sie würde die Gemahlin von Haremhab werden. Wenn ich tun konnte, was ich getan habe, wer weiß, welche dunklen Leidenschaften in Nezem-muts scheinbar ruhiger Brust branden. Mir fällt auf, daß sie sich, sobald ich sie anschaue, umdreht und aus dem Fenster starrt. Sogar ohne ihre Augen zu sehen, kann ich ihre Erregung spüren. Ist sie im selben Spinnennetz gefangen wie ich?

»Nezem-mut«, sage ich mit leiser Stimme, so leise, daß niemand es hört, nicht einmal Echnaton, der ganz nah bei mir steht. Aber Nezemmut hört es. Sie dreht sich um, ihr Gesicht ist rot und von Tränen verschwollen.

»Dies ist das Werk der Amunpriester«, bricht es aus ihr hervor. Sie erstickt fast an ihrem Schluchzen. Der Blick aller ist nun auf sie gerichtet, und ich bin so schnell vergessen wie der Verlierer eines Rennens. Ich sehe, wie die geballte Aufmerksamkeit ihr entgegenschlägt, und bedaure ihr Unglück. Sie ist zerrissen, aufgewühlt, gequält. Sie liebt Meritaton, ich weiß es. Wer würde sie nicht lieben? Aber Na-aghta und Manan, vielleicht sogar Haremhab, müssen sie auf irgendeine Weise benutzt haben, so wie mich – früher und heute.

»Warum sagst du das?« fragt Nofretete, ihre Augen blitzen wie schwarzes Feuer. Ihre Schwester wirft sich ihr zu Füßen und schlägt ihren Kopf auf den Boden. Ohne nachzudenken springe ich vor, lege meine Arme um sie und hebe sie hoch. Ich weiß selbst nicht, was ich beabsichtige. Vielleicht fürchte ich, daß sie sich offenbart und auch ich entlarvt werde. Ich weiß nicht, was ich denke. Die Macht der dunklen Priester ist gegenwärtig. Dessen bin ich mir gewiß.

Plötzlich verliert Echnaton völlig die Beherrschung. In diesem Augenblick ist in seinem Verstand kein Zweifel, daß Nezem-mut recht hat – die Krankheit seiner Tochter muß der böse Wille der Amunpriester sein. Der Haß, den er für sie hegt, kennt keine Grenzen mehr. Er vergißt alles – die Vision seines Lichtgottes, seinen Glauben an Frieden und Liebe und Verständnis… Er wendet sich um, eilt zur Tür und ruft nach dem Wesir und dem Anführer seiner Wache.

»Verhaftet jeden Amunpriester, den ihr finden könnt, und wenn sie Widerstand leisten, tötet sie!«

Er hat versucht, die dunkle Seite der Magie durch die Lehre, daß Gott Licht sei, auszulöschen; er hat versucht, den okkulten Würgegriff der Priester aufzubrechen, indem er das Gewicht darauf legte, daß die heilenden, schützenden und helfenden Strahlen des einen und einzigen Gottes auf die königliche Familie niederscheinen und durch sie verwandelt über die ganze Welt verteilt werden; er hat versucht, gerade diese Art und Weise des verderbten und gefährlichen Gebrauchs der natürlichen Kräfte im Zaum zu halten. Er weiß nun, daß er versagt hat;

und durch sein Versagen hat er vermutlich auch seine zweite Tochter verloren.

Die Zeit scheint stillzustehen. Der Arzt verharrt neben einem Kohlenbecken, wo er Kräuter verbrannt hat, Nofretete und ich sind dicht neben Nezem-mut, die ihre Hände vor ihr Gesicht gepreßt hat, sogar ihre Tränen scheinen in diesem langen, zerbrechlichen Moment gefangen. Auf der Liege mit den goldenen Löwentatzen und dem goldenen Löwenkopf hinter der Kopfstütze aus Elfenbein und Ebenholz, liegt Meritaton, schön, bleich und vollkommen bewegungslos, feines Leinen bedeckt sie von den Füßen bis zur Brust. Ich meine, die Flügel eines Vogels um sie gefaltet zu sehen, schimmernd von Licht, als ob kleine Wasserwellen die Sonne widerspiegelten. Ich erinnere mich an meine Erlebnisse im Haus der Vielen Schwellen und frage mich, ob ihr Ka im Raum schwebt, uns lauscht, uns beobachtet … versucht zu sprechen … und ich verfluche mich dafür, mich so in Angst und Dunkelheit verloren zu haben, daß ich sie nun nicht erreichen kann.

Befreie dich! schreie ich tief in meinem Herzen. Es gibt einen Weg. Du bist ein Kind des Lichtes. Rufe die Wesen des Lichtes um Hilfe!

Da wird das schimmernde Licht um sie stärker – aber gerade als ich zu hoffen beginne, durchbricht ein Geräusch die Stille des Raumes. Ich wirbele herum und sehe gerade noch Nofretete ihre Schwester ein zweites Mal ins Gesicht schlagen. Die Stimmung, in der Meritaton ihre Freiheit erlangt haben könnte, ist zerbrochen. Ich packe ärgerlich das Handgelenk ihrer Mutter und halte sie von einem dritten Schlag ab.

»Ihr beide wißt etwas«, speit sie aus. »Ich kann es spüren. Sagt es mir!«

Ich merke, daß ich jetzt ihren Arm und den Arm ihrer Schwester halte. Es ist, als ob wir ein Dreieck formten, und ich spüre die Kraft von Nofretetes Willen uns durchdringen, uns überwältigen. Auch sie? Ich bin verstört. Als Partnerin ihres Gemahles sowohl in religiösen als auch staatlichen Angelegenheiten hat sie viel für die Seite des Lichtes erreicht, und ich bezweifele, daß Echnaton es alleine so weit gebracht hätte. Aber sie hatte schon immer eine ruhelose Kraft, die genauso leicht für das Böse wie für das Gute eingesetzt werden konnte. Ich bin mir wenigstens dessen bewußt, was ich getan habe, und werde mich in Zukunft dagegen wappnen – ihr gelingt es aber nicht so schnell, ihre Beweggründe und Gefühle zu durchschauen, und es mag sein, daß sie zu weit geht.

Mit Mühe unterbreche ich die Verbindung.

»Wir wissen nichts«, sage ich müde. »Wir vermuten, daß es das Werk Na-aghtas von Amun ist.«

»Warum? Warum verdächtigst du gerade *ihn* unter all den entlassenen Amunpriestern?«

»Er ist ein Mann von großer Kraft und großer Entschlossenheit.«

»Und was noch?«

»Persönlicher Haß auf den König.«

»Und was noch?«

Sie ist keine Närrin. Ihre Augen bohren sich in meine. Nezem-mut nutzt die Ruhepause von der Befragung, um sich neben das Bett ihrer Nichte zu knien, ihre bleichen Hände zu halten und zu schluchzen. Sie fleht zu allen Göttern der Zwei Länder um Hilfe, sie zurückzubringen.

»Hört ihr?« schreit Echnaton plötzlich. »Sie ruft Dämonen an zu einer Zeit wie dieser!«

»Nicht Dämonen, Majestät, sie ruft sie nur als Aspekte des Einen Gottes – die vielen Hände des Aton…«

»So! Du verdrehst meine Lehre!«

»Nein, Majestät. Ich ziehe nur heraus, was schon da ist.«

»Ich habe untersagt, die Namen der alten Götter anzurufen. Ich habe ihre Erwähnung in dieser Stadt verboten, in diesem Land.«

»Als Götter, ja, aber sicherlich als Eigenschaften von – «

Er geht mit langen Schritten zur Tür und ruft die Wachen. Sein Gesicht ist wutverzerrt.

Es vergehen nur wenige Augenblicke und Nezem-mut und ich werden als Gefangene abgeführt. Niedergeschmettert und entsetzt blicke ich über meine Schulter und sehe die äußere Hülle meiner Liebsten noch immer unbeweglich auf dem Bett liegen. Das liebliche, flackernde, geflügelte Licht ist verschwunden. Nur Dunkelheit umgibt sie.

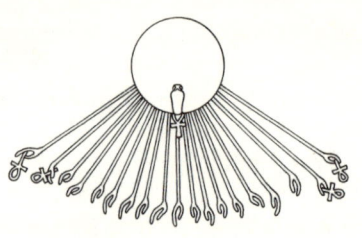

Die Befreiung

Eigentlich sollte Dunkelheit mich nicht beunruhigen. Die Zeit ist nicht meßbar, wenn man das Auf- und Untergehen von Ra nicht sehen kann. Ich kann die Sterne nicht sehen. Der Mond ist ein perlengleicher, geheimnisschwangerer Mythos geworden. Wie kurz meine Freiheit war, wie süß und zerbrechlich. Habe ich Meritaton nur geträumt? Habe ich nur geträumt, daß ihre Glieder mit meinen verschlungen waren? Und das Vertrauen in ihren Augen, das plötzliche Gelächter, das Teilen der Gedanken? In diesem leeren Raum grübele ich über viele Dinge nach, vor allem, wie mein König des Lichtes, mein Träumer, Poet und mächtiger Kanal des göttlichen Willens auf der Erde solche Fehlurteile fällen konnte. Sind seine Augen nun so vom Licht geblendet, daß er nicht mehr die Dunkelheit unter jedem Sandkorn sieht, daß er verlassen ist in seinem Herzen? Gott ist Licht, ja, aber auch Maat und Djehuti und Ptah, Osiris, Isis, Horus, Hathor und sogar Set. Gott ist Gerechtigkeit und Ordnung, Weisheit und Wahrheit, Schöpfer der Formen, Lebensspender, Erwecker der Toten, Rächer und Zerstörer. Es mag falsch gewesen sein, jede Eigenschaft des Gottes zu verehren, als ob sie ein eigenes Wesen sei. Wir vergessen das Ganze, wenn wir nur einen Teil verehren. Aber begeht er nicht den gleichen Fehler, wenn er das Licht als einzigen Aspekt wählt und die anderen als untergeordnet ablehnt? Wer sind wir, daß wir das Eine in Viele teilen? Aber wer ist er, daß er eines von den Vielen auswählt und ihm den Rang des Einen gibt? Sein Umsturz wird scheitern, denn er ist nicht auf der ganzen Wahrheit begründet, sondern nur auf einem Teil von ihr. In meiner Dunkelheit sehe ich seine Niederlage und weine. Aber muß ich weinen? Was auch immer geschehen mag, er hat die Menschen dazu gebracht, die toten Rituale in Frage zu stellen, und gleichgültig, wie sehr jene, die ihn stürzen, versuchen, seinen Namen aus den Aufzeichnungen zu löschen, er wird für immer leben. Und immer, wenn der Verbindungsfluß zwischen

Gott und Mensch von Unkraut und Unrat verstopft ist, werden die Menschen wieder auf seine Stimme hören und versuchen, den Kanal zu säubern und den Fluß zu befreien.

Und ich, wird man sich an mich erinnern? Werde ich mich erinnern? Diese Dunkelheit schmeckt nach Tod ohne Wiederkehr. Es ist seltsam, wie verschieden sich diese steinerne Kammer von dem Haus der Vielen Schwellen anfühlt. Hier gibt es kein Hinausgehen oder Hereinkommen, nur andauernde Verzweiflung. Ich verschwende wertvolle Zeit mit Trübsal und Bitterkeit, bis sich endlich eine feine, schwache Stimme bemerkbar macht.

Wenn meine Seele aus meinem Körper
hinausgeht,
sieht sie, was ich nicht sehe,
hört sie, was ich nicht höre.
Wenn er singt,
lauschen die Vögel.
Wenn er weint,
nimmt der Große Ozean seine Tränen auf.
Wenn er mich lehrt,
lerne ich.
Wenn ich müde bin,
hebt er mich empor.
Welcher Eigensinn veranlaßte mich,
alleine stehen zu wollen,
ein trockener Stock
in einem Getreidefeld,
ein trockener Stock,
der im Wind bricht?

Was für ein Eigensinn es war! Ich wende mich von der leeren Dunkelheit ab und besinne mich auf meine Kraft. Mein König, mein Bruder, mein Freund ist in Gefahr. Ich ahne es. Daß er mich hier gefangen hält, beweist, daß er sich von dunklen Kräften beeinflussen läßt. Ob sie außerhalb von ihm sind oder in ihm, spielt keine Rolle. Ich sammle mich und arbeite mit meiner früheren Fertigkeit, jenseits der Grenzen meines irdischen Körpers mit der Welt Verbindung aufzunehmen, die weder Zeit noch Raum ist.

Wenn ich es mir nicht erlaubt hätte, von jedem Wellenbrecher der Gefühle auf den Strand geworfen zu werden, hätte ich viel eher in den tiefen Ozean hinausschwimmen können, um aus ihm das Wissen heraufzuholen, das ich brauche. Jetzt endlich habe ich die Kraft dazu. Mein Ratgeber, mein Führer, Horus-Khurahtaten, ist meinem Ruf gefolgt. Zusammen werden wir sehen, was wir tun können.

Mit dem rechten Herzen ist der Seelen-Flug leicht, wenn man die Welt hinter sich läßt. Meine dunkle Kammer wird ein Sykomorenzweig, auf dem mein Seelen-Vogel rastet, bevor er abhebt. Der Falke und ich, wir schwingen uns auf, und der gelbe Staub von Sets Wüste weht von unseren Flügeln wie Rauch, osirisches Grün strahlt von unseren Federn wie Sonnenlicht.

Zunächst berauscht mich die Freiheit. Was kann ich als Seele, ungehindert vom Körper, nicht alles tun? Aber das Auge des Horus ist über mir, und ich weiß, ich habe nur Zeit für die mir gestellte Aufgabe... für die ich jetzt bereit bin.

Zuerst sind die Dinge verwirrend. Wieviele Möchte-gern-Seelen-Reisende bringen Unwahrheit zurück aus keinem anderen Grund, als daß sie nicht geübt darin sind, mit den Augen der Seele zu sehen und noch ungeübter darin, nach ihrer Rückkehr mit dem begrenzten und begrenzenden Wortschatz der irdischen Welt zu beschreiben, was sie gesehen haben?

Tief in meinem Herzen liegen die Bilder der großen Geistwesen, die mein Volk Götter nennt. Generationen des Glaubens haben sie dorthin gelegt, und meine Gedanken fliegen nun zu ihnen, denn es ist der leichteste Weg zu verstehen, was ich sehe.

Zuerst ist es, als flöge ich durch die Welt, wie ich sie kenne, unsichtbar, aber sehend. Und dann ist es, als sähe ich denselben Raum, den meine Welt einnimmt, von ungezählten anderen Wesen bewohnt, die gewöhnlich für mich unsichtbar sind. Beide Ebenen fließen durch einander hindurch wie die sich kreuzenden Strömungen eines Flusses, augenscheinlich einander nicht gewahr, doch nichtsdestoweniger einander durchdringend.

Dann befinde ich mich in Bereichen, für die ich keinen Vergleich finden kann.

Ist es die Stimme von Djehuti, des Gottes nach dem ich benannt wurde, die ich tief in meinem Herzen klingen höre und von dessen Worten meine irdischen Ohren keinen Laut vernehmen, auch wenn meine irdische Zunge sich bemüht, den Lauten, die keine Laute sind, Gestalt zu geben?

»Ich bin Djehuti, er, der das Schreibrohr des unversehrten Gottes ist, der Gott der Gesetze, dessen Worte geschrieben sind und dessen Worte

Gewalt über die zwei Welten haben… Ich bin Djehuti, der das Morgen vorbereitet und der voraussieht, was danach kommt. Ich habe die Dunkelheit verbannt und den Sturm vertrieben…«

Der Gesang, der kein Gesang ist, wird von einem anderen übertönt. Es ist Hathor – deren Atem der Duft der blühenden Sykomore ist, deren Blut der grüne Lebenssaft der Welt ist, deren Milchbrust uns nährt, während unsere Glieder wachsen, deren Musik Freude in unsere Herzen bringt…

Dann Isis, deren leidenschaftliche Liebe uns schützt, die die Gebrochenen zusammenfügt, die die Kranken pflegt, deren Mutterherz uns niemals zugrundegehen läßt, gleich wie bedrängt von Feinden wir sind, Herrin des Marschlandes, die das Geheimnis des Tamariskenbaumes fand und ihren Gemahl wieder zum Leben erweckte… Sogar Apep, die dunkle Schlange, der Zerstörer, zittert vor ihrem Namen…

Ich habe kaum Zeit, mich an die Fremdartigkeit der Reiche zu gewöhnen, durch die wir kommen, als Khurahtaten mich mit einem Falkenschrei ruft. Wir sind nun über den Klippen der Wüste östlich von Achetaton. Unter uns weht wirbelnd der trockene Staub, wo die Arbeiter Pfade zum Grabmal meines Pharaos angelegt haben. Die Berge ducken sich, weit unten liegen schlangengleich die Schluchten, wo die Stürme den Sand fortgeweht haben. Die Schatten sind scharf und dunkel im Gegensatz zum schimmernden Licht der Sonne.

Warum sind wir hier? Das möchte ich gern wissen. Ich möchte mit meinem Bruder, dem König, in seinem Palast sprechen. Ein unerwarteter, kalter Gedanke durchzuckt mich. Ist er gestorben? Ist er schon gestorben?

»Nein«, sagt Horus-Khurahtaten ruhig. »Es ist noch genug Zeit.«

Wir lassen uns fallen wie die Vögel, die wir sind. Jäh stürzen die Felsen auf uns zu, Stein auf Stein von der Zeit geschichtet wie das Streben und Straucheln der Menschen. In der klaffenden Dunkelheit der Schatten duckt sich ein noch tieferer Schatten – der Eingang zu dem Grab, das Echnaton für sich und seine Familie gebaut hat. Die beklagenswerte, kleine Tochter Maketaton liegt schon hier.

Wenn er nicht tot ist, denke ich, *warum sind wir hier?* Aber es ist keine Zeit für weitere Fragen, wir sind im Grab. Mit gefalteten Flügeln ziehen wir wie Rauch durch die gewaltigen Gänge. Der Eingang, ein dunkler Schlitz im Fels der Berge, schien, wie ein Mensch, nicht sehr bedeutend zu sein, aber im Inneren, wiederum dem Menschen gleich, reichen Kammern und Gänge, die mit mächtigen, sinnbildlichen Bedeutungen angefüllt sind, tief in das Muttergestein. Als ich ins Gefängnis kam, war das Grab noch nicht fertig, und ich sehe, daß es immer noch nicht fertig ist. Es ist seltsamerweise verlassen, das übliche Lärmen der Hämmer und der tätigen Menschen, die einander zurufen, fehlt.

Felsenstill bringt uns der riesige Mittelgang zu der Kammer, in der der König in seinem Tod ruhen wird. Die Gipsreliefs an den Wänden sind halbfertig, manche bemalt, manche nicht. Die Werkzeuge der Künstler und Arbeiter liegen noch dort, wo sie abgestellt wurden. Unerwartet erhellt flackerndes Licht diese Einzelheiten. Die Hauptkammer ist nicht so verlassen wie der Gang.

Im Innern, im Mittelpunkt, liegt Echnaton auf einer Holzbank der Arbeiter, hinter seinem Haupt steht Nofretete.

Erschrocken schaue ich genauer hin und sehe erleichtert das leichte Heben und Senken seiner Brust. Auf seiner Stirn, wo sonst die Uräusschlange ruht, liegt ein großer durchscheinender Amethystkristall, der an beiden Enden angeschliffen ist. Das flackernde Flammenlicht der Wachskerzen und Fackeln in der Kammer scheint durch den Kristall und ruft purpurfarbene Wellen hervor, die auf seinen Augenlidern spielen.

Mein geistiger Begleiter und ich halten ohne jedes Geräusch am Eingang inne. Die zwei in der Kammer bemerken uns nicht.

Ich fühle mich unwohl. Ich beobachte ein sehr persönliches Ritual und fühle mich hin und hergerissen. Ich sollte sofort gehen, aber meine Sorge um meinen Freund und König hält mich zurück. Ich habe von Khurahtaten viel über die geheime Kristallehre gelernt, aber noch nicht einmal ich würde im mindesten wagen, was Echnaton jetzt tut. Nofretete hält einen zweiten Kristall über ihren Kopf, gleichfalls ein Amethyst und ebenso doppelendig, und das Licht der Wandfackeln scheint durch ihn hindurch. Ich bemerke Echnatons rechte Hand auf seiner Brust, wo der aus Amethyst geschnittene Skarabäus ruht. Sie richtet die Lichtstrahlen, die durch ihren Kristall scheinen, abwechselnd auf den Amethyst, der auf seiner Stirn liegt, und auf sein Herz, so als ob sie einen wirksamen Widerhall von diesen Punkten hervorrufen wollte. Ich weiß, was sie tun wollen. Von allen sieben Farben des Lichtes haben die Purpurstrahlen am ehesten die Schwingung des reinen Geistes. Es ist schwer, drei so große doppelendige Amethyste von gleicher Größe ohne Bruch oder Riß zu finden. Doch dann sind sie sehr kraftvoll, durch sie tönen die mächtigen *Drei in Eins* des Universums: der Schöpfer, die Schöpfung und die wirksame Kraft des göttlichen Geistes, die alles durchdringt und am Leben erhält.

Nofretete spricht die geheimen Worte der alten Schriften mit großer Eindringlichkeit und so, als seien sie ihr nicht neu. An Echnatons Miene sehe ich, daß er tief in Trance ist.

Ich bange um sie, denn ich kenne die Gesetze, die dieses Werk betreffen, und wenn man eines von ihnen übertritt, begibt man sich in große Gefahr. Eines der wichtigsten Gesetze ist die Lauterkeit des Beweggrundes, und ich spüre, daß zumindest dieses Gesetz gebrochen ist. Nofretete und Echnaton versuchen, ihre Tochter von dem entsetzlichen Zauber, unter dem sie steht, zu befreien, und das alleine könnte ihre Handlungsweise rechtfertigen, wenn es ihr einziger Beweggrund wäre. Aber sie trachten auch danach, einen Rachezauber zu finden, der Na-aghta und Ma-nan zerstört.

»*Halt!*« rufe ich – aber sie können meine Stimme natürlich nicht hören.

Ist es möglich, daß Nofretete einen Augenblick zaudert? Doch wenn, dann nur einen Augenblick.

Ich erinnere mich an die Zeit zurück, als ich ebenfalls die drei Amethystkristalle benutzte, den violetten Strahl des Horus, um das Wissen jenseits der Weisheit zu erlangen ... die Stimme meines Lehrers wispert in meinen Ohren.

»Ist dein Beweggrund lauter? Helfen und nicht schaden?

Ist dein Wille gesammelt? Du bist die Hand des Töpfers. Wenn du zitterst, bricht der Topf.

Sind deine Gedanken klar, weißt du, was du tust, und warum du es tust?

Arbeitest du in Liebe? Bedenke, wenn es irgendwo ein Körnchen Haß in deinem Herzen gibt, wird es den Lichtstrahl beflecken und das Böse bringen und nicht das Gute.«

Nofretetes Stimme ist voll Haß.

Ich versuche, meinen Willen auf meinen Freund und König zu übertragen, um dem ihren entgegenzuwirken.

»Mein Herr, hab' acht ... hab' acht, was du tust. Die Kraft, die du suchst, kann die Herzen der Menschen erhellen. Angesichts dessen können sie sich verändern. Gebrauche diese Kraft nicht für Rache, sondern um die Herzen der Amunpriester zu erleuchten, damit sie erkennen – und, erkennend, ihren Weg ändern.«

Echnaton regt sich, seine Augenlider flattern.

Nofretete schaut ihn scharf an. Sie ist sich unserer Anwesenheit am Eingang immer noch nicht gewahr, aber sie spürt, daß etwas nicht stimmt.

Ich rufe wieder, und sie schaut sich geschwind in der Kammer um. Ihre Augen funkeln unter geschwungenen Augenbrauen wie gleißende

Blitze durch Sturmwolken. Oh, ist sie schön! Die Stärke meines Willens schwindet. Habe ich sie falsch beurteilt? Was die Amunpriester Merit-aton angetan haben, das muß bestraft werden! Ich selbst verlange nach Rache. Will ich sie nicht genauso schlagen, wie sie mich geschlagen haben? Ich erinnere mich an die brennenden Späne in meinen Füßen als Kind. Ich erinnere mich an die so gezielt ausgeteilten Schläge, daß kein Zeichen davon zu sehen war, wenn ich im Tempel gezeigt wurde. Und jetzt die unterschwelligen Qualen des Geistes...

Ich fühle den Peitschenschlag von Khurahtatens Ärger auf meiner Wange und unterbreche meine Gedanken noch rechtzeitig. Er bedeutet mir, daß wir gehen müssen. Ich weiß, wenn ich meinem Freund nicht helfen kann, ist es besser, zu gehen. Mein Haß mit seinem zu verbinden, wäre verheerend.

Ich bin wieder zurück in der Dunkelheit, und ich bin allein. Traurig denke ich, wie leicht es ist, seine Feinde zu hassen, und wie schwierig, sie zu lieben.

Allmählich kehrt das Wissen zurück, und ich erfasse die beiden Wahrheiten, die sich beinahe meinem Zugriff entzogen hätten. Die Eine: Es gibt nichts und niemanden, das sich nicht verändern und wandeln kann. Die Zweite: Das, was der Mensch jenseits seiner neun Daseinsebenen ist – jenseits der drei mal drei: Körper, Seele und Geist; Herz, Verstand und Kraft; Schatten, Doppel und Name – das,was sogar jenseits des Duat dem Menschen angehört, dem ersten Gedanken, hat all die Kraft, die nötig ist, um Berge zu versetzen und um Herzen zu wandeln. Die magischen Kunststücke, die wir anwenden, die drei Amethyste, der grüne, osirische Herz-Skarabäus, der mit goldenem Band auf die Brust des toten Mannes gebunden wird, die Amulette, die ausgefeilten Zaubersprüche, die im Äther schwingen, all dieses ist nicht mehr als die Zählkugeln, die die Kinder benutzen, bevor sie eine klare Vorstellung von Zahlen haben.

Echnaton weiß das. Deswegen hatte er versucht, den Amuletthandel zu unterbinden und die Anwendung der Zaubersprüche zu verbieten, deswegen hatte er versucht, den Menschen zu lehren, nach einer unmittelbaren Beziehung zu Gott zu streben. Er betrachtet sich selbst als den letzten Anstoß, den sie brauchen, bevor sie dazu bereit sind. Er hat oft zu mir von dem Moment gesprochen, an dem er zurücktreten wird und die Menschen selbst »die Strahlen berühren« läßt, wie er es nennt.

Oh, Echnaton, Bruder, König, warum trachtest du nach Rache durch Zauberei wie jeder Hintergassen-Zauberer und jeder gefallene Priester? Du hast solch eine Größe in dir. Magie sollte für Gutes benutzt werden... vielleicht; aber Magie um der Rache willen ist eines Gott-Königs, der von den Strahlen des Aton berührt wurde, kaum würdig.

Ich kann nicht sagen, wieviele Tage ich danach allein in der Dunkelheit verbringe. An manchen Tagen fühle ich mich krank und verzweifelt, an anderen Tagen stark, und mir kommen Gedanken, die meiner Ausbildung als Orakel und Priester entsprechen. Ich versuche, die Zeit zum Lernen zu nutzen. In der Dunkelheit stelle ich mir vor, tot zu sein, und betrete mit der Sonne die zwölf Abschnitte der Nacht. Mit der Sonne erwacht jedes Haus des Duat, das wir betreten, zum Leben, und bringt mir Freude ... ich lächele, als ich daran denke, daß ich als Kind die zwölf Häuser buchstäblich für die Stunden der Nacht gehalten habe. Nun erkenne ich diesen mächtigen Mythos, der in den Grabmalen der Könige geschrieben steht, in all seiner Tiefgründigkeit... das große Rad der Zeit, in dem selbst die Sonne geboren wird, lebt und stirbt und wieder geboren wird, lebt und stirbt. Der Leichnam ruht für immer, seine Erden-Augen beobachten das Schauspiel, und er weiß, daß alles erneuert wird, daß alles erneuerbar ist, während die Seele in das Grab ein- und ausfliegt... in dem Schauspiel ein- und ausgeht ... frei.

Plötzlich fliegt die Tür meiner Kammer auf und das Sonnenlicht zersplittert wie Glas in meinen Augen. Ich berge den Kopf in meine Arme, denn das Licht tut mir weh.

Ich weiß, daß jemand im Eingang steht, und ich weiß, daß es mein König ist, aber ich kann mich nicht gleich dazu bringen, aufzustehen und ihm gegenüberzutreten.

Er wartet, bis ich soweit bin. Ich hebe meinen Kopf sehr langsam und blinzele ihn an. Seine schwarze Gestalt steht gegen den Glanz des Lichtes. Meine Augen brennen und ich schließe sie wieder. Er tritt zu mir, nimmt meine Hand und hilft mir auf die Beine.

»Mein Bruder«, sagt er sanft, »vergib mir.«

Jetzt versuche ich, die Augen zu öffnen. *Bruder?* Hat er mich als seinen Bruder anerkannt?

Er legt seine Arme um mich und hält mich fest. Ich kann die Tränen auf seinen Wangen spüren.

»Es gibt nichts zu vergeben«, sage ich ruhig, und ich meine es so. Ich habe Zorn kennengelernt. Ich habe Fehler gemacht.

»Meritaton... ?« Ich hauche ihren Namen, aber ich wage nicht, die Frage in Worte zu fassen.

»Unverändert«, sagt er unglücklich. »Aber ich bin meinem Wahnsinn entronnen und weiß, was wir zu tun haben.«

Ich erinnere mich an das Ritual der drei Amethyste und fürchte seine Absicht. Doch meine Augen sind nun offen und ich kann in seine blicken. Er hat recht, der Wahnsinn von Angst und Zorn ist verschwunden. Er ist innerlich völlig ruhig.

Er hat seine Arme um meine Schultern gelegt und führt mich aus dem Gefängnis. Meine Kerkermeister fallen nieder und pressen ihre Stirn auf den Boden, als wir vorbeigehen. Ich werde zum Palast zurückgebracht und man reicht mir feine Speisen und klaren Wein aus den Gärten des Deltas zum Trinken. Ich kann nur sehr wenig essen und trinken. Ich möchte schlafen.

Ich schlafe.

Als ich erwache, spielt jemand Harfe neben mir, und ein Sänger aus meinem Tempel mit Lotosblüten im Haar und in den Händen singt. Mein Bruder sitzt auf einem Stuhl am Fenster und blickt nachdenklich in den Garten. Wie schön dieser Raum ist, denke ich und betrachte die Kacheln mit dem blühenden Papyrus an den Wänden, die Keramikfische auf dem Boden, das Gold und Elfenbein und Ebenholz der hervorragend gearbeiteten Möbel, aber am meisten von allem das Sonnenlicht.

Bei meinem Erwachen dreht sich der König sofort herum, noch bevor ich etwas sagen kann, kommt zu mir und umarmt mich. Dann entläßt er den Harfenspieler und den Sänger und setzt sich an mein Bett. Ich lehne mich zurück und genieße die Bequemlichkeit der weichen Riemen des Bettes nach dem harten Boden des Gefängnisses.

»Als du im Gefängnis warst«, sagt er, und er spricht so ruhig, als wüßte er, daß das, was geschah, nicht ungeschehen gemacht werden kann – aber daß ich ihm verziehen habe, »habe ich fast alles verraten, für das du und ich gearbeitet haben.«

Ich sage nichts, aber ich bin erleichtert. Vielleicht hat ihn mein warnender Gedanken doch noch erreicht.

»Ich versuchte…« Seine Stimme stockt.

»Ich weiß«, sage ich sanft, setze mich auf und schwinge meine Beine herum, so daß meine Füße auf dem Boden stehen. Wir schauen uns tief in die Augen. In seinen sammeln sich Tränen.

»Nicht«, flüstere ich und lege meine Hände auf seine Schultern. »Bruder, nicht…«

»Ich hätte beinahe– «

»Ich weiß. Aber du hast nicht. Am Ende hast du es nicht getan.«

Ich küsse ihn, wie ein Bruder seinen Bruder küßt, nicht wie ein Untertan den König. Es muß sehr schwer gewesen sein, die Kraft, die er hatte, auf sich selbst zu richten anstatt auf seinen Feind und so seine eigene Umwandlung von Feindseligkeit zu Vergebung zu vollziehen. »Nun, da wir zusammen sind und nicht mehr von Haß und Angst gelähmt, können wir Meritaton bestimmt retten.«

»Ich weiß«, sagt er nur.

Ich bin neugierig auf Nofretete. Nimmt sie die Veränderung in ihm hin? Wie als Antwort auf meinen Gedanken erzählt er mir, Nofretete und er seien der Krise gemeinsam begegnet und dadurch einander näher gekommen als zuvor. Er erzählt mir, er habe eine Vorahnung seines eigenen Todes gehabt.

»Was unsere Feinde Meritaton angetan haben, ist nichts im Vergleich zu dem, was sie mir antun können«, sagt er ruhig. »Ich knüpfe meine Familie enger zusammen als je zuvor.«

Mein Herz schlägt schneller. Bedeutet das, Meritaton und ich werden endlich vereint sein? Meine Gedanken schweifen ab, und ich sehe das Hochzeitsfest, unsere Kammer, unsere Gemächer im Palast voller Licht und Schönheit. Wir werden uns im vollen Licht des Aton lieben – es ist nicht mehr nötig, uns im Schatten zu verbergen. Ich lächele – doch er spricht weiter.

»Nofretete soll offiziell meine Mitregentin werden, so daß es keine Unterbrechung im Energiestrom des Aton gibt, falls mir etwas zustößt«, sagt er. »Anchesenpaton bringt ein Kind zur Welt, doch es wird noch lange zu jung zum Regieren sein.«

Ich höre seine Stimme an mir vorüberziehen wie einen Fluß. Er hat mich »Bruder« genannt! Welchen Platz hat er mir zugedacht in dieser Vereinigung der Familienkräfte? Ich hätte gedacht, daß der Bruder eine bessere Wahl als Mitregent sei als die Gemahlin. Und was ist mit Tut-ench-Aton, dem Sohn von Kia und ihm? Ist es nicht töricht, ihn beiseitezuschieben, bevor er überhaupt weiß, ob Anchesenpaton einen Sohn bekommt? Zu welcher Eifersucht und welchen Ränken wird das bei Hofe führen?

»Nofretete hat mir keine Söhne geboren«, fährt er fort, und ich höre seine Stimme jetzt wie aus großer Entfernung. »Ihre Tochter wird mir einen Sohn schenken, der größer ist als wir beide. In seinen Adern wird göttliches Blut, reines Blut von Aton, fließen. Seine Stärke wird die Stärke von Nofretete Nefernefruaten und mir vereinen und vervielfachen.«

Und wenn er keinen Sohn von Anchesenpaton bekommt – wird er seine Aufmerksamkeit einer seiner anderen Töchter zuwenden?

»Mein Bruder«, sage ich und versuche, meine Stimme ruhig klingen zu lassen. »Mein König. Wenn Tut-ench-Aton nicht Pharao wird, gibt es keinen Grund, warum ich die Prinzessin Meritaton nicht heiraten sollte.«

Ohne eine Antwort erhebt er sich und wendet sich ab.

»Meritaton ist immer noch gefangen«, sagt er. »Wir müssen zu ihr gehen.«

Er klatscht in die Hände und Diener treten ein. Mir werden Kleider gereicht, die einem Prinzen ziemen, und ich werde zu der Kammer geführt, in der meine Liebe immer noch liegt. Ich bin erschüttert darüber, wie dünn sie ist. Ihre Haut ist so wächsern wie das Blütenblatt einer weißen Lilie und genauso zart. Ich sehe ihre Knochen wie Kristall darunter liegen.

Wir sitzen zu beiden Seiten von ihr, eine Hand hält die ihre, mit der anderen halten wir einander, so daß wir drei verbunden sind. Schweigend entspannen wir uns. Keiner spricht ein Wort. Dieses mal, so scheint es, wissen wir genau, was zu tun ist.

Wir stellen uns Atons Scheibe über uns vor, und das glänzende Licht strahlt zu uns hernieder, so wie Echnaton es auf so vielen Wänden und heiligen Papyrusrollen dargestellt hat. Aber jetzt scheint es hier mit uns in diesem Raum wirklich zu sein, und seine Macht erfüllt uns und alles um uns her. Wir sehen, wie die Hände, in denen die Strahlen enden, das Zeichen des Lebens an ihre Lippen und ihre Nase halten. Wir sehen, wie sie ihre Augenlider berühren und in ihren Körper eindringen, um jedem Organ Heilung einzuflößen. Auch wir fühlen die Kraft durch unsere Adern strömen. Unsere Herzen sehnen sich nicht mehr ängstlich und furchtsam nach Meritaton. Die Überzeugung, daß sie genesen wird, erfüllt uns. Wenn wir uns nur früher ruhig neben sie gesetzt und die heilenden Strahlen der großen Atonscheibe gerufen hätten, wäre sie früher erlöst worden.

Wir benutzen das alte und mächtige Zeichen so wie es einst gedacht war – als sichtbaren Brennpunkt für die Kraft unserer Herzen im Einklang mit der schöpfenden und treibenden Kraft des Universums ... dem werdenden Gedanken, vor dem es keinen anderen gab.

Wir spüren, wie ihre Hände wärmer werden. Wir sehen, wie die Farbe in ihre bleichen Wangen zurückkehrt.

Wir hätten das schon eher tun können, denke ich traurig, wenn wir nicht so von Angst und Haß erfüllt gewesen wären.

Wir drei scheinen zu fließen. Der Raum hat sich aufgelöst. Ich kann ihre Hand in meiner kaum spüren, aber ihren Herzschlag in meinem hören. Fast scheint es, als stiegen Luftblasen aus Licht um uns auf, und überall wird das Licht immer stärker. Ich weiß, wir haben den Bann gebrochen. Ich weiß, wir sind alle frei.

Ich weiß nicht, wie lange wir in dieser reinen Seligkeit dahingetrieben wären. Das Öffnen der Kammertür bringt uns auf die Erde zurück.

Es ist Nezem-mut, blaß und dünn von ihrer Gefangenschaft, aber mit erleichterter Miene, als sie Meritaton im Bett sitzen und unsere Hände halten sieht – und sieht, wie wir alle drei lachen wie Kinder.

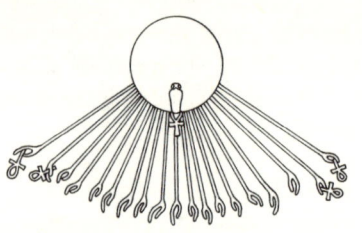

Der erste Zweikampf

Königin Teje stirbt, und das ganze Land trauert jetzt beinahe mehr um sie als vorher um ihren Gemahl. Seit vielen Jahren schon war sie eine einflußreiche Person in den Zwei Ländern. Sie war klein, drahtig, energiegeladen, nicht mehr schön, aber immer noch beeindruckend. Ihre Stimme wurde bei fast jeder Entscheidung, die ihr Gemahl in den letzten Jahren zu treffen hatte, angehört. Sie hat sich mir nicht nur von ihrer besten Seite gezeigt, aber ich weiß, daß Echnaton von ihrem Tod tief betroffen ist.

»Die Nabelschnur ist endgültig getrennt«, sagt er traurig zu mir. Es überrascht mich, daß er erkannt hat, wie eng seine Verbindung zu ihr war. Als ihr persönliches Eigentum zu ihrem Grab gebracht wird, stehe ich neben ihm und beobachte seine Miene, während ihr Bett vorbeigetragen wird, ihr Lieblingssessel, ihre Fächer, ihre Spiegel und ihre Perücken. Auf riesigen, steinernen Skarabäen hatte Amenophis Nebmaat-Ra, ihr Gemahl, im ganzen Land seine Liebe zu ihr und seinen Beschluß kundgetan, daß sie, auch wenn ihr Blut nicht königlich ist, als Große Königliche Gemahlin und Mutter des zukünftigen Erben der Doppelkrone anerkannt wird. Sie war die Tochter seines Wagenmeisters, Yuya, ein Gemeiner, der doch dem königlichen Herzen so nahestand, daß er schon im Tal der Könige begraben wurde. Jeder wußte, der mächtige Amenophis, Herrscher eines gewaltigen und wohlhabenden Reiches, gehorchte sofort, wenn Teje nur mit dem kleinen Finger schnippte. Es war eine Machtprobe der Amunpriester, als sie Teje in einem Jahr übergingen und eine der anderen Frauen Amenophis' auswählten, die Rolle der göttlichen Begleiterin am Opet-Fest zu spielen. Einige sagten, es war eine wohlüberlegte Herausforderung von ihnen, denn sie spürten, daß sie die Aufmerksamkeit und Freigebigkeit des Königs von ihnen ablenkte, und weil einer von ihnen ihretwegen gedemütigt und entehrt wurde, als er es wagte, eine ihrer Entscheidungen in Frage zu stellen.

Nun hatte ihr Sohn versucht, die Amunpriester zu vernichten, und sie hatte keinen Einspruch erhoben. Ich hatte schon immer das Gefühl, daß sie nicht leicht vergeben würde. In den letzten Jahren hatte sie viel Zeit in Achetaton verbracht und ihren Sohn unterstützt so wie einst ihren Gemahl. Es war ein vertrauter Anblick, wenn sie in dem großen, heißen Hof des Atontempels unter ihrem kleinen Sonnendach, das extra für sie gebaut worden war, auf ihrem kunstvollen Stuhl saß, der jetzt mit ihr zu Grabe getragen wird.

Der kleine Junge Tut-ench-Aton steht neben seiner Mutter Kia und macht keine Anstalten, seine Tränen zu verbergen, die seine Wange herabströmen. Er hatte seiner Großmutter sehr nahe gestanden. In gewisser Weise stand er ihr sogar näher als seiner eigenen Mutter. Echnaton hat Kia gern, doch Teje fand sie langweilig und störend und nahm jede Gelegenheit wahr, sie anzuschwärzen und ihren Sohn von ihr fernzuhalten. Tut-ench-Aton verbrachte viel Zeit mit Teje in Per-hay, und nichts war ihm lieber, als mit ihr auf dem See Boot zu fahren und ihren Geschichten zu lauschen. Als sie älter wurde und ihren Gemahl nicht mehr hatte, mit dem sie ihre Zeit verbrachte, wurden ihre Erinnerungen sehr wichtig für sie. Aus irgendeinem Grund gab es eine Verbindung zwischen dem Jungen und der alten Dame, und er wurde nicht müde, ihren Erzählungen aus den »alten Tagen« zu lauschen, als Amenhotep und sie durch die Zwei Länder und noch weiter in fremde Länder gereist waren. Tut-ench-Aton hörte mit großen Augen die Geschichten über fremde Götter und Bräuche und gelobte, er würde genauso weit reisen wie seine Großeltern, wenn er dereinst König würde.

Teje starb ohne zu wissen, daß Tut-ench-Aton vielleicht nie Pharao würde. Echnaton traf seine Entscheidung, als sie und ihr Enkel den nördlichen Palast in Men-nefer besuchten. Er wollte nicht absichtlich gegen ihre Wünsche handeln oder sie hintergehen. Es war eine Entscheidung aus einem inneren Antrieb, die er in einer Zeit großer Anspannung und Verwirrung traf. Doch als er sie getroffen hatte, war er sich sicher, daß es die richtige Entscheidung war und Teje sie schließlich hinnehmen würde. Ich war mir nicht so sicher und erwartete gespannt ihre Rückkehr nach Achetaton. Doch sie starb in Men-nefer am Fieber, und nur ihr Körper wurde zurück in den Süden gebracht.

Die Gefangensetzung von mir und Nofretetes Schwester aus einer Laune heraus scheint viel Empörung ans Licht gebracht zu haben, die vorher unbemerkt schwelte. Die offenkundige Macht der Amunpriester, die eines der Kinder des Sonnengottes (und zum zweiten mal) im eigenen Heim, weit entfernt von Waset, niederwerfen konnten, hat Bestürzung und Furcht ausgelöst. Alles, was Echnaton geringschätzig behandelt hat und all die Feinde, die er sich machte, indem er versuchte, seine persönliche Vision zu fördern und das Überlieferte zu verdrängen, all das goß Öl auf das Feuer, das überall im Land zu knistern beginnt. Er braucht dringend Hilfe, doch er kann niemandem trauen. Der Kopf seiner Armee, Haremhab, wurde dabei beobachtet, wie er geächtete Amunpriester besuchte. Wenn der König ihm etwas befiehlt, zeigt er verärgertes Befremden. Echnaton ist von schmeichelnden Höflingen umgeben, von denen er aber weiß, daß sie heimlich Verbindungen zum Feind unterhalten. Einige der Künstler und Beamten, die mit ihm gearbeitet haben, sind ihm treu ergeben. Auch Eje, sein Schwiegervater und Onkel, Wagenmeister und engster Freund seines Vaters, steht auf seiner Seite, obwohl er ihm in manch heftiger Auseinandersetzung vorwirft, daß seine Regierung den Zwei Ländern Verderben bringt. So freimütig kann Eje nur sein, weil ihn die alte Freundschaft mit Echnatons Vater schützt.

Echnaton betont, selbst sein Vater habe bemerkt, daß die Priesterschaft des Amun zu mächtig wurde, und habe versucht, ihre Macht zu beschränken und die der Atonpriester zu stärken.

»Aber er wendete Diplomatie an, nicht Gewalt«, sagt Eje.

»Ich wende keine Gewalt an«, erwidert Echnaton.

Glaubt er wirklich, es sei keine Gewalt, wenn er den Menschen ihren Lebensunterhalt raubt, ihren Glauben zerstört, sie verhaftet, wenn sie Einwände erheben, und die meisten ihrer heiligen Denkmale niederreißt?

Ich seufze. Veränderung durch Diplomatie und Erziehung dauert so lange! Aber sie dauert. Ja, sie hat Dauer!

Die nächsten Monate sind sehr geschäftig. Es wurde bekanntgegeben, daß Nofretete, die Große Königliche Gemahlin, die schon immer ihrem Gemahl gleichberechtigt angesehen wurde, nun ausdrücklich zur Mit-Regentin erklärt werden soll. Für ihre Krönung werden sorgfältig durchdachte Vorbereitungen getroffen, und wir sind zu sehr beschäftigt, um uns Gedanken um Ma-nan und Na-aghta zu machen. Meritatons Liebe lenkt mich noch mehr ab. Der Pharao scheint zu glauben, er habe das Problem gelöst, indem er den königlichen Aton-Thron stärkt. Vielleicht glaube sogar ich, die Gefahr für Echnatons Leben sei abgewendet, wenn Nofretete die blaue Krone trägt. Wahrscheinlich wissen die Amunpriester, daß sie sich in letzter Zeit immer mehr den verbotenen Zaubertafeln zugewendet hat und in einigen

Dingen anderer Ansicht ist als ihr Gemahl. Es gab eine Zeit, in der sie ausschließlich vollkommenen Einsatz verlangt hatte, doch in diesen Tagen neigt sie, genau wie ich, zu Kompromissen. Vielleicht lenken die mächtigen und unzufriedenen Priester ihre Aufmerksamkeit von mir auf Nofretete Nefernefruaten in der Hoffnung, sie könne die Grundsätze Echnatons mäßigen, wenn schon nicht ändern.

Sie nimmt den Krönungsnamen Semenchkare an, was bedeutet: »Den Geist der Quelle des Lichtes verwirklichen«.

Echnaton erklärt mich zum Prinzen und erkennt mich auch öffentlich als seinen Bruder an, doch ohne meine Beziehung zu seiner Schwester Sitamun zu offenbaren, denn das würde ein schlechtes Licht auf seine Mutter werfen, die mich meines Platzes in meines Vaters Haus beraubt und das Herz seiner Gemahlin und Tochter gebrochen hat. Die Erinnerung an die große Königin Teje ist ihrem Sohn und ihrem Volk sehr wertvoll. Ich achte dies und erinnere mich an all das Gute, was sie tat. Im Stillen frage ich mich, ob Echnaton sich ihr widersetzt hätte, wenn sie sich gegen die Verdrängung ihres Lieblingsenkels Tutench-Aton durch den ungeborenen Sprößling Anchesenpatons gestellt hätte. Ich will mich nicht über die Tatsache ärgern, daß ich ebenfalls verdrängt worden bin.

Es liegt mir viel daran, mit Nezem-mut ins Gespräch zu kommen, aber sie versucht offenbar, mir auszuweichen.

Endlich bekomme ich sie beim Fischefüttern im Hof ihrer Gemächer zu fassen. Sie kniet auf den Pflastersteinen am Rand des Wassers, und so kann sie nicht weglaufen, als ich von hinten an sie herantrete.

»Wir müssen reden«, sage ich ruhig.

Sie fährt fort, ihre Finger durch das Wasser zu ziehen und die silbernen Körper zu kitzeln, die sich um sie scharen. Sie ist dünner geworden seit ihren letzten Erlebnissen, und ihr Mund ist ein dünner Strich und andauernd fest geschlossen, nur ein kleiner Muskel in ihrem Kiefer zuckt gelegentlich.

»Nezem-mut«, sage ich sanft. »Ich bin nicht gekommen, um mit dir zu streiten. Aber es gibt ein paar Dinge, die ich wissen muß.«

Sie richtet sich langsam auf, sehr langsam. Endlich steht sie neben mir, aber sie begegnet meinem Blick immer noch nicht. Sie schaut immer noch auf die Fische hinab, die ihre Kreise im Wasser ziehen und nach der Handvoll Körnchen schnappen, die sie hineingeworfen hat. Die Wasserlilienblätter werden in der Aufregung ziemlich beiseite gedrückt. Vielleicht hat niemand daran gedacht, sie zu füttern, als sie fort war, denke ich, und bin selbst überrascht, wie meine Gedanken davonlaufen und sich mit den Problemen der Fische beschäftigen, wo doch etwas viel Bedeutenderes meine Aufmerksamkeit verlangt.

»Ich hatte nichts mit Meritatons Krankheit zu tun«, verteidigt sie sich.

»Ich weiß«, sage ich. »Aber …«

»Ich wußte nichts darüber.«

»Da bin ich mir sicher. Ich beschuldige dich nicht, aber …«

»Du beschuldigst mich!« Sie schaut plötzlich mit gequälter Miene in mein Gesicht. »Ich habe gesehen, wie du mich angeschaut hast. Ich habe gesehen, wie du mich verfolgst.«

»Glaube mir«, sage ich. »Ich gebe dir keine Schuld. Ich habe nur gehört, daß du General Haremhab zu heiraten beabsichtigst und …«

»General Haremhab heiraten!« ruft sie aus, und ich bin sicher, das Erstaunen in ihrem Gesicht ist echt.

»Bin ich falsch unterrichtet?« Ich bin beinahe genauso überrascht. Ich habe Ma-nans Erklärung geglaubt. Als wir beide beschuldigt wurden, benahm sie sich, als ob sie mehr über Meritatons Zustand wüßte, und ich hielt das für eine Bestätigung.

»Wer hat dir das gesagt?« Sie steht jetzt gerade aufgerichtet, ihr schmales Gesicht noch genauso angespannt, ihr Blick vorsichtig und ärgerlich – Nofretete so ähnlich und doch so unähnlich. *Schönheit liegt im Verhältnis,* denke ich zusammenhanglos. Etwas in der Art, wie ihre Züge angeordnet sind, läßt sie nicht schön erscheinen. Aber vielleicht liegt es gar nicht an ihren Gesichtszügen, sondern an dem Umstand, daß es kein Leuchten in ihrem Gesicht gibt. Es ist immer vorsichtig, immer angespannt und argwöhnisch. Ich bedenke, daß es wohl schwierig für sie ist, im Schatten ihrer herausragenden Schwester zu leben, aber das ist sicher kein Grund, sich so zu verschließen.

»Das spielt keine Rolle«, sage ich.

»Sag' es mir«, verlangt sie. Ich weiß nicht, ob ich ihr alles über Na-aghta, Ma-nan und mich erzählen soll. Ich war mir so sicher, daß sie es bereits weiß. »Zwischen dem General und mir ist nichts«, wiederholt sie beharrlich und mit Nachdruck. »Ich möchte wissen, wer solche Gerüchte in Umlauf bringt.«

»Woher wußtest du, wer für das, was Meritaton geschah, verantwortlich war?«

Sie wendet sich von mir ab und macht ein oder zwei Schritte.

»Ich habe nicht gesagt, daß es der General war.«

»Ich weiß.«

»Also warum beschuldigst du mich?«

»Ich beschuldige dich nicht«, wiederhole ich ungeduldig. »Ich beschuldige dich wegen nichts – wenngleich …« Ich halte inne. Ich vergegenwärtige mir den Augenblick als ich sagte, Meritaton sei in ihrer Familie sicher, und Ma-nan durchblicken ließ, daß dies nicht der Fall sei, weil ihre Tante Nezem-mut Haremhab heiraten würde. War dies nur eine weitere von Ma-nans Listen – ein Spiel, um mich zu erschrekken und zu beeinflussen? War das Ganze eine Dichtung oder war da eine Verschwörung im Gange, Nofretetes Schwester mit dem General zu verheiraten und ihn zum König zu machen, wenn ich nicht ihr Werkzeug werde? Aber sicher wäre es dem General dienlicher, mit einer von Echnatons Töchtern verheiratet zu sein. Sie tragen die königliche Blutlinie. Nezem-mut nicht. Gewiß hat sie vornehme Verwandtschaft – ihr Vater war Königin Tejes Bruder und ihre Schwester ist die Große Königliche Gemahlin des Pharaos. Aber Haremhab, der aus einer bürgerlichen Familie stammt, benötigt sicher mehr, um den Thron zu besteigen.

Nezem-mut hat sich umgedreht und schaut mich hochmütig an.

»Ich kenne dich, Djehuti-kheper-Ra. Ich habe dich um Macht spielen sehen.«

»Ich liebe Meritaton. Wenn das ein Spiel um Macht ist …«
Meint sie wirklich nur das?

Sie spitzt den Mund.

»Der König hat gesagt, daß du sie nicht haben kannst. Warum beharrst du darauf? Welches Spiel treibst du zusammen mit den Priestern des Amun?«

»Ich könnte dir dieselbe Frage stellen.«

»Ich spiele nicht. Ich beobachte. Meine Spione haben dich mehrmals in geheimer Unterredung mit den Amunpriestern gesehen.«

Spione? Immer Spione. Überall Spione. Auch wenn Echnaton versucht, eine Stimmung der Offenheit und des Vertrauens um sich herum zu schaffen.

»Ich habe General Haremhab öfter als mich selbst ›in geheimer Unterredung‹ mit den Amunpriestern gesehen«, erwidere ich scharf.

»Was fangen deine Spione damit an?« Und warum haben dir deine Spione nicht verraten, daß die Amunpriester planen, dich mit Haremhab zu verheiraten, füge ich im Stillen hinzu. Mit seiner jetzigen Frau hat Haremhab keine Kinder. Hat er wirklich keine Annäherungsversuche unternommen, Schwester der Königin? »Wenn jemand um Macht spielt, dann er.«

Ich kann die Maske vor ihrem Gesicht nicht durchdringen. Sie hat sich noch weiter in sich zurückgezogen, und kein Hinweis, kein Fingerzeig verrät mir, was sie denkt. Eine von Nofretetes jüngeren Töchtern rennt auf uns zu, und Nezem-mut nutzt die Gelegenheit, weiteren Fragen auszuweichen.

Nach diesem Treffen beobachte ich sie jedesmal genau, wenn Haremhab erwähnt wird. Sie ist fast zu alt, um zu heiraten, und ich frage mich oft, warum Echnaton nicht dafür gesorgt hat. Eine Erklärung, die ich Meritaton gegenüber geäußert habe, war, sie genieße ihre bevorzugte Stellung im Palast wohl so sehr, daß sie sie nicht aufgeben möchte, um dann eine untergeordnete Rolle in Haushalt eines Adligen zu spielen. Sie scheint völlig in den Kindern ihrer Schwester und im Hofklatsch aufzugehen. Meritatons Erklärung war, daß sie jemanden geliebt hat oder immer noch liebt, der hoffnungslos unerreichbar ist, und daß sie sich weigert, sich mit dem Zweitbesten zufriedenzugeben. Es kommt mir in den Sinn, der General könne ihre geheime Leidenschaft sein und erwähne dies Meritaton gegenüber, aber sie lacht über diese Vorstellung.

»Niemand könnte Haremhab lieben«, sagt sie. »Man könnte ebensogut versuchen, mit einer Statue warm zu werden.«

»Vielleicht ist es das, was ihr gefällt«, sage ich. »Sie selbst ist auch nicht sehr warm.« Aber Meritaton wollte davon nichts wissen. Haremhab zu lieben war unmöglich. Sie bedauerte seine Frau. »Wahrscheinlich hatten sie nie Kinder, weil sie sich niemals liebten«, sagte sie kalt. »Stell' dir nur vor, mit Haremhab zu schlafen!« Die Heftigkeit ihrer Abneigung überraschte mich.

Aber jetzt, da ich Nezem-mut so genau beobachte, gewinne ich langsam die Überzeugung, daß es Haremhab ist, den sie liebt. Sie ist sich seiner sofort gewahr, wenn er einen Raum betritt, und sie übersieht ihn zu eifrig und zu bedacht. Vielleicht ist sie durch meine Anschuldigung seiner bewußt geworden – aber das bezweifele ich. Er jedenfalls ist höflich zu ihr, mehr aber nicht. Ob er wohl von den Plänen der Amunpriester Kenntnis hat?

Meritaton kann sich kaum an das erinnern, was mit ihr geschehen ist. Sie erklärt, nicht mehr zu wissen, als daß sie geschlafen hat und daß eine lange Zeit vergangen war, als sie erwachte. Ich bin froh, daß sie nicht gelitten hat, aber, wie ich bemerke, findet sie schwer Schlaf des Nachts. Sie ist ungern allein und findet immer neue Ausreden, um nicht ohne mich ins Bett gehen zu müssen. Selbst wenn ich da bin, kämpft sie mit dem Schlaf, bis wir beide vor Erschöpfung fast verzweifelt sind. Ich glaube, sie fürchtet sich davor, sich wieder in der Zeit zu verlieren. Sie fürchtet, jemand könne Herrschaft über sie erlangen. Ich mag ihr zureden, aber meine Worte können sie nicht trösten, denn tief im Innern bin auch ich voll Angst. Auch ich fürchte den Schlaf. Ich habe immer wiederkehrende Alpträume. Die Scheusale meiner Kindheit sind wieder da. Manchmal scheine ich mit Prunk und Ritual in mein Grab getragen zu werden und die Frauen klagen wie um einen König. Die Sistren erklingen, die Priester singen. Ich höre die schweren Holzrollen auf dem unebenen Boden knarren und knacken, während die schwitzenden Männer den riesigen Sarkophag den abschüssigen Gang hinunterziehen. Und dann, wenn die Grube erreicht ist, lassen sie plötzlich los, und ich krache hinab in die Finsternis – in den leeren Raum – in den Schlund von Apep, der Schlange des Nicht-Seins, die immer wachsam ist und sogar die Sonne verschlingen kann.

Ein anderes Mal laufe ich durch eine große Stadt. Es scheint eher Men-nefer als Waset zu sein, denn die Straßen sind eng und gewunden, die Häuser nicht zu zählen. Eine Biegung hier und eine Biegung dort, und ich weiß, daß ich mich verirrt habe. Ich versuche, das Haus des Orakels zu finden, denn das ist mir wenigstens vertraut. Aber es gelingt mir nicht. Ich laufe immerzu durch gleich aussehende und fremde Straßen, irgendwohin. Es wird dunkel. Ich möchte in Sicherheit sein, bevor die Nacht hereinbricht. Ich habe Angst vor dem, was nachts durch die Straßen schleicht. Ich renne, aber ich komme meinem Ziel nicht näher. Alle Türen sind vor mir verschlossen. Es ist dunkel, und ich höre etwas hinter mir trippeln und näher kommen. Ich renne schneller, und meine Lungen bersten beinahe von der Anstrengung. An dieser Stelle erwache ich gewöhnlich schreiend, und Meritaton tröstet mich. »Es ist nichts«, flüstert sie und küßt mich. »Du fürchtest dich vor der Angst.« Ich weiß, wenn ich keine Angst hätte, würde ich meinen Weg finden. Aber ich weiß nicht, wie ich sie bändigen soll.

Dann finde ich heraus, daß auch Echnaton träumt, und seine Träume handeln immer von Amun. Amun erhebt sich. Amun schreitet mit großen Schritten. Amun hebt sein Zepter, um die goldene Sonnenscheibe zu zerschlagen.

Tut-ench-Aton ist zu jung, um die ganze Tragweite seiner Absetzung zu erkennen, aber es wird nicht lange dauern, bis andere ihn darauf aufmerksam machen werden.

Meritaton und ich verbringen jeden Augenblick, den wir zusammen sind, als sei er unser letzter. Wenn wir allein sind, fallen wir übereinander her und lieben uns bis zur Erschöpfung. Dann ruhen wir aus und lieben uns wieder.

Echnaton umgeht geschickt die Frage unserer Heirat. Ich bin besorgt und ungeduldig, aber unternehme nichts, sondern warte auf den richtigen Zeitpunkt. Und dann geschieht das, was ich am meisten befürchtet habe. Anchesenpatons Kind von ihrem Vater wird tot geboren, und er verkündet, daß er Meritaton zur Gemahlin nehmen will.

Anchesenpaton zieht sich mit ihren jüngeren Schwestern in den nördlichen Palast zurück. Jedesmal, wenn wir sie sehen, scheint sie älter und weltgewandter geworden zu sein.

Meritaton fleht vergeblich, ihr möge die Bürde, den nächsten König zu gebären, erlassen werden. Ihr Vater hört sie nicht an. Auch ich kann ihn nicht von seinem Entschluß abbringen. Sie zieht in die königlichen Gemächer um, und ich werde von den Wachen zurückgehalten, wenn ich sie besuchen möchte.

Zwar wird Nofretete allmählich ungeduldig mit Echnaton, doch glaube ich, sie sorgt sich wirklich um ihn. Wenn sie zusammen sind, ist es offensichtlich nicht mehr dieselbe glückliche Beziehung wie früher. Sie lernt heimlich bei Tag und bei Nacht, die alte Magie zu beherrschen. Sie weiß, daß Echnaton in Gefahr ist, und glaubt, ihn mit Gegenzaubern beschützen zu können. Sie sieht in mir einen angepaßten Menschen, der von Anfang an die Absicht hatte, den Thron zu besteigen. Ich wiederum bin nicht sicher, ob ich nicht einen tiefsitzenden Groll hege, weil sie zur Mit-Regentin erwählt wurde und nicht ich. Ich erinnerer mich traurig an die frühen Tage. Wie vielversprechend und schön alles schien. Was für Träume wir von unserer großen Sonnenstadt hatten, die ein Zentrum des Lichtes für die ganze Welt sein sollte.

Wenn ich Meritaton neben dem Thron in der Haltung der ehrbaren Gemahlin sehe, fällt es mir schwer, nicht aufzuschreien und sie nicht in meine Arme zu nehmen. Warum fliehen wir nicht aus der Stadt und führen unser eigenes Leben irgendwo fern des Zentrums der Macht? Wir brauchen nicht die Doppelkrone, wenn die Liebe zwischen uns so erfüllend ist. Sie ist so jung – hin-und hergerissen zwischen Menschen, die sie liebt. Sie ist von Schatten umgeben, von Einflüsterungen, von geheimen Botschaften, die kommen und gehen, von schmeichelnden Freunden, denen sie doch nicht mehr trauen kann. Wir treffen uns immer noch heimlich und verbotenerweise. Wenn wir nicht im vergessen-bringenden Paradies der Liebe sind, spüren wir einen gewaltigen Schatten, der uns niederdrückt, doch wie in einem Alptraum können wir unsere Glieder nicht bewegen.

Jeden Tag sage ich zu mir, morgen werden ich mit Echnaton sprechen und wir werden gemeinsam einen Weg finden, wie wir die Entwicklung, die solche Unzufriedenheit im Lande hervorruft, abwenden können. Er benimmt sich sonderbar. Die meiste Zeit verbringt er im Tempel und betet zu seinem Gott. Wenn er herauskommt und alle nach seiner Aufmerksamkeit verlangen, nach Entscheidungen und Befehlen, schiebt

er sie mit sanftem Lächeln und einem Wink seiner schmalen und emp-
findsamen Hand beiseite. Immer öfter trifft Nofretete die wichtigen
Entscheidungen des Landes.

»Alles liegt in der Hand des Aton«, sagt er ruhig. »Unsere Feinde werden sich nicht durchsetzen.«

Ich weiß nicht, soll ich ihn ob der Treuherzigkeit bedauern oder ob
der Stärke seines Glaubens bewundern. Und wenn er recht hat?

Ich sage Meritaton, es sei falsch zu meinen, er könne in Jahrhunderten
gewachsene Bräuche und Glaubensvorstellungen in einer Lebensspanne
umstürzen. Seine Veränderungen würden sich schneller durchsetzen,
wenn sie, widersprüchlicherweise, langsam begännen. Sie empört sich
über meinen Tadel an ihrem Vater.

»Was weißt du schon?« sagt sie heftig. »Auch du bewegst nur kleine
Kiesel im Staub, während die ganze Welt in Gefahr ist!«

Ihre Worte erschrecken mich, und für einen Augenblick verliere ich
den Glauben daran, daß er oder ich oder sonst jemand irgend eine bedeutende Veränderung in der Welt bewirken können. Dann erinnere
ich mich daran, daß sogar das Bewegen eines Kieselsteines eine Veränderung seiner unmittelbaren Umgebung bewirkt, und jede Veränderung,
mag sie auch noch so klein sein, hat einen Dominoeffekt. Wer weiß, ob
man nicht durch bloßes Bewegen eines Kieselsteines einen Berg versetzen kann.

Eines Tages werde ich nach Waset gesandt, um Gericht über jemand zu
halten, der bei einem Mordversuch auf den König gefaßt wurde.

Die Ankläger bringen den Angeklagten herein.

Ich blicke in die kalten, dunklen Augen Ma-nans.

Soweit es die Gesetze des Landes betrifft, sind die Maßnahmen eindeutig vorgeschrieben. Der Mann muß zum Tode verurteilt werden,
sein Name muß aus allen Aufzeichnungen gestrichen werden, sein
Leichnam muß ohne Zeremonie begraben werden und ohne einen
Markstein darauf, der es kennzeichnet. Mit anderen Worten, er muß
zurückkehren in die große Leere.

Nur der König hat die Macht über Leben und Tod, aber ich habe
das königliche Siegel und die Erlaubnis und den Befehl des Königs, in
seinem Namen zu handeln.

Ich starre Ma-nan an und denke an meine Kindheit zurück und wie
ich mich davor gefürchtet habe, ohne Namen zu sterben. Ich denke
daran, wie ich mich vor der Vernichtung gefürchtet habe... bis die
Verzweiflung mich dazu trieb, sie zu suchen, um Ma-nans Grausamkeit zu entfliehen. Nun bietet sich mir die Gelegenheit zur Rache, ohne

daß ich sie gesucht hätte. Wäre es unrecht, sie zu ergreifen? Wäre es nicht tatsächlich Verrat an meinem Bruder und König, zu zögern oder nur einen einzigen Punkt der zu erwartenden Strafe aufzuheben?

Im Gerichtssaal scheint die Zeit stillzustehen. In dieser Stille erkenne ich, daß sich Maats Waagschalen nicht in einer fernen Kammer unter der Erde befinden, wo die Sonne in der Nacht hingeht. Sie sind hier, jetzt, ewig in diesem Augenblick. Die Herzen der Lebenden *und* der Toten werden ständig gegen die Feder der Wahrheit aufgewogen.

Ma-nans Herz wiegt schwer von Bosheit. Er weiß es und ich weiß es. Er schaut mich böse an, lächelnd, denn er weiß, ich werde in diesem Augenblick genauso geprüft wie er. Er wartet darauf, daß ich die Prüfung nicht bestehe. Es ist wichtig, daß ich der Angst keinen Raum lasse. So von bewaffneten Soldaten flankiert und mit schäbigen Kleidern angetan, die seinen früheren Roben wenig ähnlich sehen, scheint er ein ganz anderer Gegner zu sein als damals, als er den namenlosen Jungen quälte, der ich war. Ich weiß, daß man ihn gesucht hat, bevor er verhaftet wurde. Kein verhaßter Rauch von Harz konnte seinen Körper verbergen. Auch hatte er keine Zeit, seine Zaubersprüche über mich zu sprechen. Ich sitze im Stuhl des Königs und weiß, daß ich von berühmten und mächtigen Könige abstamme.

»Dieser Mann«, sage ich langsam und deutlich, »soll nicht zum Tode verurteilt werden.«

Ein Raunen geht durch die Halle, gefolgt von ärgerlichem Gemurmel.

Ich warte, bis es still ist, und bemühe mich, die Rachegedanken zu unterdrücken. Ich weiß, wenn ich sie zulasse, verwirke ich die Hilfe der großen, ewigen Geistwesen, wenn ich sie am meisten brauche, und Horus-Khurahtaten wendet sein goldenes Auge von mir ab. Ich möchte um Hilfe rufen, aber diese Entscheidung muß ich allein treffen. Nur dann, wenn ich sie getroffen habe, wird Hilfe kommen.

Endlich spreche ich.

»Er und ich werden uns im Zweikampf messen«, sage ich mit festerer Stimme, als ich erwartet habe. »Maat wird der Richter sein, der Geist der Wahrheit, der Gerechtigkeit und der kosmischen Ordnung.«

Ich verlasse die Halle, die Höflinge und Soldaten weichen in verblüfftem Schweigen zurück. Ich schreite mit zuversichtlicher Würde, so als ob ich das, was ich gerade verkündet habe, nicht bezweifelte.

Als ich es Meritaton, der Königin, erzähle, hält sie ihren Kopf hoch und schaut geradeaus. Niemand außer mir kann ihr nachfühlen, wie beunruhigt sie ist. Sie sitzt auf ihrem vergoldeten Sessel, ihr Gesicht ist wie das einer Königin geschminkt, die Flügel der Geierkrone sind um ihre Ohren gelegt. Ich sehe die Liebes-Halskette, die ich ihr geschenkt habe, auf ihrer Brust. Es ist ein großer Amethyst, von zwei wasserklaren Quarzkristallen umgeben und durch goldene Ankhs verbunden. Ich sehe es auf ihrer Brust sich schneller heben und sinken als es sollte. Sie dreht unseren Ring auf ihrem schlanken Finger, Lotosblüten aus Lapislazuli, von Zweigen aus Gold und Türkis gehalten. Sie kennt die Macht Ma-nans genauso gut wie ich, und sie fürchtet ihn.

»Warum hast du ihn gehen lassen?« fragt sie.

»Habe ich nicht. Hast du so wenig Vertrauen in mich, daß du glaubst, er würde gewinnen?«

»Du weißt, daß er nicht davor zurückschreckt, Zauberei anzuwenden.«

»Ich kenne ihn schon mein ganzes Leben. Er wird mich nicht überraschen.« Noch nicht einmal ihr kann ich erklären, wie wichtig es für mich ist, diese Begegnung mit Ma-nan zu haben und zu gewinnen. Wenn ich den leichten Weg wähle und ihn töten lasse, werde ich niemals wissen, ob ich wirklich gelernt habe, mein eigenes Leben zu führen, oder nicht.

Und weil ich sehe, wie groß ihre Angst um mich ist, spreche ich wie ein alter Mann zu ihr, weise an Jahren. Ich erzähle ihr, daß der Weg des Lebens voller Gefahren ist, aber keine davon ist zufällig … »Ein Mann kann durch einen Fluß voller Krokodile schwimmen und unverletzt herauskommen. Ein anderer kann sicher in seiner eigenen Haustür stehen und vom herunterfallenden Balken erschlagen werden. Der Tod kommt nur, wenn wir für die nächste Stufe des Lebens bereit sind.«

Sie hört mir zu, aber ich sehe, daß meine Worte ihr nicht helfen.

»Viele Menschen sterben plötzlich, wenn sie noch nicht bereit sind. Viele Menschen leiden, auch wenn sie es nicht verdient haben …« sagt sie.

»Die Bereitschaft, von der ich spreche, ist für das gewöhnliche Auge nicht sichtbar«, sage ich, »sondern nur für die Seele. Andererseits hat das Leid, das Menschen erdulden, Gründe, die nur die Seele kennt. Manchmal sind es Strafen für begangene Taten, manchmal Aufgaben, die gelernt werden müssen.«

Sie fröstelt, obgleich die Hitze der Sommersonne die Zwei Länder versengt und die Luft sichtbar flimmert.

Ma-nan und ich reisen schweigend. Wir überqueren den Fluß zum westlichen Ufer, und nur das Wasser spricht. Wir werden bis hinter das Land der Lebenden geleitet, hinter den Totentempel meines Vaters mit seinen riesigen Steinbildern. Von dort setzen wir unsere Fahrt allein fort, die Soldaten starren uns schweigend nach. Die Befehle, die sie erhalten haben, haben sie zweifellos verwirrt.

Wie ersteigen den Berg. Von Zeit zu Zeit halten wir an, um zu verschnaufen und über die Landschaft zu schauen, die wir hinter uns lassen: die grünen, fruchtbaren Gersten- und Weizenfelder, die Wimpel, die prächtig von den Pylonen der Tempel wehen, der Glanz des Goldes von den hohen Obelisken am östlichen Ufer, das wimmelnde, von Fliegen geplagte, lärmende Leben des Volkes des Pharaos.

Und dann befinden wir uns in einer leeren Welt. Trockener Fels, trockener Sand, trockener Himmel ...

Dem hoch über uns kreisenden Habicht müssen wir wie zwei sich bewegende Stäubchen erscheinen. Wie könnte er vermuten, daß in diesen winzigen dunklen Flecken auf der weiten, ockerfarbenen Erde Gedanken Gestalt annehmen können, die das unendliche Universum so klein machen wie ein Sandkorn im Auge.

Die Wirklichkeit, an die wir geglaubt haben, als wir von den schnatternden Geistern der anderen umgeben waren, ist schon lange verfallen, und nun, im Angesicht einer ungeheuren Stille, bar und bloß aller Möglichkeiten, Erklärungen und Vorstellungen der anderen, stehen wir einer Wirklichkeit ohne Entgegenkommen gegenüber, ohne tröstendes Schonen der Einbildung. Ich habe mit Absicht die hohe Wüste gewählt, und die Morgendämmerung wird den Anfang und das Ende unseres Zweikampfes bezeugen.

Bei Sonnenuntergang erreichen wir die Hochebene und beobachten ehrfürchtig, wie der große, rote Kreis der Atonscheibe im Westen versinkt. Ich weiß nicht, welches Gebet Ma-nan schweigend spricht, aber mein Ruf geht an den einen, für den es kein Wort gibt, dessen Zeichen zu hell ist, es anzuschauen, der war und ist und immerdar sein wird ... Nachdem die Scheibe uns verlassen hat, herrscht eine große Stille. Schweigend überzieht rotes Licht das Himmelsgewölbe, breitet sich langsam aus und vertieft sich. Wir beobachten, wie die Schatten der Nacht über die Wüste kriechen und an dem karmesinroten Mantel des Himmels zerren. Wir schauen bis die ersten Sterne erscheinen. Dann, als die Dunkelheit gesiegt hat, lassen wir uns auf der bloßen Erde zum Schlafen nieder und ziehen unsere Mäntel um uns. Ich liege lange auf dem Rücken und blicke zum Himmel empor und spüre, wie die Erde sich unter mir dreht, und die Sterne kreisen über mir. Wir geben den Sternen Namen, wir setzen sie sogar mit unseren toten Königen gleich. Wir zeichnen die Muster, die sie bilden, auf Papyrus oder Stein, und geben diesen Bildern Namen der Macht. Aber wer kennt ihre wirklichen Namen, ihre wirkliche Macht. Und wer weiß, welche Rolle wir in diesen Mustern spielen und wie wir jene beeinflussen, die uns beeinflussen?

Der Stern der Isis, mein Stern Sopdt, ist nicht zu sehen. Er wird kurz vor der Morgendämmerung aufgehen, er kündigt die Sonne und die Überflutung an. Es ist passend, daß Ma-nan und ich uns zu dieser Zeit gegenübertreten. Es ist der Tag meiner Geburt und meiner ersten Auflehnung. Solche Kennzeichnungen der irdischen Kreisläufe mögen für den riesigen Glanz des großen Planes nicht sehr bedeutsam sein, aber ohne sie fürchten sich die Erdenkinder.

Ich beobachte das langsame Ziehen der Sterne über den Himmel und bereite mich auf die Morgendämmerung vor. Wir dürfen keine Art von körperlichen Waffen haben. Dies ist ein Zweikampf des Geistes und der Seele. Ich spüre Angst in mir aufsteigen, denn ich kenne Ma-nans Kunst der geistigen Beeinflussung.

Erst als mein Stern aufgeht, fühle ich mich zuversichtlich. Ich kann den lebendigen Gott und all die vielen Wesen des Lichtes anrufen, während seine Günstlinge niedere Wesen sind, gefallene Seelen und finstere Gestalten seiner Einbildung, die die dunkle Seite in ihm erschaffen hat.

Als er erwacht, bereite ich den Platz vor.

Ich nehme das einzige, was ich von Achetaton mitgenommen habe, einen zweiendigen Kristall von vollkommener Reinheit, ein Stab gefrorenen Lichtes. In den losen Sand, der das alte Muttergestein bedeckt, ziehe ich einen makellosen Kreis, Ras Scheibe, das Symbol von Aton, der wiederum ein Symbol ist für das, was einzig ist und zu dem alles andere vielleicht zurückkehrt.

Ma-nan beobachtet mich wie eine Katze die Maus.

Als ich fertig bin und die Gebete zu meinem Gott gesprochen habe, bitte ich meinen Feind in den Kreis. Die Sonne geht auf, und die Strahlen ihrer Kraft erwecken alles zum Leben.

Ma-nan tritt von sich selbst überzeugt in den Kreis, beugt sich augenblicklich nieder und zeichnet mit seinem Finger einen fünfzackigen Stern um sich. Zwei seiner Spitzen zeigen herausfordernd auf den heiligen Mittelpunkt des Kreises, die Zweiheit, eine ungehörliche Geste für das Eine. Ihm gegenüber zeichne ich einen anderen Stern, dieser führt mit einer einzigen Spitze den Blick zum Mittelpunkt des Kreises. Das heilige Pentagramm – das Eine wird Zwei, wird Drei …

Wir stehen in der Mitte unserer Sterne und blicken einander an. Ich weiß, daß ich seinem Blick ausweichen sollte, doch dann kann ich nicht gewinnen, sondern vermeide nur den Kampf. Ich bin kein verängstigtes Kind mehr, sage ich mir, sondern ein ebenso großer Eingeweihter und Adept wie er, in vieler Hinsicht sogar größer. Jetzt ist nicht der richtige Zeitpunkt, um an mein Versagen und an meine Schwächen zu denken. Ich wage nicht, daran zu zweifeln, daß ich gewinnen werde. Schließlich hat er keines seiner Hilfsmittel dabei, kein Räucherwerk, das böse Träume bewirkt, keine Talismane oder Amulette, keine Figürchen für Sympathiemagie. Aber er hat seinen Geist – und er hat seine Augen.

Ich begegne standhaft seinem Blick. In meinem Geist stelle ich mir, so deutlich wie ich kann, die glänzende Sonnenscheibe vor, und die langen Strahlen ihrer Kraft dehnen sich aus, jeder Strahl endet in einer Hand, die ein Lebenskreuz hält, das Symbol des ewigen Lebens. Ich biete es ihm ohne Haß an, wenn auch noch nicht mit Liebe.

Er lächelt, aus den langen Strahlen werden zischende Schlangen, die goldenen Lebenskreuze fallen aus den Händen und werden zu Skorpionen, die durch den Sand auf mich zurennen. Im Mittelpunkt der Atonscheibe sehe ich einen schwarzen Fleck, der stetig größer wird, als ob die Sonne krank sei wie ein faulender Apfel. Für einen Augenblick frage ich mich, ob der Traum, den wir vom reinen Licht des Aton haben, das den Herzen aller Menschen Verständnis schenkt, nicht falsch ist, ob er nicht genauso verdorben ist wie der, den wir zu ersetzen suchen. Für einen Augenblick verliere ich den Glauben. Für einen Augenblick zweifele ich.

Dann zwinge ich mich, vor den Skorpionen und Schlangen nicht davonzulaufen, ich zwinge mich, das geistige Bild zu zerstören und meinen Geist zu leeren.

In Geiste rufe ich die Götter der zwei Länder und setze sie sodann dorthin, wo sie hingehören als Aspekte des Einen, als benannte Kräfte des Großen Geistes, als Glieder des Großen Körpers. Djehuti, Lehrer der Weisheit, Öffner der Augen. Ptah, Schöpfer von Form und Gestalt. Osiris, die Wiederauferstehung. Hapi, der ewige Fluß des Lebens. Maat, Wahrheit und Gerechtigkeit, Erhalter der Ordnung und Harmonie. Hathor, die große Mutter, die Herrin der Intuition. Isis – oh, ja – Isis…

Während ich die Namen und die damit verbundenen Eigenschaften rufe, vermeide ich tunlichst die bildhafte Vorstellung. Ich versuche, das überlieferte Bild von der dahinterliegenden Bedeutung zu trennen, aber die Bilder sind zu mächtig geworden, zu gefestigt durch tausende von Abbildungen. Unter Ma-nans geschickter Anweisung nehmen sie Gestalt an und heulen im Kreis um mich herum, schakalköpfig, löwenhäuptig, skorpionköpfig – der Verderbtheit desjenigen, der sie beschworen hat, untertan wie alle Bilder.

Überwältigt von der Geisteskraft meines Gegners ducke ich mich wie ein Grünschnabel gegen ihren Angriff, um so mehr als ich es war, der ihre Namen rief und sie auf diese Weise herbeilockte.

Aber das ist Zauberei, sage ich mir, und noch so starke Zauberei kann nicht gegen die Kraft des Geistes siegen. Sie ist irdisch, abhängig von Zeit und Raum, und so zerbrechlich und vergänglich wie die Erde selbst.

Ich hole tief Luft.

Jenseits der falschen Bilder ist der Horizont, nicht der Horizont der Wüste, sondern der brennende Feuerring, zu dem mein vom Kristall gezogener Kreis wurde. Die zwei Löwen, Gestern und Morgen, Vergangenheit und Zukunft, hocken im Inneren des Kreises. Der gegenwärtige Augenblick befindet sich zwischen ihnen im Gleichgewicht und ist in großer Gefahr. Mutig überschreite ich diese Schwelle und bin sofort an Keinem-Ort, zu Keiner-Zeit, und Ma-nan ist ohne seine schützenden Dämonen.

Nun bin ich im Vorteil, denn als Pilger, der die Wahrheit sucht, bin ich diesen Weg schon früher gegangen, aber ihm ist er unbekannt. Die Macht, die er sich angeeignet hat, ist die Macht über Dinge und Menschen. Er hat das Wissen nur begehrt, um seine Macht über andere zu vergrößern. Ich habe das Wissen um seiner selbst willen gesucht und weil es mich näher zu dem Einen bringt, von dem ich komme und zu dem zurückzukehren es mich verlangt.

Ich wähle meine Waffe sorgfältig. Sie ist gefährlich, und ich habe um Erlaubnis dafür zu bitten. Es ist das Recht, einen Menschen über sich selbst zu befragen.

Khurahtaten führt mich vor die drei Beisitzer, die meine Beweggründe, meine Gefühle und mein Bewußtsein prüfen. Ich erhalte die Erlaubnis mit der Einschränkung, nichts zu fragen, was ich nicht selbst zu beantworten bereit wäre.

Ich schaue zu Ma-nan, und er ist da.

Er ist scheinbar gewachsen. Er ragt über mir auf, großartig in den Roben des Adepten, mit den unvermeidlichen Symbolen seines Standes, dem Stab, der Kugel und der Feder. Hinter ihm erhebt sich wie eine Gewitterwolke sein Gott Amun und seine Feueraugen bohren sich brennend in die meinen.

Gegen meinen Willen muß ich zittern. Spüre ich hinter ihm noch andere, die warten? Warten sie, um den Ausgang zu sehen, oder warten sie, um sich am Kampf zu beteiligen?

Wenn ich gewinne, habe ich mehr als nur Ma-nan besiegt. Wenn ich verliere, verliere ich mehr als mich selbst.

»Zusammen«, sagt er, »werden wir die Zwei Länder in Händen halten. Sie sind reif, wir werden sie pflücken, und niemand hat die Kraft, sie uns zu nehmen. Denke darüber nach, Junge-ohne-Namen.«

Der alte Spott schmerzt immer noch. Ich falle auf den Trick herein und versuche, mein kleines Ich zu verteidigen.

»Ich habe einen Namen. Djehuti-kheper-Ra, Geliebter des lebendigen Aton. Geliebter des Wa-enre-Echnaton – «

»Geliebter des Amun, von ihm erwählt, die Welt zurück zu Kraft und Gesundheit zu führen, wenn der Ketzer tot ist. Der Name, den er dir gibt, wird durch die Ewigkeit klingen, und die Völker werden bei seinem Schall erzittern. Du wirst vergessen sein, noch bevor die gegenwärtige Generation alt geworden ist, wenn du bei deinem sterbenden Prinzen bleibst. Auf der Erde wird man keine Spur von dir finden, keine Erinnerung wird die Herzen der Menschen bewegen. Deine Taten werden anderen zugeschrieben werden. Die Lobpreisungen, die dir gelten sollten, werden für andere gesungen. Es wird so sein, als ob es dich niemals gegeben hätte.«

»Nofretete ist Mitregentin. Echnatons Sohn wird Pharao werden – nicht sein Bruder«, sage ich.

Wie kann es sein, daß ich ihm zuhöre, wo ich doch weiß, daß ich die Drohungen, die er ausspricht, gegen ihn verwenden sollte? Aber ich habe sie nicht gegen ihn verwendet. Ich schweige, denke an die Macht, die er mir verspricht, den Glanz, den Ruhm, der bis zum Ende der Welt andauert. Wenn Echnaton stirbt, könnte ich Nofretete heiraten, denke ich. Sie und *ich* könnten einen Sohn haben. Oder, wenn sie nicht kann, könnte ich Vater eines Sohnes von Meritaton werden. Ich könnte tatsächlich schon Vater eines Sohnes sein!

»Amun ist großzügig zu seinen Freunden«, fährt Ma-nan schmeichelnd fort. »Machte er seine Priester nicht reicher als den Pharao? Wenn ein Pharao, der ihn verehrt, die Erde verläßt, wird er in Gold gehüllt sein.«

»Und während er lebt…?« frage ich rauh.

»Alles, was er verlangt, wird ihm gewährt werden.«

»Außer seiner Freiheit«, flüstere ich mehr zu mir selbst als zu ihm.

»*Freiheit*« , ruft Ma-nan ärgerlich. »Gibt es eine größere Freiheit, als die höchste Macht im Land zu sein und über Leben und Tod eines jeden Geschöpfes im Reich zu bestimmen?«

Mein Herz fühlt sich wie Blei an. »Wie kann ein Mann atmen mit dem Gewicht all dieser Leben und Tode auf seiner Brust?« sage ich.

»Frag' deinen Bruder«, sagt er spitz.

Meinen Bruder? Mich? Aber wir betrachten uns nicht als Puppenspieler oder als Schlächter von Millionen. Wir sehen uns selbst mit einer großen Aufgabe betraut, wir sehen uns als Kanäle, durch die das Wasser des Lebens von der Quelle bis zum verborgenen Samenkorn fließt. Wir sind in der Hinsicht frei, daß wir diese Aufgabe gewählt haben, und wir wollen sie zu Ende führen. Auf der anderen Seite sind wir nicht frei, denn die Mittel, um unser Ziel zu erreichen, werden uns von dem Ergebnis, das wir uns vorstellen, vorgeschrieben. Wir können uns nicht aussuchen, die zu töten, die gegen uns sind. Wir können uns nicht aussuchen, Ma-nan zu töten. Täten wir es, würden die Mittel und Wege das Ergebnis verderben, und wir würden nichts von dem, was wir möchten, erreichen. Freiheit wird mehr als jedes andere Wort mißverstanden. Aber eines weiß ich, es gibt keine größere Sklaverei, als von den eigenen Sehnsüchten abhängig zu sein – ob nach Besitz, nach Macht, oder, besonders heimtückisch, nach der guten Meinung und Bewunderung der anderen.

»Jetzt ist es an mir, dir eine Frage zu stellen, Ma-nan«, sage ich nun ruhig. Ich fühle meine Kraft wiederkehren und weiß, daß ich der Versuchung des Thrones widerstehen kann.

»Frage«, sagt er dreist, überzeugt davon, die erste Runde gewonnen zu haben.

»Gibt es jemanden, der dich liebt, Ma-nan? Wer hat dich jemals geliebt?«

»Mich *lieben!*« ruft er aus, von der unerwarteten Frage aus dem Gleichgewicht gebracht. Er spricht das Wort »Liebe« aus wie eine Unzüchtigkeit.

»Wen hast du geliebt, Ma-nan? Wen hast du jemals geliebt?«

Sein Gesicht verzieht sich, und für einen Augenblick könnte ich schwören, daß sein ganzer Körper sichtbar schrumpft. Er hat niemals geliebt; ist niemals geliebt worden. Ich sehe hinter ihm, daß noch nicht einmal Amun ihn liebt, noch liebt er Amun. Sie benutzen einander, aber sie lieben einander nicht.

»Warum hat dich nie jemand geliebt?« frage ich.

Wird er die Schuld anderen zuweisen, so wie er es immer tut, oder wird er seine eigene Schuld anschauen?

»Warum hast du niemals geliebt?«

Weiß er, daß es so ist, weil er Angst hat zu geben? Angst hat zu teilen? Alles für sich selbst will?

Wie traurig, wie traurig, nicht zu wissen, was Liebe ist. Ich möchte und erwarte nicht, daß er mir antwortet. Ich möchte nur, daß er sein eigenes Herz prüft. Das scheint bereits zu geschehen, denn er kauert auf dem Boden, sein Mantel wie ein Schattenpfuhl um sich, eine Falte zwischen seinen Augen und seine Lippen eine schmale Linie. Die Befragung geht weiter. Ich kann jetzt nicht aufhören. Mehr als von mir werden die Fragen durch mich gestellt.

»Hast du jemals etwas für jemanden getan nur um seinetwillen und nicht für dich selbst?«

»Hast du jemals etwas für jemanden getan, was sein Leben besser, glücklicher oder reicher gemacht hat?«

»Ich habe das Leben der Menschen verändert«, schnarrt er. »Ich habe das Leben vieler Menschen verändert.«

»Zum Guten oder zum Schlechten?«

»Warum sollte ich irgendetwas für *sie* tun?« ruft er. »Was haben sie je für *mich* getan?«

Wenn du darauf keine Antwort weißt, denke ich, *gibt es keine Hoffnung für dich.*

»Wen hast du gehaßt? Wer hat dich gehaßt?«

Haß, das kennt er. Ich sehe seine Gedanken, und erschaudere vor der Gestalt, die sie annehmen. Sogar Na-aghta, der wohl »Freund« genannt werden könnte, mißtraut und betrügt und wird betrogen. Ich sehe an seinen Augen, daß er anfängt, sich zu ändern und zu bedauern, und daß nur von Haß zu zehren ihm langsam Übelkeit verursacht.

»Frage dich selbst, warum du haßt«, flüstere ich. »Warum? Findest du es leichter, die anderen auf deiner Suche nach Selbstachtung unter dein eigenes Maß zu drücken, statt dich selbst zu ihnen emporzuheben?«

»Das Wissen, das du als Eingeweihter und Adept gewonnen hast«, sage ich. »Wie hast du es umgesetzt?«

Hier flammt der alte Funken für einen Augenblick auf, als er sich an die Triumphe erinnert, die er durch den Gebrauch seines Wissens erlangte.

Aber dann kommt die Frage: »Erinnerst du dich an das Gesetz, das den Gebrauch solchen Wissens bestimmt? Das Gesetz, welches verbietet, das Wissen zu benutzen, um anderen zu schaden und sie auszubeuten?« Die triumphierende Miene verläßt sein Gesicht. Er kennt das Gesetz, das er gebrochen hat, und weiß, was die Strafe sein wird.

Er wendet seinen Kopf von mir ab. Er schaukelt auf seinen Ballen und Fersen vor und zurück und hält seine Knie fest umklammert. Ich kann das Bild seines Gottes hinter ihm nicht mehr sehen. Wir sind allein, und es ist sehr still.

Eine Frage habe ich ihm noch zu stellen bevor ich fertig bin, und es ist eine, die ich selbst nicht gerne beantworten würde.

»Hast du jemals einen Hilferuf vernommen, und es lag in deiner Macht zu helfen, und du hast doch nicht geantwortet?«

Er hebt seine Hände und zerrt an seinem Gesicht, als ob er das Fleisch herunterreißen und fortwerfen wollte. Das war keine gewöhnliche Befragung. Sie ging durch und durch. Sie schmerzte.

Ich sinke neben ihm nieder und nehme seine Hände.

»Ma-nan«, sage ich sanft. »Nicht... das muß nicht sein. Was Vergangenheit ist, ist vorbei. Komm, schau mich an.«

Mitleid hat mein Herz für ihn erwärmt, und in diesem Augenblick, da ich Zeuge seiner Verzweiflung bin, sehe ich, wie es für ihn möglich ist, sich zu ändern, und wie es möglich ist, unsere Beziehung zu ändern. Ich fürchte ihn nicht mehr. Ich sehe in ihm, was hätte sein können und was immer noch sein könnte.

Ich habe den Zweikampf mit mir selbst gewonnen. Ob ich den Kampf mit ihm gewonnen habe, wird die Zeit und die Tat zeigen.

Die aufgehende Sonne sieht zwei Männer, die in der Wüste sitzen. Der Kopf des alten Mannes ruht an der Schulter des jungen.

Die Brise der Morgendämmerung wirbelt den Sand auf und verwischt die Spuren der beiden Pentagramme.

Der Kreis bleibt bestehen.

In der Ewigkeit vergeht keine Zeit.

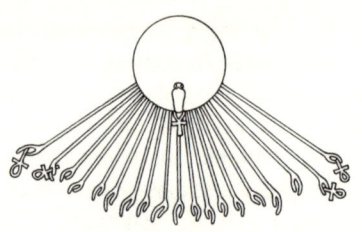

Der Tod

Ich kehre zur Stadt des Aton zurück. Als ich am Kai das königliche Boot verlasse, werde ich von einem meiner Lehrer-Priester begrüßt. Er ist bleich und zittert. Er versucht, mich zur Seite zu ziehen und flüstert zusammenhanglos von Gefahr und daß wir sofort von hier weg müssen. Aber das ist unmöglich. Schon umringen mich die Beamten und das umständliche Begrüßungszeremoniell nimmt mich in Beschlag. Aber irgend etwas stimmt nicht. Ich kann es in den Augen der Menschen sehen, die sich vor mir verbeugen. Ich kann es an den Gesichtern der Menge sehen, die von der Wache zurückgehalten wird. Ich schaue mich nach dem Freund um, der mich warnen wollte, aber er ist nirgends zu sehen. Ist es bloß Einbildung oder werde ich anders als sonst behandelt?

Als ich in meinen goldenen Wagen steige und den stummen Gruß des jungen Burschen, der die Zügel hält, zur Kenntnis nehme, wird mir klar, daß es etwas gibt, was mir niemand sagen will. Ich wickele die Zügel um meine Hand und stemme meine Füße auf den schwankenden, geflochtenen Boden, während die Pferde unruhig auf die Erde stampfen. Von dieser Höhe herab verlange ich hoheitsvoll eine Erklärung. Ich bemerke die Blicke, die die Männer wechseln, bevor einer den Mut hat, vorzutreten und zu sprechen. Voller Ungeduld warte ich die lange Einleitung ab, die das Protokoll verlangt, bis der Kern der Antwort erreicht ist – und dann wird mir eiskalt. Mir ist, als sei alles Licht erloschen.

Der König ist tot.

»Eine Krankheit«, murmeln sie. »Plötzlich … ohne Vorwarnung … vor wenigen Stunden erst …«

Das ist, was man ihnen gesagt hat – aber nicht, was sie glauben. Ich kann es an ihren Mienen sehen. Sie wollten mir diese Nachricht scheinbar verschweigen, bis wir den Palast erreicht hätten. Es gab noch keine offizielle Bekanntmachung, und das Volk weiß noch nicht, was geschehen ist, auch wenn schon Gerüchte umgehen.

Ich nehme nichts von der Stadt um mich her wahr, als wir durch die Straßen zum Palast eilen. Mein Herz hämmert den Namen meines Bruders, aber die Wirklichkeit seines Todes ist noch zu mir gedrungen.

Der Palast wird von Haremhabs Männern schwer bewacht. Als ich die Stadt verließ, hat niemand den General erwartet. Und doch ist er jetzt hier. Ich bezweifle nicht, daß er irgendwie für den Tod meines Bruders verantwortlich ist. Ich bezweifle ebenfalls nicht, daß er für meinen Tod verantwortlich sein wird, wenn ich nicht vorsichtig bin. Meine Haut prickelt, als ich an ihn denke. Ein starker Mann, immer auf der Hut, der seine Zeit abwartet. Er hat immer alles, was wir glauben, mißbilligt, und ich weiß, daß er die alten Dinge wieder einsetzen würde, wenn er könnte. Für ihn ist Religion bloß eine exoterische Angelegenheit, eine Sache von Worten und Ritualen, die nur durchgeführt werden, um das alte Netz der Ordnung zu bewahren, welches das Volk seit Jahrtausenden ruhig und gefügig hält. Er unterstützt Amun-Ra, weil die Priester des Amun-Ra die Armee unterstützen, und die Armee ist der starke Arm des Pharao. Er glaubt, ein Land ohne Angst vor einem Pharao mit einem starken Arm würde in die Gesetzeslosigkeit verfallen, und bestimmt gibt ihm diese Angst nun Antriebskraft. Ich schätze ihn hoch genug, um zu glauben, daß er das alles für das Wohl der Zwei Länder getan hat. Der Haken ist – er sieht nur den Körper der Zwei Länder, nicht den Geist.

Im Palast erreicht das Wehklagen der Trauernden bereits einen Höhepunkt. Die Frauen von Echnatons Harem schlagen ihre Fäuste gegen die Türen ihrer Kammern und gegen die eigene Brust, die Schminke auf ihren Gesichtern zeichnet Streifen von Schwarz und Grün auf ihre Wangen. Ich werde sofort zu General Haremhab vorgelassen. Prinzessin Nezem-mut mit ihren zwei Zwergen ist bei ihm. Von ihrer Schwester Nofretete ist nichts zu sehen. Haremhab gibt einer Gruppe von Beamten, die sich um ihn versammelt haben, Befehle. Einige Augenblicke vergehen, bevor er mich bemerkt, doch dann löst er sich von den Menschen, die ihn umgeben.

»Mein Herr«, sagt er. Er verneigt sich. Jeder im Raum folgt seinem Beispiel. Sogar Eje beugt seine Gestalt zu Boden. Niemand weiß, wer in diesen unsicheren Zeiten der nächste an der Macht sein wird, und viele müssen glauben, ich würde als des Königs Bruder Echnatons Platz an Nofretetes Seite einnehmen.

»Vater der Göttlichkeit«, sage ich. »Hüter des Fächers in der rechten Hand des Königs, tätiger Schreiber des Königs und von ihm geliebter Vorsteher aller Pferde seiner Majestät und erster seiner Begleiter, erhebe dich.« Die anderen lasse ich ein wenig länger warten.

Schließlich erlöse ich sie, und sie taumeln auf ihre Füße. Haremhab ist vor Ärger rot im Gesicht. Er weiß, daß ich ihn absichtlich länger als nötig verbeugen ließ und ihm auch keinen Vorrang vor den anderen eingeräumt habe.

Alle erwarten nun Anweisungen von mir.

In dem Raum scheint die Zeit stillzustehen, während ich mich an die Erkenntnis gewöhne, daß mein Freund, mein Bruder wirklich tot ist. In mein bisher dumpfes Herzen tritt nun der Schmerz, ein Klumpen steckt in meiner Kehle. Ich bitte heiser darum, daß man mich zum König bringe, und der Arzt, der ihn betreut hat, zu mir gebracht werde. Man sagt mir, daß sein Leibarzt nicht in der Stadt ist und Haremhabs Armeearzt ihn betreut hat. Ich verlange die Anwesenheit des zweiten Hofarztes. Er ist scheinbar auch fort. Ich stelle fest, daß alle Männer, die dem König am nächsten stehen, seine Freunde und Günstlinge, seltsamerweise nicht in der Stadt sind. Ich denke voll Pein daran, daß ich ebenfalls nicht da war, als er mich brauchte.

Man teilt mir mit, Nofretete und die Prinzessinnen befänden sich im nördlichen Palast, und würden zu ihrer eigenen Sicherheit bewacht.

»Ich muß dir mitteilen, mein Herr«, sagt Haremhab ruhig, »daß einige glauben, die Königin habe den Pharao vergiftet.«

Ist es möglich? *Wirklich?* Ich schaue zu Nezem-mut, die hinter Haremhab steht. Ihr Gesicht ist verzerrt und elend. Als ich ihrem Blick begegne, weiß ich, daß sie genauso Angst hat wie ich. Sie erkennt meine Frage und bewegt fast unmerklich ihren Kopf. Es ermutigt mich, daß wenigstens sie ihre Schwester nicht für schuldig hält. Sie haben sich als Schwestern nie nahegestanden, aber ich nehme an, Nezem-mut würde es wissen, wenn Nofretete einer solchen Tat schuldig wäre.

»*Ich* glaube das nicht, Herr«, sage ich eisig. »Die Königin hat ihren Gemahl geliebt.«

»Die Königin ist ehrgeizig.«

»Wenn ehrgeizig zu sein jemanden unter Mordverdacht bringt, dann stündest du ebenfalls unter Verdacht.«

Als ich das sage, zittere ich, aber ich bin froh, daß ich den Mut dazu hatte.

»Auch du, mein Herr.«

Ich kann die Spannung um mich her spüren. Ich höre beinahe die Knöchel der Soldaten knacken, als sie ihre Waffen fester fassen. Ich könnte darauf hinweisen, daß ich nicht im Palast war, als der König krank wurde, er jedoch wohl. Aber er weiß genau so gut wie ich, daß ich es nicht sagen werde. Ich und alle, die Echnaton liebten, sind in großer Gefahr.

Ich wende mich der Tür zur Schlafkammer des Königs zu, und mit dem äußeren Anschein von Autorität bedeute ich den Menschen, die sich davor drängen, wegzugehen. Die Trauernden bewegen sich fort, aber die Soldaten halten die Stellung, bis Haremhab ihnen ein Zeichen gibt.

Durch die Tür, die mit Ebenholz und Elfenbein getäfelt ist, betrete ich die Kammer, die vom Geruch des Räucherwerkes so erfüllt ist, daß es mich fast überwältigt. Mein Freund liegt auf dem Rücken im Bett, seine Hände sind auf der Brust gefaltet. Ich schaue auf ihn hinab. Die Einbalsamierer haben ihn noch nicht angerührt, doch er ist bereits so starr wie eine Statue. Es gefällt mir nicht, daran zu denken, wie sie ihn aufschneiden und seine Eingeweide, sein Gehirn und sein Herz herausholen.

»Willst du nicht zu mir sprechen, mein Freund?« raune ich. Aber er antwortet nicht – und eine schreckliche Einsamkeit erfüllt mein Herz. *Was soll aus mir werden? Habe ich eine Stellung, in der ich etwas tun kann? In der ich eine Entscheidung treffen kann?*

Haremhab behandelt mich nach außen hin mit vorsichtigem Respekt, aber ich weiß, daß er mich nicht so sehr fürchtet wie ich ihn. Ich bin ein toter Mann, wenn ich eine falsche Bewegung mache.

Mein Herz sehnt sich schmerzlich nach meinem armen Freund, der so still daliegt. Er war ein großer Mann, ein Träumer, ein Gläubiger, einer, der zur göttlichen Essenz der Welt gelangte... und nun liegt er da hilflos der Gnade der Diener des Anubis ausgeliefert, die sich schon im Palast versammeln und ihre Krüge mit Natron und ihre blankgewetzten Messer mitgebracht haben.

Ich wende mich von ihm ab und frage Nezem-mut mit leiser Stimme nach Meritaton. »Sie ist bei ihrer Mutter«, flüstert sie. »Bewacht«, fügt sie hinzu.

»Laßt sie frei!« rufe ich und drehe mich schnell zu Haremhab um.

»Mit welchem Recht hältst du die königliche Familie fest?«

»Ich halte sie nicht fest, mein Herr«, antwortet er geschmeidig. »Sie stehen zu ihrer eigenen Sicherheit unter Bewachung.«

»Schicke nach Nefernefruaten Nofretete und ihren Töchtern«, sage ich kühl.

»Bei allem Respekt, mein Herr ...« fängt Haremhab an.

»Schicke nach ihnen«, wiederhole ich entschlossen. Und ich denke, wenn ich zu ihnen gehe, sitze ich vielleicht mit ihnen in der Falle. Dieser

Palast ist größer und offener. Er ist nicht so leicht zu bewachen, und er liegt nicht weit vom Kai, falls wir schnell fortmüssen.

Widerwillig gibt der General den Befehl.

Ich erwarte ihre Ankunft im Thronsaal, von den Soldaten beobachtet. Ich ringe um die Beherrschung meiner aufgewühlten Gefühle. Ich fühle mich, als würde ich auf einem Boden aus Eierschalen über einen bodenlosen Abgrund gehen. Wo ist mein Bruder? Wo? Ich kann ihn nicht mehr spüren und es ist, als hätte es ihn nie gegeben. Ich beherrsche mich. Wenn man mir anmerkt, daß ich Angst habe, werde ich alles verlieren. Meine Kraft und meine Ruhe müssen andere stützen. Von vielen Dingen, die mein Bruder tat, dachte ich, daß ich sie als Pharao besser machen würde. Ich werde wohl nie Pharao sein, aber ich war der Partner meines Bruders in einem großen und mächtigem Traum.

Der Traum muß nicht mit seinem Tod sterben. Werde ich die Kraft haben? Nicht nur die Angst vor Haremhab läßt mein Herz wie unter Donnerschlägen dröhnen, sondern auch die Angst vor mir selbst.

Als die Frauen ankommen, habe ich mich wieder in der Gewalt. Ich habe festgestellt, daß viele von Echnatons engsten Anhängern aus der Stadt geflohen und untergetaucht sind. Man spricht davon, daß sie alle das Land verlassen. Niemand zweifelt daran, daß es Mord war, auch wenn öffentlich nicht darüber gesprochen wird. Niemand kann sicher sagen, wer dafür verantwortlich ist. Auch wenn niemand davon spricht, kann ich die Überzeugung unserer Freunde spüren, es sei auf Haremhabs Befehl geschehen.

Nofretete schreitet federleicht mit hoch erhobenem Haupt in den Thronsaal, ihre blaue Krone läßt sie größer als sonst erscheinen. Ihre Schönheit ist selbst nach der Geburt von sechs Kindern erstaunlich. Nach ihr kommen ihre Töchter. Anchesenpaton sieht müde und verdrossen aus, die jüngeren sind verschreckt und bleiben in der Nähe ihrer Mutter, meine geliebte Meritaton geht ein Stück neben ihnen. Ihr Gesicht ist entstellt und düster, als ob sie unablässig geweint hätte, seit ich sie verlassen habe. Ihre Seele fliegt mir zu als sie mich sieht, und wir sind zusammmen, auch wenn unsere Körper getrennt sind. Haremhab ist bei ihnen.

Nofretete nimmt auf Echnatons Thron platz, der Thron des Mitregenten bleibt leer. Sie schaut mit spöttischer Herausforderung in ihren Augen von mir zu Haremhab und wieder zurück, als ob sie fragen wollte, wer von uns versucht, Echnatons Platz neben ihr einzunehmen. Auf ihrer Stirn gewahre ich die glühenden, durchdringenden Augen der Kobra. Sie hat die Erscheinung der vergangenen Pharaonen, der mächtigen Gott-Könige, die die Pyramiden gebaut haben und die in einem stetigen Austausch mit den Zwei Ländern stehen, solange ihre Totenrituale währen und ihre Grabmale die alten Bannzauber enthalten. Das goldene Band um ihr Haupt steht in Flammen. Sie scheint uns nicht mit ihren eigenen Augen anzublicken, sondern mit Augen aus Feuer.

Haremhab wählt und äußert seine Worte mit Vorsicht. Er ist nach Achetaton gekommen, erzählt er uns, um seinen König um weitere Hilfe für die östliche Grenze zu bitten. Vassallenkönige erheben sich gegeneinander, und Haremhab benötigt mehr Truppen, mehr Waffen und mehr Vorräte, um den Frieden zu erhalten und die Interessen des Pharaos im Osten zu verteidigen. Er behauptet, Echnaton habe ihm diese Dinge in der Nacht vor seinem Tod gewährt. Er vermutet, jemand, den er nicht kennt, habe Echnaton schwach gemacht und ihn mit Musik und Kunst verleitet, sein Herz von dem Reich, das seine Vorväter für ihn errungen haben, abzuwenden. Diese Person habe ihn in seiner für das Land selbstmörderischen Politik bestärkt, die darin besteht, das feste Netz des Glaubens an örtliche Gottheiten unter der Herrschaft des Amun-Ra zu zerstören. Er behauptet, als diese Person erkannte, daß Echnaton schließlich eingesehen habe, daß er sein Land verteidigen und Haremhab gewähren muß, was er braucht, habe sie den Verlust von Herrschaft und Macht gefürchtet und beschlossen, ihn zu ermorden.

Ich schaue Nofretete genau an. Will er andeuten, daß sie die Mörderin ist? Könnte sie es getan haben? Ihre Haut ist wie Alabaster und ihre Augen wie Lapislazuli. Ich kann ihre Miene nicht deuten. Sie ist zu schön, zu gefaßt. Ich weiß, daß sie bis zum Tod ihrer Tochter Maketaton ihren Gemahl in allem, was er tat, ermutigte. Doch Maketatons Tod veränderte sie, veränderte sie beide. Es läßt sich nicht leugnen, sie hatten ihre Unstimmigkeiten. Aber ich habe nie geglaubt, daß Nofretete sich soweit von ihrem ursprünglichen Ziel entfernen und eine solche Tat auch nur in Betracht ziehen würde.

Nofretete schaut unerschütterlich in Haremhabs Augen. Zunächst erwidert er ihren Blick genauso unerschütterlich, wird dann unruhig und senkt seinen Blick. Sie wendet sich zu mir. Kein Schatten des Todes liegt in meinem Blick. Ich sehe ihre Zufriedenheit. Sie und ich, wir hatten unsere Streitigkeiten und unsere Eifersucht. Sind wir nun Verbündete gegen ein größeres Übel? Der Mann, den wir beide liebten, ist tot.

Anchesenpaton, älter als ihre Jahre zählen, erhebt plötzlich ihre Stimme.

»Mir scheint«, sagt sie kühl, »wir wissen nur eines sicher. Mein Herr, der König ist tot. Es gibt kein Anzeichen von Gewalt an ihm, kein Tropfen

Gift lag auf seinen Lippen. Er war kein gesunder Mann. Jeder konnte das sehen. Er starb. Laßt es damit genug sein.«

Liebte sie ihren Vater-Gemahl nicht, dieses erwachsene Kind, diese Schachfigur in dem königlichen Spiel? Wie unterschiedlich die beiden Schwestern sind. Wie sanft ist Meritaton, wie hart ihre Schwester. Ich bete darum, daß ich meine Liebe nicht in Bitternis treibe und kämpfe gegen den Gedanken an, der sich langsam einschleicht. Große Macht gäbe es mir, Nofretete zu heiraten und Mit-Regent zu werden. Ich weiß selbst nicht, ob ich Echnatons Platz einnehmen möchte, um seinen Traum fortzuführen oder weil ich mir eingestehe, daß ich seine Königin begehre.

Plötzlich erhebt sich Meritaton mit Zornesröte im Gesicht.

»Auf was spielst du an, General? Meine Mutter *liebte* meinen Vater!«

»Deine Mutter bot *mir* die Doppelkrone«, sagt Haremhab trocken und blickt die Königinwitwe fest an.

Für einen Augenblick verliert sie fast ihre Fassung, und mein Herz hört auf zu schlagen. Meritaton schnappt nach Luft. Sie ist entsetzt. Soll sie Haremhab für die Beleidigung ihrer Mutter ins Gesicht schlagen oder soll sie ihrer Mutter ins Gesicht spucken für das, was sie als Verrat an ihrem Vater empfindet. Doch sie wäre nicht Meritaton, wenn sie eines von beiden täte, aber in ihren Augen sehe ich großen Schmerz heraufziehen. Dieses behütete Kind der Sonnenstadt hat bisher noch nicht erkannt, wie verworren und gefährlich das Leben sogar in der eigenen Familie sein kann. Ihre Schwester lauscht die ganze Zeit mit großer Aufmerksamkeit jedem Wort und scheint weder beeindruckt noch überrascht zu sein.

Ich fühle mich, als ob ich plötzlich durch den Eierschalenboden gestürzt wäre, auf dem ich so unsicher stand.

Mit einem Mal fühle ich mich müde und sehne mich nach einem Spaziergang und einem Gespräch mit meinem Freund am See in Per-hay. Soll doch Nofretete Haremhab heiraten und die Zwei Länder regieren …

Erst als ich Nofretetes Erwiderung höre, wird mir klar, daß ich Haremhab ohne zu fragen geglaubt habe.

»Du lügst, General«, sagt sie mit tödlicher Kälte in ihrer Stimme, die mich an die Ruhe einer Schlange erinnert, bevor sie zubeißt. »Ich bot dir meinen Körper an – nicht die Krone.«

Die Stille ist fast greifbar.

Der Mut der Königin, dieses zu sagen, überzeugt mich völlig davon, daß es die Wahrheit ist. Machte sie dieses Angebot, um Zeit für ihren Gemahl zu gewinnen – oder einfach, um ein vorübergehendes Bedürfnis zu befriedigen?

Flecken des Ärgers verdunkeln Haremhabs Gesicht. Seine Lippen bewegen sich, doch es ist nichts zu hören. Zum ersten mal tut er mir fast leid. Möglicherweise glaubte er tatsächlich, sie böte ihm die Krone, und alles, was er tat, geschah in dieser Erwartung. Aber da er nun sieht, daß er sich geirrt hat, versucht er die Situation zu retten, indem er sie vernichtet und seine Aufmerksamkeit mir zuwendet. Vermutlich hat sein Mißerfolg bei ihr mein Leben gerettet. Er und die Amunpriester brauchen mich als Alternative, falls Nofretete sich ihrer Sache nicht als so hilfreich erweist, wie sie möchten. Falls ich sie ebenfalls enttäusche, ist da immer noch Tut-ench-Aton – ein kleines und fügsames Kind.

Die Spannung wird von Meritaton gebrochen, die hysterisch wird und schreit und kreischt und mit den Fäusten auf ihre Mutter einschlägt. Nezem-mut, die die ganze Zeit still dagesessen und sich ihren Teil gedacht hatte, eilt herbei und hilft mir, ihre Nichte wegzuziehen. Nofretete verharrt bewegungslos, aufrecht und stolz, und fordert Haremhab durch ihren Blick heraus. Anchesenpaton beobachtet beide mit einer Art ungesunder Faszination.

Als Meritaton schließlich beruhigt ist, kann ich mich wieder den anderen zuwenden. Haremhab ist gegangen. Nofretete sitzt auf dem Rand ihres Thrones, das Gesicht in den Händen verborgen, und schluchzt schmerzerfüllt. Ich lasse Meritaton in Nezem-muts Armen und stehe vor Echnatons Königin. Nun, da sie weint, ist mein Verlangen, sie in die Arme zu nehmen, sehr stark.

»Nefernefruaten Nofretete«, sage ich sanft. »Haremhab muß sterben. Es ist nicht recht, daß ein General einen Pharao beschuldigt und am Leben bleibt.« Was würde wohl Khurahtaten jetzt sagen? Wer bin ich, daß ich die Macht über Leben und Tod in meine Hand nehme?

Hört sie mich durch ihr Schluchzen? Sie regt sich nicht. Meine Hände hängen linkisch an meinen Seiten, während ich schweigend vor ihr stehe und warte. Allmählich hört das Schluchzen auf und sie hebt ihr Gesicht zu mir empor.

»Wenn wir nur zurückkönnten, Djehuti-kheper-Ra«, murmelt sie unglücklich. »Zurück zu der Zeit, bevor alles falsch lief. Ich würde manches tun, was ich damals nicht tat, und manches würde ich jetzt nicht tun…«

Obgleich meine Arme sie nicht berühren, hält mein Blick sie mit großem Mitleid und Liebe.

»Ich habe dich gehaßt«, sagt sie und schaut mich fragend an, »denn er schien mehr Zeit mit dir als mit mir verbringen zu wollen.«

»Ich habe dich gehaßt«, sage ich. »Weil es Dinge gab, die er mit dir teilen konnte, doch nicht mit mir.«

In diesem Augenblick verstehe ich zum ersten Mal, daß meine Liebe zu Echnaton auch Begehren war und daß mein Begehren nach Nofretete auch Liebe ist.

Meritaton berührt meinen Arm. Sie hat alles gehört, was wir gesagt – und was wir nicht gesagt haben. Sie ahnt den Anfang vom Ende.

Die Ereignisse überschlagen sich in den nächsten Tagen.

Haremhab ist nicht zu finden, obwohl klar ist, daß er die wirkliche Herrschaft im Lande hat, gleichgültig wo er ist, und daß nichts ohne sein Wissen geschieht. In den letzten Jahren erweiterte er die Armee. Er verwendete sein eigenes Vermögen, wenn Echnaton ihm keine Hilfe gewährte, und nun besaß er eigentlich eine private Armee. Die abgesetzten Amunpriester haben ihn unterstützt und das meiste der beträchtlichen Reichtümer ihrer Tempel fand seinen Weg zu Haremhab, anstatt dem König zuzufließen und ihm bei seinen Baumaßnahmen zu helfen.

Nofretete trifft die Entscheidung, ihn auf dieser Stufe nicht herauszufordern.

»Er ist zu mächtig«, sagt sie, »und wir zu verwundbar.«

Ich bin geneigt, zuzustimmen, denn unsere einzige Hoffnung für unser Überleben, für das Überleben von Echnatons Familie und seiner Wunschbilder, besteht darin, uns scheinbar in Haremhabs Pläne zu fügen und nach einer Gelegenheit auszuschauen, ihn zu stürzen. Wenn man in den Angelegenheiten der Welt nicht über physische Macht verfügt, muß man lernen, listig zu sein.

Meritaton ist entrüstet, daß ich so fügsam erscheine. Ich beschuldige Haremhab nicht offen, verantwortlich für Echnatons Tod zu sein, und er seinerseits hört auf anzudeuten, ich oder Echnatons Witwe seien darin verwickelt. Gegenüber dem Volk behaupten wir beide, der König sei eines natürlichen Todes gestorben. Er war kein widerstandsfähiger Mann, wie Anchesenpaton schon sagte, und so erscheint es nicht verwunderlich, wenn er plötzlich an einer Krankheit stirbt. Es ist bekannt, daß alle seine engsten Freunde, außer Eje und mir, verschwunden sind. Das wird aber von denen, die noch am Hofe sind, nicht zu laut erwähnt.

Eje ist uns eine große Hilfe, und er überzeugt uns schließlich, daß Abwarten das Beste ist. Als ein Mann, der von Echnatons Vater sehr geschätzt wurde, wird er ebenso von Haremhab geachtet. Er ist die Brücke, die wir überqueren müssen, wenn wir den mächtigen General besänftigen wollen.

Das Grabmal, welches Eje im Tal östlich von Achetaton für sich selbst vorbereitet hat, trägt bereits vorzügliche Darstellungen von Echnaton und seiner Familie unter den schützenden Strahlen des Aton. Jetzt befiehlt er den Künstlern, die anderen Götter vorsichtig hinzuzufügen.

Immer wenn ich mich den Räumen nähere, wo die Einbalsamierer an meinem Bruder arbeiten, werde ich höflich aber bestimmt von einer der Wachen beiseite gezogen. Ein dringendes Bedürfnis, das ich mir selbst nicht erklären kann, veranlaßt mich, über den heißen Sand zu seinem Grabmal zu fahren.

Am Eingang des Tales, das die östliche Bergkette durchschneidet, zügele ich das Pferd und gehe den Rest des Weges zum königlichen Grab zu Fuß. Das Klappern der Pferdehufe und das Rattern der Wagenräder auf den losen Kieseln ist mir lästig. Ich brauche Stille, ich muß nachdenken.

Ich habe wirklich Stille, während ich mich von meinem Pferd entferne, das sanft schnaubend die spärlichen, dornigen Pflanzen abweidet. Manchmal laufe ich auf Felsen und zwischen hohen, steilen Klippen und höre das unheimliche Echo meiner Fußtritte, doch meistens gehe ich auf weichem Sand und höre nichts. Maketatons Beerdigungsprozession ist diesen Weg gegangen und bald wird die ihres Vaters folgen. Gelegentlich bilde ich mir ein, ich hörte Hathors silbernes Sistrum rasseln und ein kurzes Auflodern von Gesang, doch so undeutlich und unwirklich, als ob die Erinnerung an Vergangenes in diesen stummen Bergen umginge und darauf wartete, wieder gebraucht zu werden. Ich muß mich daran erinnern, sage ich mir, ob Echnatons Musik nun seine eigene ist oder ob sich eine Geistermusik dareinmischt.

Von wirbelndem Wasser grob ausgewaschene enge Täler zweigen von dem weiten Prozessionsweg ab, einige werden von pyramidenförmigen Felsen überschattet, andere weisen keine bemerkenswerten Zeichen auf. Ich weiß, in welches ich einbiegen muß, und gelange vor den Eingang zum Grab meines Bruders. Von außen ist nicht zu erkennen, daß dieses nackte Loch im Felsen so viel verbirgt.

Ich bücke mich und trete ein. Es ist noch genauso unfertig wie zur Zeit seines Todes, die Werkzeuge liegen da, wo die Arbeiter sie fallen ließen. Der Fels liegt in brütendem Schweigen.

Ich gehe den langen Gang hinunter, den ich einst mit Khurahtaten durchflog. Hier ist eine entsetzliche Leere, ein Gefühl der Trostlosigkeit. Ich empfinde genauso wie am Tag seines Todes. Es ist, als ob es ihn nie gegeben hätte.

Ich stehe in der Kammer, wo der Sarkophag schon auf ihn wartet, und fühle mit einem Mal eine merkwürdige und zu Kopfe steigende Schläfrigkeit. Ein undeutlicher Duft von Räucherwerk hängt noch aus der Zeit in der Luft, als er und Nofretete ihre magischen Rituale ausführten, doch das kann mit Sicherheit nicht das auslösen, was ich jetzt empfinde.

Ich setze mich an die Wand und lehne meinen Kopf an die kalte Oberfläche. Ich spüre, wie ich in Schlaf gleite und kann es nicht verhindern. Allmählich lüftet sich die Dunkelheit, in die ich gefallen bin. Ich stehe auf einem Felsen und blicke über eine Wüstenlandschaft. Die Sonne ist ein brennendes Loch im Himmel, das Land flimmert unwirklich. Geier kreisen über mir. Ich starre in den Glanz und versuche zu erkennen, was ihre Aufmerksamkeit erregt. Ein dunkler Fleck liegt auf dem Sand. Ich kann aus dieser Entfernung nicht sehen, was es ist. Mein Herz fühlt sich an wie Eis, als ich über den sengenden Sand zu der Gestalt laufe. Irgendwie weiß ich, was ich finden werde.

Ich finde den zusammengekrümmten und gebrochenen Leichnam eines Mannes im Sand, der von den Aasfressern der Wüste bereits gehäutet wurde, doch mein geistiges Auge erkennt ihn immer noch als meinen Bruder Echnaton. Ein Zauber wurde um ihn gelegt, ihn an diesen Ort zu bannen, denn er wird von einem dunklen, bösartigen Schatten eingehüllt.

Ich zittere vor Zorn. Ist es nicht genug damit, daß sie seinen Körper getötet haben? Für ihn wird es kein aufwendiges Begräbnis geben, keine Gebete werden ihn sicher zu seinem Gott geleiten, an keinem Ort der Erde wird seine Seele willkommen geheißen, so daß zukünftige Generationen Nutzen aus seiner Führung und seinem Schutz ziehen könnten. Selbst ein Geist, der an seine einstige irdische Wohnung gebunden ist und sich unaufhörlich an den Zeitpunkt seines Todes erinnert, hat eine Hoffnung auf Geisteraustreibung und Erlösung. Aber wer wird meinen Bruder hier finden? Wer erlöst ihn von diesem öden Ort? Ich weiß, daß es nicht mehr lange dauern wird, bis sie seinen Namen aus allen Denkmälern meißeln, und dann wird es so sein, als ob es ihn nie gegeben hätte…

Ich erwache schaudernd und befinde mich wieder in dem leeren Grab.

Ich haste davon und lenke meinen leichten Wagen schnell zurück zur Stadt. Im Palastgarten sehe ich Meritaton und ihre Schwestern, aber ich beachte sie nicht. Ich renne die Treppen hinauf, die Gänge entlang, durch die Hallen bis zu der Kammer der Einbalsamierer. Dort breche ich durch die Hände der Wachen, die mich zurückhalten wollen, und stoße die Tür auf. Auf der Platte, wo der Körper meines Bruders liegen sollte, liegt nichts. Die Einbalsamierer, die herumsitzen, Bier trinken und schwätzen, schauen bei meinem jähen Eindringen erstaunt auf. In einem einzigen blendenden Augenblick weiß ich, daß mein Traum eine wahre Vision gewesen ist. Echnatons Leichnam wird nicht für die Beerdigung vorbereitet. Die Reihe der kunstvollen Särge, die während der Prozession zu seinem Grab getragen und schließlich in den Sarkophag gelegt werden, wird leer sein. Kein Ka wird das Haus der Schwellen die langen Zeitalter hindurch bewohnen.

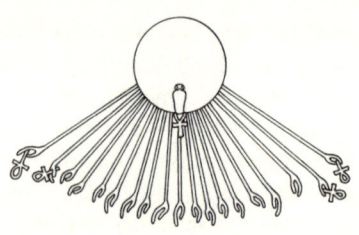

Die Doppelkrone

Haremhab und das ganze Land erkennen Nofretete zunächst als Monarchin an, aber man beobachtet sie genau. Meritaton wird endlich meine Frau, aber nicht eine Nacht liegt sie friedlich in meinem Bett. Wir sind von Spionen umgeben, und selbst in den innersten Räumen des Palastes gibt es keine Möglichkeit, sich zurückzuziehen.

Ich versuche, die Totenpriester wegen des Verschwindens von Echnatons Körper zur Rede zu stellen, doch ihre Lügen sind so einleuchtend, daß ich mich zum Narren mache, wenn ich bezweifle, daß der kunstvoll hergestellte Satz von Särgen seine sterblichen Überreste enthält. Man zeigt mir sogar eine in Binden gewickelte Gestalt mit den kostbaren königlichen Amuletten an den richtigen Stellen, aber zu dieser Zeit ist der Leichnam natürlich nicht mehr zu erkennen.

Die Beerdigung wird mit den üblichen aufwendigen Ritualen vollzogen. So wie es Brauch ist, findet das abschließende Fest im Inneren des Grabes statt, so daß Echnaton seinen Abschied so von uns nehmen kann, als ob er auf eine lange Reise ginge. Nofretete, ihre Töchter, Tutenchaton und ich sitzen auf den Ehrenplätzen, während Echnatons mit Blumengirlanden geschmücktes Bildnis neben uns aufgestellt wird. Speisen und Getränke werden ihm gereicht und der Anschein erweckt, er sei anwesend. Bevor die Särge in den Sakrophag gesenkt werden, wird sogar die Zeremonie des Öffnen des Mundes durchgeführt, auf daß es seiner Seele möglich sei, sich mit denen in der Anderswelt und mit den in dieser Welt Zurückgebliebenen zu unterhalten. Ich schaue in Haremhabs ausdrucksloses Gesicht und staune, wie wenig er an die Götter glaubt, für die er scheinbar eintritt, und wie wenig ernst er ihre Rituale nimmt.

Oh, mein Geliebter, mein Freund, wo bist du? Vielleicht könnte ich deinen zerschmetterten Körper finden und einiges von dem, was dir Übles angetan wurde, wieder gutmachen, indem ich dir eine richtige

Beerdigung zuteil werden lasse. Nofretete ist in der Magie höchst bewandert – möglicherweise könnte sie uns dabei helfen.

Der Wein steigt zu Kopfe, Meritatons Wangen sind gerötet, ihre Augen glänzen. Ich fühle mich sehr benommen und frage mich, ob dem Wein etwas beigemengt wurde. Ob wir dieses Grab wohl je wieder verlassen dürfen? Der Gesang der jungen Mädchen mit den blauen Lotosblüten im Haar ist sehr süß und scheint so weit fort …

Als wir erwachen, sind wir wieder im Palast. Also werden wir noch eine Weile lebend gebraucht? Ich habe das Gefühl, jeder Moment, den ich noch lebe, habe ich nur der Gnade des unerbittlichen Generals zu verdanken. Alle scheinen darauf zu warten, daß etwas geschieht. Alle haben Angst.

Meritaton entzieht sich immer mehr meinen Berührungen, und ich lese in ihren Augen Verachtung, weil ich Haremhab nicht stürze. Auch weiß sie, daß die Schönheit ihrer Mutter mich in Bann schlägt. Verbittert muß sie zusehen, wie ich hilflos in meinem Verlangen nach Nefernefruaten und meiner Angst vor Haremhab herum zappele. Wenn ich überhaupt klar denken kann, was nicht häufig geschieht, bin ich erschrocken darüber, daß ich alles mißachte, was ich von Khurahtaten gelernt habe. Die körperlichen Ängste und Sehnsüchte sind ein stärker als eine Wolfsfalle. Die Augen meines Bruders suchen mich heim. Ich rede mir ein, meine Verfolgung Nofretetes gälte ihrem Wissen und nicht ihrer Schönheit, und ich lauere auf eine Gelegenheit, mit ihr allein zu sein. Es ist nicht einfach, den tadelnden Blicken Meritatons oder dem Netz von Haremhabs Spionen zu entkommen, aber schließlich gelingt es uns. Mit Hilfe von Listen und Ausflüchten entkommen wir und fahren mit einem Boot auf den See in Meru-aten.

Nofretete ist von den Anspannungen der vergangenen Jahre gezeichnet. Auf ihren Statuen und Gemälden wird sie immer schön sein, ihre Schönheit wird für immer leben, aber im Leben ist ihre Schönheit nun von einer Härte und Hagerkeit überschattet, die ihre Jugend nicht kannte. Sie sieht mich auf eine Weise an, die ich nicht mag. Sie durchschaut meine Gedanken. Sie wartet darauf, daß ich zuerst spreche.

Ich halte mich zurück, darauf bedacht, sie nicht zu berühren. Ich blicke geradeaus über das Wasser zu der kleinen mit Riedgras umsäumten Insel mitten im See, wo die von Echnaton geliebten, seltenen Wasservögel ihre Zuflucht haben.

»Nefernefruaten«, sage ich endlich, »ich muß dir etwas Schmerzliches sagen.«

»Sprich«, sagt sie ruhig.

Zum ersten Mal spreche ich über meinen hellsichtigen Traum und über das, was ich über die vorgetäuschte Beerdigung weiß. Ich weiß, wie sie sich fühlen muß und wage nicht, ihr ins Gesicht zu sehen.

Nach scheinbar endlosem Schweigen sagt sie, sie habe seine Gegenwart bei dem Begräbnis nicht gespürt und es überrasche sie deswegen nicht, dieses zu hören.

Es ist eine Erleichterung, endlich über mein Erlebnis zu reden und die Last zu teilen. Ich kann ihr Gesicht nicht sehen, denn sie hat mir den Rücken zugekehrt, aber sie hält sich aufrecht und nichts deutet darauf hin, daß sie weint. Ihre Kraft bestärkt mich.

»Du kennst dich in der Magie aus«, sage ich schließlich. »Weißt du einen Weg, wie wir ihn finden können?«

Sie schweigt lange.

»Er verbot meine Magie«, sagt sie endlich mit leiser und bitterer Stimme. »Was für eine Ironie, sie zu benutzen, um ihn zu retten.«

»Ich frage nicht leichthin.«

Sie wendet plötzlich den Kopf und schaut mich mit diesen wunderbaren Augen an. Meine Hände zittern, als ob ihr Blick eine Berührung sei.

»Ich werde es versuchen«, sagt sie schließlich, »aber es würde mich wundern, wenn derjenige, der das getan hat, nicht auch einen Zauber gegen sein Auffinden gewirkt hätte.«

Na-aghta könnte das auf Haremhabs Befehl getan haben, denke ich. Ma-nan weiß wahrscheinlich Bescheid. Vielleicht sollte ich bei ihm beginnen. Aber wenn er es nicht weiß – oder wenn er wieder unter Na-aghtas Einfluß steht, trotz meines Sieges beim Zweikampf…

Daß Na-aghta und Haremhab mich und Nofretete am Leben ließen, kommt mir immer unheimlicher vor. Sie müssen sich ihres Einflusses auf uns ziemlich sicher sein. Sie müssen sicher sein, daß wir in der Falle sitzen. Für einen Augenblick verzweifele ich, doch dann landet eine Ente auf der Oberfläche des Sees, und silbernes Wasser spritzt empor, das plötzlich im Sonnenlicht aufleuchtet. Für einen Augenblick bin ich verwirrt, und dann klärt sich meine Vision. Zauberbann oder nicht, ich werde Echnatons Körper finden und dafür sorgen, daß seine Seele frei ist und auf ihrer Reise sicher das Boot der Millionen Jahre besteigt. Ich hoffe nur, es wird jemand das gleiche für mich tun, wenn es nötig sein sollte.

Nofretete und ich verbringen viel Zeit miteinander. Wir befassen uns nicht nur mit den offiziellen Pflichten unter den wachsamen Augen Haremhabs und seiner Spione, sondern wir suchen auch heimlich nach einem magischen Zauberspruch, der uns den Aufenthaltsort von

Echnatons Körper verrät. Meritaton ist sich sehr wohl bewußt, was vorgeht, und zieht sich immer mehr in ihre Gemächer zurück. Selbst wenn es mir gelingt, sie zu besuchen, entschuldigt sie sich mit Unwohlsein. Ich spüre die Traurigkeit in ihr, kämpfe aber dagegen an, denn ich sage mir, daß sie unbegründet ist – es ist nichts zwischen ihrer Mutter und mir außer der gemeinsamen Sorge um das Wohl der Zwei Länder und von Echnatons Seele. Ich weiß, ich belüge mich selbst, und doch bleibe ich dabei.

Ich versuche, die Freundschaft von Eje zu gewinnen, denn ich vermute, daß er mich niemals wirklich mochte und noch immer danach trachtet, seinen Schützling Tut-ench-Aton neben seine Tochter auf den Thron zu setzen. Der Junge wird schnell größer. Wenn ich nicht acht gebe, könnte er meinen Platz neben Nofretete einnehmen. Sie hat mich nicht zum Mitregenten ernannt – aber sie deutete an, daß sie es in Erwägung zieht. Ich weiß, daß ich nun ziemlich viel Einfluß auf sie habe. Ich gebe meine Verbindung zu Sitamun bekannt, trotz meines Bruders Wunsch, es geheimzuhalten. Ich hoffe, dadurch meine Stellung zu stärken.

Ich lade Tut-ench-Aton ein, bei mir im Palast zu leben, weil ich hoffe, so verfolgen zu können, wen er sieht und kennt. Ich habe von Haremhab gelernt, wie wichtig Spione sind. Aber Eje hindert Tut-ench-Aton daran, zu kommen. Er teilt mir höflich mit, der Junge fühle sich nicht wohl und könne nicht reisen. Er bleibt im Palast seines Großvaters in Per-hay.

Als nächstes höre ich, daß Meritaton krank ist. Als ich endlich ihre Kammertür aufreiße, finde ich sie von einem totgeborenem Kind entbunden daliegen. Ihre Frauen sind bei ihr, und ihre Schwester Anchesenpaton hält ihren Kopf. Der Zorn, mit dem letztere mich anschaut, läßt mir das Blut in den Adern gefrieren. Ich schiebe die abwehrenden Arme der Frauen beiseite und falle neben der schönen Kind-Frau auf meine Knie. Der Schmerz, den sie durchlitten hat, hat sie älter gemacht. Am Aussehen des Fötus kann ich erkennen, daß dieses Kind von mir und nicht von ihrem Vater ist. Wenn es lebte, würde es Pharao werden.

Ich lege meinen Kopf auf ihre Brust und schluchze. Ihre Hände nehmen meinen Kopf und streicheln ihn, ihre Stimme flüstert tröstende Worte. Und wieder ist sie es, die sich für meine Grausamkeit entschuldigt, und sie, die Trost braucht, tröstet mich. Anchesenpatons Gesicht ist von Bitterkeit entstellt. Mit voller Absicht spuckt sie mich an. Ich höre Meritaton mit ihr schelten und ihr befehlen, den Raum zu verlassen. Sie will gerade wütend fortgehen, da bückt sie sich und hebt den toten, blutigen Fötus aus dem Becken, in dem er lag. Entsetzt blicke ich auf und sehe, wie sie ihn hoch über mich hält bevor sie ihn zornerfüllt auf den Boden schleudert.

»Die Erinnerung an dich soll von der Erde verschwinden und kein Kind soll dein Blut in sich tragen!« schreit sie und rennt aus dem Zimmer.

Ich wende mich zu Meritaton.

Sie ist ohnmächtig geworden.

Ich bestehe darauf, daß Anchesenpaton die Stadt verläßt. Auf Ejes Vorschlag geht sie, von ihren Frauen begleitet, bereitwillig nach Per-hay, um bei Tut-ench-Aton zu sein. Sie verabschiedet sich noch nicht einmal von ihrer Mutter, denn sie glaubt, genau wie ihre Schwester Meritaton, wir seien ein Liebespaar.

In meinem verzweifelten Versuch, mich mit Meritaton, die ich so vernachlässigt habe, auszusöhnen, habe ich beinahe die gefährliche Position vergessen, in der ich mich befinde, und die Dringlichkeit meines Auftrages, Echnatons Körper zu finden. Sie und ich, wir werden wieder unzertrennlich. Sogar in der Öffentlichkeit sind wir wieder Arm in Arm zu sehen, so wie einst Nofretete und ihr Gemahl. Für eine Weile herrscht eine verdächtige Ruhe in den Staatsangelegenheiten, und fast möchte ich glauben, daß wir eine Art Frieden erreichen.

Nofretete hält sich von mir fern soweit es geht, und obwohl es mich schmerzt, ist es zugleich eine spürbare Erleichterung. Ich möchte ihr Gesicht nicht sehen, das dem ihrer Tochter so ähnlich ist«, im Vergleich jedoch so ausdrucksstark und fein. Ihre Gestalt in den fast durchscheinenden, bestickten Gewändern ist noch immer unwiderstehlich verführerisch. Ich bin entschlossen, Meritaton so zu lieben wie zuvor. Ich *liebe* Meritaton. Doch immer mehr wird mir klar, daß meine Liebe für sie nicht genug ist. Ich brauche Nofretete. Es gibt Dinge, die ich nur mit der Frau teilen kann, nicht mit dem Mädchen.

Verzeih' mir, rufe ich im Stillen, wenn ich die Haare des jungen Mädchens küsse, ihren Nacken und ihre Lippen, wenn ich ihre Brustwarzen mit meiner Zunge berühre und meinen Weg in ihren Körper erspüre. *Verzeih' mir, daß ich bei jeder Berührung an Nefernefruaten Nofretete denke…*

Wenn Meritaton weiß, was ich denke, so zeigt sie es nicht. Nach außen hin scheint zwischen uns alles in Ordnung zu sein, und sie spricht von einem weiteren Kind. Nur wenn sie nachts nicht schlafen kann, erinnert sie sich an den Fluch ihrer Schwester – und zittert.

Eines Nachts erreicht mich die Nachricht, daß Nofretete mich in ihrer Kammer zu sehen wünscht. Sie war den ganzen Tag nicht in der großen

Halle und in den Ratssälen, und ich eile zu ihr, um zu sehen, ob sie ebenfalls krank geworden ist.

Als ich eintrete, liegt sie auf ihrem Lager. Ihre Frauen schlüpfen leise fort und lassen uns allein. Das Lampenlicht flimmert warm auf ihren nackten Schultern. Ein Überwurf so unwirklich wie ein Spinnennetz bedeckt den übrigen Körper. Ich stehe neben ihr und schaue auf sie hinab. Ich fühle mich, als stünde ich am Rand einer Klippe und müßte mich entscheiden zu springen oder nicht. Ich bin mir nicht sicher, ob es ein Spiel des Lampenlichtes ist oder ein wirkliches Lächeln, das kurz über ihre Lippen huscht. Ich kann mich nicht länger beherrschen und beuge mich nieder, um sie in meine Arme zu nehmen.

Ich kann nicht glauben, daß ich dies in all den Jahren, in denen ich sie kenne, nicht getan habe. Jetzt scheint es so natürlich, so unausweichlich.

Danach liegen wir lange schweigend da, und beobachten das Spiel von Licht und Schatten an der bemalten Decke, an diesem Himmel von Blumen und Blättern und Vögeln, der dort gemalt ist.

»Warum?« frage ich schließlich. »Warum jetzt?«

Sie zuckt mit den Schultern und zieht ihre Decke um sich, als ob ihr kalt wäre.

»Ich hatte einen schrecklichen Traum. Ich hatte Angst«, sagt sie.

Ich halte sie fest. Die Zeiten sind unsicher und gefährlich. Auch ich habe schreckliche Träume.

»Und jetzt?« frage ich. »Hast du jetzt weniger Angst?«

Sie küßt mich lang und tief, aber sie antwortet nicht.

Ich jedenfalls habe jetzt mehr Angst als früher. Wir spüren beide die Gewalt unter der Oberfläche, die Dunkelheit, die nicht mehr lange zurückgehalten werden kann.

»Hat Haremhab– ?« Ich möchte sie geradeheraus fragen, ob sie und Haremhab jemals Geliebte gewesen sind. Ich fürchte mich vor der Antwort, aber ich will es wissen. Ich rede mir ein, es wissen zu müssen, damit ich leichter mit ihm umgehen kann.

Sie legt mir ihren schlanken Finger auf den Mund und verhindert die Frage, bevor sie ausgesprochen ist.

»Du hast mich gebeten, Wa-en-ra zu suchen«, sagt sie. »Hast du das vergessen?«

»Nein«, sage ich schnell, wohl wissend, daß ich es vergessen hatte, wenigstens für diese Nacht.

Ich stütze mich auf meinen Ellenbogen und schaue in ihr Gesicht, das von dem meinen beschattet wird. Ihre Augen sind dunkle Teiche, ihre Gedanken unergründlich.

Schließlich zieht sie sich von mir zurück und steht auf. Sie wirft sich ein Gewand über und durchquert den Raum. Sie blickt über ihre Schulter zu mir und bedeutet mir, mich an einen kleinen Tisch in der Mitte des Raumes zu ihr zu setzen. Er ist aus fein geschnitztem Ebenholz und mit Silber und Lapislazuli verkleidet. Ich sitze ihr gegenüber.

Sie stellt eine Schachtel aus Palmenholz zwischen uns, die ganz gewöhnlich aussieht. Sie ist leicht beschnitzt und mit Sumpfszenen bemalt, mit schwimmenden und fliegenden Enten und einem Boot, das sich durch die hohen Stämme des Papyrus schiebt, auf dessen 'Bug ein junger Prinz steht. Eine junge Prinzessin sitzt zu seinen Füßen, zieht ihre Finger durch das Wasser und spielt mit den Lotosblüten.

An der Ehrfurcht, mit der die Königin die Schachtel berührt, erkenne ich, daß sie etwas für sie sehr Wichtiges enthält. Sie öffnet den Deckel und hebt eine weitere, kleinere Schachtel heraus. Diese ist aus einem selteneren Holz, mit den Figuren der verbotenen Götter kunstvoll beschnitzt und bemalt: Amun und Mut, Ptah und Sekhmet, Osiris und Isis, Set und Nephtys. Ich schaue schnell zu ihr auf. Es überrascht mich, daß sie, die rührige Priesterin des Aton, selbst göttlich, einen solchen Gegenstand unter ihren wertvollen Besitztümern hat. Auch von dieser Schachtel hebt sie den Deckel und hebt eine dritte heraus. An ihrem Duft errate ich, daß sie aus dem Holz des Weihrauchbaumes geschnitten ist. Der Geist einer Erinnerung berührt mein Herz, und für weniger als einen Augenblick scheine ich in einem fremden Land unter Bäumen zu sein, die wild auf hohen Bergen wachsen. Eine warme Brise seufzt sanft durch ihre Blätter. Eine Bergkette nach der anderen verliert sich in der blauen Ferne …

Auf dem Deckel dieser Schachtel ist der Ibis-köpfige Gott Djehuti geschnitzt, der alte Gott der Wissens. Auf den vier Seiten sind Inschriften von den überlieferten Texten der Weisheit.

Sie schließt ihre Augen und legt ihre feinen und schlanken Hände auf den Deckel der Schachtel, genau auf das Bild von Djehuti. Ich bemerke ihre mit Henna geröteten Fingernägel.

Dann hebt sie den Deckel und nimmt heraus, was auf einem kleinen Kissen aus fein gewebtem Leinen liegt. Es ist ein grüner Stein, rund und poliert. Er ist weder so klar wie Smaragd noch so trübe wie Malachit – doch irgend etwas dazwischen. Sie hält ihn mit ihren Fingerspitzen über der geöffneten Schachtel und starrt gespannt hinein. Ihre Lippen bewegen sich in einer Art Anrufung oder Gebet, aber ich kann nicht hören, was sie spricht. Ich sitze sehr still, denn ich weiß, daß dieses vielleicht der Augenblick ist, in dem mein Bruder gefunden wird.

Nachdem ich eine Weile gebannt auf den Stein gestarrt habe – und darauf gewartet habe, daß etwas geschieht – blicke ich zu Nofretete und bin über ihren Gesichtsausdruck erschrocken. Ihre Augen sind ohne zu blinzeln weit geöffnet, die dunklen Pupillen so erweitert, daß die Iris fast verschwunden ist. Auf den schwarzen Flächen der Pupillen spiegelt sich der grüne Stein. Er schaut mich zwiefach aus ihren Augen an. Ich bin darüber so entsetzt, daß ich nicht wegsehen kann, und weiter das Bild aus grünem Feuer in ihren Augen anstarre. Mein Herz schlägt schnell, und ich bete um Echnatons Vergebung, daß wir die alte Magie anwenden, obwohl er sie doch ausdrücklich verboten hatte. Ich bitte um Khurahtatens Segen und Schutz, aber ich fühle, daß ich ihn nicht erh alten werde. Würde mein Bruder dieses für mich getan haben? Würde er verstehen, warum ich es tue?

Nofretete fängt mit dunkler Männerstimme zu sprechen an. Ihr Gesicht ist entstellt und häßlich. Ich bin bestürzt, doch mein Gefühl sagt mir, daß ich zu weit gegangen bin, um noch umzukehren.

Ich frage das Wesen, das ihren Körper besetzt hat, wo der Leichnam meines Bruders, des Königs liegt – wo ich ihn finden und wie ich ihn aus der großen Leere erretten kann.

Die Stimme spricht dröhnend in archaischen Sätzen, sie bedient sich eines bedeutungslosen Durcheinanders von Worten. Die Stimme rollt und donnert, aber was sie sagt, ergibt keinen Sinn. Aus meiner Angst und Furcht wird Zorn. Ich will Nofretete an den Schultern pakken und diese Kreatur aus ihr herausschütteln. Es ist so enttäuschend, scheinbar eine Antwort zu erhalten und sie doch nicht zu verstehen. Wir sind zum Narren gehalten worden.

Ich lehne mich über den Tisch, strecke meine Hände aus und unterbreche so die Verbindung zwischen Nofretete und dem Stein. Sie schreit auf und hebt ihre Hände vor die Augen. Sie ist wieder sie selbst, doch sie weint vor Schmerzen in ihren Augen.

»Warum gebrauchst du solche Mittel?« rufe ich zornig. »Sie sind gefährlich. Sie helfen dir nicht!« Ich bin wütend auf sie und auf mich selbst. Ich habe sie dem ausgesetzt, dem Ma-nan mich früher auszusetzen pflegte – und was ich so gehaßt habe. Khurahtatens Stimme klingt in meinen Ohren: »Alles Wissen, das du brauchst, liegt bereits in dir. Vertraue auf dich selbst.«

Sanft lege ich meine Hand auf ihre Schulter.

»Kannst du sehen?« frage ich besorgt. Wenn sie nun blind ist?

Zögernd nimmt sie ihre Hände von den Augen und öffnet sie nach und nach. Dann verdreht sie die Augen im Licht. Sie kann sehen, doch das Weiße ist völlig blutunterlaufen. Ich führe sie zu ihrem

Bett und lege sie hin, ein in kühles Wasser getauchtes Tuch auf den Augen.

»Was ist das für ein Stein?« frage ich. »Woher hast du ihn?«

»Ein fremder Magier hat ihn mir gegeben.«

»Wußte Echnaton, daß du ihn hast?«

»Ja. Aber er befahl mir, ihn zu vernichten oder demjenigen zurückzugeben, von dem ich ihn habe. Aber ich konnte ihn nicht zerstören, und der, der ihn mir gab, konnte nicht gefunden werden.«

»Warum hieß dich Echnaton, dich von ihm zu trennen? Er ist schön. Hätte man nicht einen Ring daraus machen können?«

»Er sagte, er könne seine Kraft spüren und sie sei zu stark für uns. Er sagte, wir sollten niemals einen Schritt machen, ohne zu wissen, wohin er uns führt. Wir wußten nichts über den Stein.«

»Du hättest ihn ins Meer oder in den Fluß werfen sollen.«

»Ich legte ihn in diese drei heiligen Schachteln. Ich dachte, dort wäre er gut aufgehoben, bis wir mehr über ihn herausgefunden hätten.«

»Aber warum hast du ihn behalten, wenn er dir sagte…«

»Warum batest du mich, mit Hilfe von Magie den Körper Echnatons zu finden?«

Ich schwieg und biß mir auf die Lippen.

»Was hat dir der Magier gesagt, wofür er gut sei?«

»Er würde jede Frage beantworten.«

»Hast du ihn schon einmal benutzt?«

Sie zögerte mit der Antwort und sagt dann: »Ja.«

»Hat er deine Frage zu deiner Zufriedenheit beantwortet?«

»Ja.«

»Und das nächste mal?« Ich vermutete, daß sie nicht widerstehen konnte und ihn mehr als einmal benutzt hat. Es ist doch so viel leichter, Antworten vorgesetzt zu bekommen als sie selbst zu suchen.

Sie runzelt die Stirn.

»Was geschah?« beharre ich.

Sie nimmt sich viel Zeit für die Antwort. Sie denkt nach.

»Ich weiß jetzt, daß das, was mir gesagt wurde, falsch war«, sagt sie schließlich, »aber damals glaubte ich es und handelte danach.«

»Weil die erste Antwort richtig war?«

Sie nickt. Ma-nan hat diese Tricks auch angewendet. Er gab ein oder zwei richtige Prophezeihungen, damit sein Opfer ihm anschließend bedingungslos folgte.

»Du solltest niemals die Herrschaft über dich selbst aufgeben«, sage ich, und erinnere mich an meine Jugend. »Suche Rat auf allen Wegen, aber überprüfe sie mit deiner Erfahrung und deinem Wissen. Gehorche nie irgend jemandem blindlings, egal ob er lebendig oder tot, natürlich oder übernatürlich ist.«

Sie setzt sich ungeduldig auf und nimmt das Tuch von ihren Augen. Sie sehen nun klarer und gesünder aus. Was wohl geschehen wäre, wenn ich sie noch länger unter dem Bann des grünen Steines gelassen hätte?

»Du bist zu mir gekommen und hast mich um Hilfe gebeten«, sagt sie gereizt. »Ich habe getan, was ich konnte und habe nichts erreicht. Mehr kann ich nicht tun. Es kann sein, daß der Herr des grünen Steines die Antwort auf die Frage nicht kennt. Es kann sein, daß er sie kennt und von einer stärkeren magischen Kraft davon abgehalten wird, sie uns mitzuteilen. Es ist sogar möglich, daß er uns die Antwort gegeben hätte, wenn du ihn nicht unterbrochen hättest.«

»Ich mußte einschreiten«, sage ich. »Ich hatte das Gefühl, daß ich die Herrschaft über mich wieder verliere – das Gefühl konnte ich nicht ertragen. Ich werde andere Möglichkeiten suchen, um Echnaton zu finden.« Ich denke an Ma-nan. Er könnte gut wissen, wo sie ihn hingebracht haben. Und nach unserem Zweikampf ist er Na-aghta und den anderen vielleicht nicht mehr so ergeben wie zuvor.

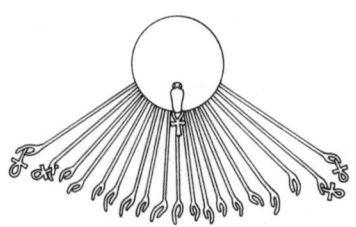

Der zweite Zweikampf

Am nächsten Tag breche ich nach Waset auf, um Erkundigungen über Ma-nan einzuholen. Es ist nicht einfach, ihn zu finden. Soweit ich herausbekommen kann, wurde er seit dem Zweikampf nicht mehr gesehen. Die Menschen, die es wissen könnten – die vertriebenen, über die Stadt verstreuten Amunpriester, die nun ein ganz anderes Leben als früher führen – sind zurückhaltend und mißtrauisch und werden mir nichts verraten. Ob er wohl in den Norden nach Men-nefer zurückgekehrt ist, wo seine Familie vermutlich einst lebte? Ich hoffe nicht, denn die Reise dorthin würde wertvolle Zeit kosten.

Meine beharrlichen Nachforschungen führen schließlich zu einer hoffnungsvollen Spur. Einer der Küchendiener im alten Palast meines Vaters wird zu mir gebracht. Er ist ein dünner, linkischer Mann, der von einem Fuß und auf den anderen tritt. Sein Blick geht hierhin und dorthin, als ob er nach Feinden Ausschau hielte, wo er doch stetig auf meine Füße blicken sollte. Ich habe ihm gestattet, sich in meiner Gegenwart zu erheben, denn ich möchte ihm schmeicheln, damit er zu ergebener Mitarbeit bereit ist. Ich habe zu viele Sackgassen aufgetan, und möchte nicht Gefahr laufen, wieder in einer zu landen. Vor was fürchtet er sich? Hat Na-aghta immer noch die Macht, zu herrschen und zu erschrecken? Sogar hier – im Haus des Königs?

»Mir wurde gesagt, du wüßtest, wo der ehemalige Priester Ma-nan gefunden werden könnte«, sage ich gerade heraus.

Daraufhin wird sein Blick noch unruhiger und seine Haltung noch gebeugter. Er antwortet nicht gleich, aber seine Hände kommen unwillkürlich zusammen, die Handflächen nach oben gewölbt, so als ob er stumm eine Gabe erbitten wollte, bevor er mir etwas sagt. Ich verachte den Mann und möchte ihn angewidert fortschicken. Aber ich bin das Opfer einer Verschwörung des Schweigens geworden, und er weiß genauso gut wie ich, daß ich am Ende bin. Ich könnte ihn schlagen lassen, doch er weiß und ich weiß, daß das nicht meine Art ist.

»Du wirst belohnt werden«, sage ich kalt, »wenn deine Auskunft mich zu dem Mann führt.«

Er verhält sich sehr unterwürfig, doch er spricht immer noch nicht. Ich nehme ein goldenes Armband von meinem Arm, halte es locker zwischen meinen Fingern und schaue ihn genau an. Sein Gesicht hellt sich auf und endlich beruhigt sich sein Blick, der nun starr auf das Armband gerichtet ist.

»Mein Herr«, murmelt er mit leiser, belegter Stimme – dann räuspert er sich.

Ich warte.

»Er ist im Dorf der Grabarbeiter. Er lebt jetzt dort bei seiner Schwester.«

Das Dorf liegt am Fuß der westlichen Berge. Jahrhunderte lang war es eine blühende Gemeinde, aber seit Echnatons Umzug nach Achetaton wurde sie so etwas wie ein stehendes Gewässer. Die meisten der geschickten Handwerker sind in die neue Stadt umgezogen und arbeiten dort an den königlichen Gräbern in den östlichen Bergen. Einige sind geblieben – die, die es nicht über sich brachten, die alten Götter zu verlassen, und die, deren Arbeit den Ansprüchen meines Bruders nicht genügte. Viele Häuser stehen leer. Einige wurden von Heimatlosen und Wanderern übernommen, andere von Familien, die aus dem einen oder anderen Grund nicht in der Stadt leben wollen.

»Du wirst mich dort hinführen und mir das Haus zeigen«, sage ich.

Er zittert »Bitte, mein Herr … b- bitte … «

»Du wirst mich dort hinbringen.«

Ich werfe den Armreif in die Luft, seine Augen folgen ihm nach, ich fange ihn auf und stecke ihn wieder an meinen Arm. Sein Gesicht verdüstert sich.

»Du wirst es bekommen«, sage ich, »wenn du mich Auge in Auge vor Ma-nan bringst.«

Es ist klar, daß der Mann verängstigt ist. Ich kann den Widerstreit zwischen Angst und Gier in seinem Gesicht ablesen. Ich bin hart geworden, denke ich. Ich bin unbarmherzig. Ich glaube, jedes Spiel gewinnen zu können. Er könnte verschwinden wie die anderen, aber er möchte den Armreif, der ihn zu einem reichen Mann macht. Ein Reif an meinem Arm, denke ich, so leicht, daß ich es kaum bemerke, kann das ganze Leben eines Mannes verändern.

Ich möchte nicht, daß Ma-nan weiß, daß wir kommen und nehme deswegen keine Begleitung mit und verkleide mich, so gut ich kann. Ich hätte nach ihm schicken können, aber ich möchte ihm nicht öffentlich begegnen, sondern noch einmal von Mann zu Mann. Schatten ziehen sich immer enger um mich, und wer außer ihm und seinen Leuten weiß, wer die Macht in den Händen hält? Ich muß wissen, daß ich mich auch auf mich allein verlassen kann.

Im Hause seiner Schwester finden wir ihn auf dem trockenen Lehmboden hocken wie einen Bauern. Er schaut der alten Frau beim Spinnen zu. Es ist schwer zu glauben, daß dies der gleiche Mann ist, den ich einst so sehr gefürchtet habe. Ich höre ein Geräusch von meinem Führer hinter mir, der verschwinden möchte, doch nicht ohne seine Belohnung. Ich werfe ihm das Armband zu. Er streckt die Hände aus und fängt es, und wie durch Zauberei, die ihn unsichtbar macht, ist er verschwunden.

Ich wende mich Ma-nan zu und schaue ihm in die Augen. Seit ich ihn das letzte Mal gesehen habe, ist er unglaublich gealtert. Sogar seine Haut sieht grau aus und er zittert ständig. Scheinbar war sein böser Geist seine einzige Kraft, und ohne ihn ist er ein Nichts. Für einen kurzen Augenblick bedaure ich ihn, doch dann schicke ich diesen Gedanken fort. Er schuldet mir etwas.

Seine Schwester erkennt mich nicht und spinnt weiter. Ma-nan bleibt hocken und schaut mich noch nicht einmal überrascht an, als hätte er gewußt, daß ich kommen würde.

Ich nicke in die Richtung der alten Dame und er befiehlt ihr, hinauszugehen. Sie will etwas erwidern, doch dann blickt sie mich noch einmal an und zögert. Erkennt sie mich? Oder habe ich nur das Betragen eines Vornehmen und den Ausdruck eines Mannes, der mit ihrem Bruder Wichtiges zu tun hat? Sie stemmt ihre gewaltige Masse aus dem kleinen Holzstuhl und geht grummelnd in den Hof. Ich höre, wie sie dem Nachbarn zuruft, daß unerwartet ein Besucher gekommen sei und sie nichts im Hause habe. Ob sie wohl Eier und Brot borgt? Ob Ma-nan wohl Bier hat? Meine Kehle ist ausgedörrt.

Er bietet mir nichts an, aber er wartet darauf zu hören, warum ich gekommen bin.

»Du weißt, warum ich gekommen bin«, sage ich hart.

Er antwortet nicht.

»Was Na-aghta getan hat, ist nicht unbemerkt geschehen«, sage ich dunkel.

Wieder sagt er nichts.

»Ma-nan, du und ich haben einen langen Zweikampf ausgefochten. Das ganze Leben waren wir verbunden, und wer weiß, wieviele Leben wir es noch sein werden. Sehnst du dich so sehr nach der großen Leere, daß du schweigst, wenn du sprechen solltest?«

»Was ist es, das du wissen möchtest?« fragt er endlich mit dumpfer Stimme.

»Wo ist Echnaton? Wo ist mein Bruder?«

»Du weißt, wo er ist. In seinem Grab.«

»Spiel' keine Spielchen mit mir.«

Er zuckt mit den Achseln und starrt auf den Boden zu meinen Füßen. Sein Gesicht zeigt keine Angst, nur Unentschlossenheit.

»Hast du die Vision, die du gesehen hast, so schnell vergessen?«

»Ich habe sie nicht vergessen«, sagt er schweren Herzens, fast unglücklich.

»Warum verrätst du sie?«

»Sie scheint jetzt unwirklich zu sein. Wie kann ich sicher sein…« Seine Stimme versagt, sein Blick zieht sich von der äußeren Welt zurück und sucht irgendwie verzweifelt eine innere Welt.

»Sie ist wirklich«, beharre ich. »Du wirst eines Tages Gewißheit haben, wenn du aufhörst, dich in diesem Nirgendwo, in diesem dunklen Loch, in dieser Abfallgrube des Bedauerns und der mißglückten guten Absichten zu verbergen. Sie wird zurückkommen, wenn du wieder anfängst zu leben. Sie wird zurückkommen, wenn du mit mir gehst und mir zeigst, wo Echnaton liegt.«

Er schüttelt seinen Kopf. Er ist ein Mann, der den Glanz des Universums gesehen, doch nicht seinen Platz darin gefunden hat.

Ich erinnere ihn daran, daß wir beide auf einer großen Reise sind, und wenn wir eine falsche Abzweigung nehmen, enden wir leicht auf dem Weg zur großen Leere, anstatt auf dem Weg zu den Reichen des Lichtes. Ich rede und rede. Meine Beredsamkeit überrascht mich selbst.

»Nicht allein Echnaton ist durch die Taten der Amunpriester verdammt worden, sondern auch alle, die seine Vernichtung stillschweigend geduldet haben und still geblieben sind, als sie ihn hätten retten können, und die ihn eigentlich immer noch retten könnten.«

Von meiner Beharrlichkeit zermürbt, willigt er schließlich ein, mir zu zeigen, wo Echnaton liegt.

Am späten Abend brechen wir nach Waset auf, denn wir wollen nicht gesehen und an Na-aghta verraten werden. Mein alter Feind kommt auf dem königlichen Boot mit mir nach Achetaton, doch niemand erkennt den zerlumpten, alten Mann, der hinten im Bug sitzt und die vorbeiziehende Landschaft betrachtet. Er spricht mit niemandem, und niemand spricht mit ihm. Ich erinnere mich, wie ich nach Waset kam. Da saß ich genauso da wie er und sah schweigend, wie die Berge vorbeiglitten, ein Gefangener in unsichtbaren Schranken.

Nach einer Nacht erfrischenden Schlafes in Echnatons wunderschöner Stadt brechen wir früh morgens auf.

Zusammen machen wir uns auf den Weg zu den Höhenzügen der hellen, goldenen Klippen, die den östlichen Horizont von Achetaton begrenzen. Wir laufen in einem trockenen Flußbett und gehen an den stillen Gräbern der königlichen Familie und der Edlen von Achetaton vorüber – leere Hüllen, die darauf warten, mit Leben durch die Toten gefüllt zu werden, deren Namen in die Wände geritzt sind.

Wir mühen uns durch die Berge und gelangen in die Wildnis dahinter.

Hitze und Durst erschöpfen und benebeln mich, aber Ma-nan geht voran und ich folge. Die Landschaft ist gelb und sie flimmert im Hitzedunst. Der Himmel ist ein helles, erbarmungsloses Blau. Die Atonscheibe schickt keine helfende Hand, die uns ein Glas Wasser reicht, sondern nur Strahlen, die wie Schwerter in unser Fleisch schneiden. Wir tragen die langen Wüstenumhänge aus Baumwolle und unsere Köpfe sind verhüllt, und doch habe ich das Gefühl, die Hitze wird uns töten, wenn es nicht eine der Wüstenkobras tut. Ma-nan hat darauf bestanden, daß ich alles zurücklasse, was mich als Prinz oder Priester ausweist, und als wir zufällig auf ein Lager der Wüstennomaden treffen, wird uns wie gewöhnlichen Reisenden Gastfreundschaft gewährt, und wie gewöhnliche Reisende werden wir gründlich durchsucht, während wir schlafen. Sie finden nichts als staubige Baumwolldecken, Ledersandalen und Wasserhäute, und am morgen geben sie uns Vorräte von Fleisch und Getränken mit auf den Weg.

Schon bald begegnen uns auch keine Nomaden mehr und wir sind allein, von der riesigen, erdrückenden Hand des Himmels auf die heiße, flache Erde gedrückt. Es ist für mich schon lange keine Frage mehr, ob ich Ma-nan vertraue oder nicht. Wir reden kaum, sondern machen unseren Weg so gut wir können und denken nur daran, wie wir durch den Tag kommen, ohne zusammenzubrechen. Nur in der Nacht reichen meine Gedanken weiter, wenn wir Seite an Seite auf dem Sand liegen und zu den Sternen emporblicken. Ich denke an all das, was ich gelernt habe, und weiß, daß ich nicht einmal angefangen habe, all die Fragen zu stellen, die ich habe – oder je haben werde. Ich mag den Namen aller Dinge in dieser Welt und jenseits von ihr wissen; ich mag lernen, die Sterne zu wiegen und die Natur der Krankheit zu verstehen, so daß niemand mehr daran stirbt. Aber ich weiß noch immer nicht, *warum... warum...*

Ob Ma-nan solche Gedanken erwägt oder daliegt und meinen Tod plant? Es kümmert mich nicht mehr. Die Fragen, wer herrscht oder nicht, wer anbetet oder nicht, wer liebt oder nicht, quälen mich nicht mehr. Leben beschränkt sich auf das bloße Überleben, und ob man überlebt ist eine Frage des Zufalls.

Plötzlich setze ich mich in der endlosen Dunkelheit auf und wundere mich über diesen Gedanken. *Ist es so?* Ist die Antwort auf alle Fragen nichts weiter als das? Ma-nan ist davongegangen und ich bin vielleicht allein auf der Erde und warte darauf, daß der Würfel fällt.

Es gab die Leere. Warum wurde sie Nicht-Leere? Warum?

Ich strenge meine Augen an, um in der Dunkelheit zu sehen und hoffe, daß irgendetwas, irgendjemand mir antwortet.

Ich fühle mich vollkommen allein. Über alle Maßen einsam.

Ich bin bewußt, habe aber kein Bewußtsein von etwas.

Ich denke, aber ich habe keine Gedanken.

Ich lebe, doch ich habe keine Ausdehnung in Zeit und Raum.

Es ist, als wäre ich der Gott, der allein in der großen Dunkelheit war und sich einsam fühlte. Und er sagte, laß ANDERES sein, und da war ANDERES. Und er genoß dieses Anderssein und war nicht mehr einsam.

Ra verströmt einen ersten Lichtfunken, und der Sand und die Hügel und die Felsen werden allmählich sichtbar. In einem kleinen Tal unter mir sehe ich die Knochen eines Menschen liegen, von den Geiern sauber gepickt. Ma-nan hockt dahinter, in seinem schwarzen Baumwollumhang sieht er selbst wie ein Geier aus. Ich laufe durch den kühlen Sand zu ihm. Ich weiß, daß ich meinen Bruder gefunden habe. Seine Beine unter ihm sind verdreht und gebrochen, seine Arme liegen ausgebreitet neben ihm und sein Schädel grinst. Er ist so sauber und trocken wie Kristall.

Ma-nan beobachtet mich aus dem Schatten seiner Kapuze.

Plötzlich weiß ich nicht mehr, was ich tun soll. Wenn ein Pharao stirbt, gibt es immer eine festgefügte Folge von Ritualen, auf die man sich stützen kann. Es gibt eine Hierarchie von Beamten, die alle ihre Pflichten haben, ein fein gewirktes Muster von Bewegung und Musik, von Sprüchen und Gebeten. Noch der winzigste Teil gilt als wesentlich für das Überleben des Menschen im Leben nach dem Tode. All dies wurde Echnaton vorenthalten – wie kann ich hoffen, diese Lücke alleine zu füllen?

Ich schaue auf Ma-nan. »Hilf' mir«, sage ich. Beinahe sein ganzes Leben lang war er Priester, auch wenn er diese Stellung lange mißbraucht hat.

Er wiegt sich hin und her, sagt aber nichts.

Plötzlich werde ich böse. Ich brauche sein Wissen. Ich habe noch nie eine Beerdigung vollzogen. Aber er. Ich trete auf ihn zu, packe seine

Schulter und ziehe ihn hoch. Dabei fällt ihm sein Umhang vom Gesicht. Ich schaue in seine Augen, doch sind es nicht Ma-nans Augen, sondern Khurahtatens. Ich zucke erschrocken zurück.

»Wo ist Ma-nan?« frage ich fordernd.

»Hier.«

»Nein!« schreie ich. Das kann nicht sein.

»Dieses ist der zweite Zweikampf«, sagt er. »Nun ist es an mir, *dir* Fragen zu stellen.«

Mein Mund steht offen, und ich stiere ihn an wie ein Idiot.

Er zieht einen Kreis im Sand, so wie ich es zuvor getan habe. Diesmal umschließt er uns beide und die Knochen von Echnaton.

»Schau' ihn an«, sagt er ruhig. Ich neige meinen Kopf und schaue in die Augenhöhlen meines Bruders, Freundes und Königs. Auch hier sehe ich Khurahtaten.

Schritt für Schritt werde ich über mein Leben befragt, über meine Liebe zu meinem Bruder, zu seiner Gemahlin und zu seiner Tochter. Ich werde über meinen Wunsch, König zu sein, befragt, und darüber, aus welchen Gründen ich die beabsichtigten Reformen geplant habe.

Allmählich steigt die Sonne höher und ich fühle mich ausgetrocknet und leer. Jede Maske, die ich aufgebaut habe, wird entlarvt, jede Lüge, die ich mir selbst erzählte, wird aufgedeckt. Schließlich stehe ich im Glanz der vollen Mittagssonne, bloß von allem, was ich über mich selbst glaubte. Ich weiß, daß ich um nichts besser bin als der geringste unter den Menschen. Ich weiß, daß ich elendiglich versagt habe, die Aufgabe, die ich angenommen habe, zu erfüllen, aus Angst, aus Begierde, aus Trägheit und durch mein Zaudern.

Ich kann mir nichts anderes vorstellen, als mich neben meinen Bruder zu legen und mit ihm vom Angesicht der Erde getilgt zu werden. Die Gelegenheit, die mir nicht ohne weiteres gegeben wurde, habe ich vertan.

Khurahtaten ragt über mir auf wie ein Riese. Sein Kopf verdunkelt die Sonne, so daß ich seine Züge nicht sehen kann… doch um ihn glänzen die Strahlen hervor.

»*Jetzt!*« sagt er, und seine Stimme, die so kalt und unbarmherzig war, wird sanfter. »Jetzt, mein Freund, bist du bereit, deinem Bruder zu helfen.«

Ihm helfen? Wie kann ich ihm helfen, wenn ich selbst Vergessen suche?

Khurahtaten schreitet aus dem Kreis und verschwindet. Ich bin allein in der wüsten Wildnis mit den gebrochenen Knochen meines Freundes, Partners… Ich knie neben ihm nieder und weine.

Als ich endlich erschöpft aufhöre und mich in die Hocke setze, weiß ich, welches Gebet ich sprechen muß und zu wem, um meinen Bruder von dem Zauber der falschen Priester, der ihn gefangen hält, zu erlösen – es steht auf keinem Papyrus und ist in keine Wand gemeißelt. Auch weiß ich, daß Leben und Tod ihren eigenen Gesetzen folgen, unberührt von langen, ausgeklügelten Ritualen. Ich wünschte, mein Freund und ich könnten miteinander reden wie wir es all die Jahre am See von Per-hay taten – älter jetzt und weiser, mit dem Wissen über uns selbst.

Es ist, als fühlte ich seine Anwesenheit neben mir. Es ist, als hörte ich seine Stimme in meinen Gedanken. Da ist keine Empfindung von Niederlage; kein Empfinden von Verlust. Ich bin davon überzeugt, mag der Körper von Echnaton auch von Feinden zerbrochen und von Geiern sauber gepickt sein – sein Geist lebt weiter.

Ich wickele meinen Bruder fest in meinen Baumwollumhang. Keine Amulette oder Juwelen, keine reichen und schönen Grabbeigaben werden ihn durch die Jahrhunderte begleiten. Ich suche die Wüste um mich herum ab und finde einige Stücke von kristallinem Gestein. Sorgfältig wähle ich die Stücke aus und halte sie in meiner Hand. Ihre stumme Stimme spricht zu mir von der ersten Schöpfung vor der Trennung von Himmel und Erde, vor der Verbannung der Luft aus dem Wasser. Sie erzählen mir von dem ersten Gedanken im Herzen des Schöpfers, von dem ersten Strahlen des Lichtes, von der ersten Freude des Seins. Oh, diese Kristalle sind passende Begleiter für meinen Bruder, meinen König. Einen nach dem anderen lege ich in die Falten seines behelfsmäßigen Leichentuches. Ich lege sie auf seinen Scheitel, auf seine Augen, seinen Mund, seine Kehle, seine Brust, seine Genitalien und seine Füße.

Ma-nan, der nun wieder er selbst ist, hilft mir, eine tiefe Grube zu graben. Ob der alte Priester bedauert, was er dazu beigetragen hat? Hat er eine Vorstellung davon, was er getan hat? Er und seine Gefährten haben nicht nur einen Pharao getötet, einen Mann, der auch ein göttlicher König war, und ihm sogar aus Bosheit ein Begräbnis vorenthalten, sondern sie haben auch ein Ideal zerstört und eine Entwicklung aufgehalten, die vielleicht den Lauf der Welt verändert hätte. Hätte Echnaton mit seiner ursprünglichen Absicht Erfolg gehabt, hätte er möglicherweise zukünftige Generationen von der Beeinflussung durch falsche Priester befreit und sie dazu geführt, die Einheit jenseits der Vielheit zu suchen, das eine, wahre und ewig währende Prinzip der Göttlichkeit, das uns gegen die dunklen und bösen Kräfte des Chaos zusammenhält.

Während ich Handvoll um Handvoll schimmernden Sand auf die Überreste seiner körperlichen Gestalt werfe und sie immer tiefer in der Erde vergrabe, erkenne ich, daß er ein hehres Ideal hatte, aber gleichwohl nicht rein genug, nicht stark genug und nicht göttlich genug war, es zu erreichen.

»Eine andere Zeit wird kommen«, flüstere ich. »Eine andere Zeit!« Und dann bete ich, wie er es mich gelehrt hat:

»Lopreisend bin ich zu Aton gekommen, dem lebendigen und einzigen Gott, Herr der Strahlen des gebenden Lichtes. Ich bin mit Liebe im Herzen gekommen für dein Kind, Abkömmling deiner Strahlen, Sohn der Sonne, in der Wahrheit lebender, Echnaton. Du hast ihm Ewigkeit gegeben, du bist wirklich der lebendige Ra, der Maat hervorgebracht hat, Wahrheit und Gerechtigkeit. Möge er frei zu den Toren der Anderswelt reisen. Möge er Ra in der Morgendämmerung sehen, wenn er sich am östlichen Horizont erhebt, möge er Atum sehen, wenn eÀr am westlichen Horizont des Himmels untergeht... Möge seine lebendige Seele wandelnde Gestalt annehmen. Möge er aus- und eingehen wie es ihm sein Herz gebietet.«

Ma-nan sieht zu und unternimmt nichts, um die Kraft der Worte abzuwenden, während sie über das Grab des toten Pharao strömen...

Ist es Einbildung, oder flammt das Sonnenlicht um uns plötzlich auf? Überrascht schaue ich auf und sehe die Umrisse eines riesigen Vogels, der zur Sonne fliegt.

Wir machen uns auf den Heimweg und sind genauso schweigsam wie auf dem Hinweg, jetzt aber aus anderen Gründen. Ich überlege, ob Khurahtaten erst die Gestalt Ma-nans und dann die von Echnaton selbst angenommen hat. Dann schiebe ich den Gedanken beiseite. In der Nacht mag das Heulen eines Hundes zum Mond einen Menschen dazu bringen, seine Seele zu befragen; bei Tage mag es das silberne Sprühen einer auf dem Wasser landenden Ente sein. Wer weiß, welche Gestalt der Fragesteller annimmt? Wer weiß, wann er kommt?

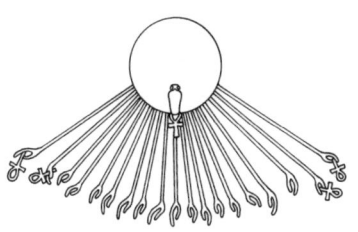

Die Rückkehr

In Gedanken schmiede ich eifrig Zukunftspläne, wie ich es mit Haremhab aufnehmen werde, wie ich die Aufgabe, die mein Bruder und ich übergenommen haben, weiter verfolgen werde, wie ich sicherstellen werde, daß die Religion des Volkes eine wahre Religion sein wird und nicht nur eine schöne Maske vor einem häßlichen und grausamen Antlitz. Ich fühle mich stark und zuversichtlich und zu großen Taten fähig. Ich weiß, daß ich Khurahtaten nicht wiedersehen werde. Er hat für mich getan, was er konnte, und nun muß ich auf eigenen Füßen stehen. Es verlangt mich nicht mehr danach, König zu sein. Als Hohepriester kann ich tun, was ich zu tun habe.

Mein Herz singt und meine Füße schreiten leicht über den brennenden Sand. Wie wunderschön der Himmel ist, wie hell und hoch und voller Freude. Welche Möglichkeiten wir Menschen haben, denke ich, welche unendlichen Möglichkeiten!

Doch kurz bevor wir den Einschnitt in den Bergen betreten, durch den wir hindurch müssen, bevor wir die Ebene von Achetaton erblicken können, überfällt mich das Gefühl einer bösen Vorahnung. Die Kräfte der Finsternis haben ihr Werk noch nicht beendet. Ich schaue zu Ma-nan, ob er plötzlich in sein altes Verhalten zurückgeqfallen ist und seine Zauber über mich wirft, aber er schleppt sich erschöpft hinter mir her und denkt nur daran, den nächsten Schritt zu schaffen. Ich hatte vergessen, wie alt er ist. Ich sage ihm, daß ich vorauseilen will und er sich Zeit lassen soll. Er nickt. Mit großen Schritten laufe ich los und lasse ihn bald weit hinter mir.

Mit zunehmender Hitze des Tages verlangsamt sich mein Schritt, und ich muß mich für einen Augenblick ausruhen. Ich döse im Schatten eines dornigen Busches und falle in eine Art Halbschlaf. Ich kann mich nicht entspannen und werde von gestaltlosen Ängsten heimgesucht. Ich zwinge mich, trotz der Hitze weiterzugehen.

Endlich liegt die Ebene von Achetaton im Hitzedunst des weißen Lichtes vor mir. Von dem Höhenzug aus Kalkstein, der die Gräber der Adligen birgt, kann ich das Gleißen des fernen Flusses sehen und die in der Hitze schimmernde Stadt , unwirklich, einer Luftspiegelung gleich – als ob ein Blinzeln das ganze prächtige und großartige Gebilde für immer verschwinden lassen könnte. Ich blicke über die Felder der Bauern, die fein säuberlich von Kanälen in Vierecke geteilt werden, zu den Straßen der Stadt mit den niedrigen Häusern und weiter zur Palastanlage und den Tempeln dahinter. Diese Stadt ist so schnell entstanden, wird sie genauso schnell verschwinden?

Ich eile hinab, die losen, spitzen Steine schmerzen meinen Füßen, streifen meine Schienbeine, und der gelbe Staub folgt mir nach wie eine Rauchfahne.

Die Palastwachen erkennen mich nicht, so staubig wie ich bin in meinem häßlichen und schäbigen Baumwollrock. Wie kann man einen Edlen ohne Schmuck von einem Gemeinen unterscheiden?

Man fragt mich und ich antworte, doch erst muß der Hauptmann der Wachen gerufen werden, bevor man mir gestattet, mein eigenes Haus zu betreten. Eine Kälte kriecht in mein Herz, während ich auf ihn warte. Man betrachtet mich mit Argwohn und Feindseligkeit. Ich spüre, daß ich nicht mehr hierher gehöre. Jetzt sind hier andere Männer als zu Echnatons Zeiten.

Der Hauptmann erkennt mich sofort, verbeugt sich und gibt Befehl, mich hineinzulassen. Er wagt es, meinem Blick zu begegnen, obwohl sich dies ein Untergebener einem Edlen meines Ranges und Hohepriester des Aton gegenüber nicht herausnehmen dürfte. Ich sehe nicht Achtung noch Treue – nur zurückhaltende und vorsichtige Pflichterfüllung. Nach meinem Eindruck hat er Anweisung, gegenwärtig einfach nur höflich zu sein. Ich frage mich, wo diese Menschen waren, als Echnaton noch lebte. Wenn ich neben meinem Bruder stand, während er durch diese Tore fuhr, leuchtete in den Gesichtern aller Verehrung und die Köpfe aller berührten den Boden.

Ich finde Nofretete in ihrem Lieblingsgemach. Als ich eintrete, scheine ich den hohen Papyrussumpf zu betreten, in dem sich Isis mit ihrem kleinen Sohn Horus vor dem Zorn des Set verborgen hat. Zwar gibt es hier keine Darstellung dieses Mythos, denn in Atons Stadt sind solche Mythen nicht erwünscht, aber ich kann nicht umhin, daran zu denken, als ich die Frau in dem niedrigen Stuhl sitzen sehe, die Ellbogen auf den Knien, den Kopf in die Hände gestützt. Alles an ihr zeugt von Verzweiflung und Einsamkeit und zeigt, daß sie sich vor einer Welt versteckt, die ihr zu schwierig und feindselig wurde. Auf allen Wänden sind Bilder des reichen, fruchtbaren Marschlandes zu sehen. Hochragende Papyrusstämme bilden einenF Wald um sie; Sumpfvögel nisten still an ihrer Seite; Lotosblumen blühen; Fische schwimmen. Die ganze Szenerie ist eine der natürlichen Welt, die ungestört ihr Leben lebt. Es gibt hier keine Jagddarstellungen oder Bilder vom Vogelfang wie auf so vielen Wänden. Sogar an der Decke sind Bilder von fliegenden Enten, und auf die schräg abfallenden Seitenwände des stillen Teichs in der Mitte sind Wassergräser gemalt. In diesem Raum ist Nofretete in das Marschland eingebunden und verborgen vor dem Leben der Stadt, fort von den Intrigen des Hofes und den Machenschaften der Politik.

Ich möchte sie nicht stören, doch ich bringe ihr gute Nachrichten und beschließe einzutreten. Ich räuspere mich.

Sie schaut bei dem Geräusch sofort auf, der schlanke, lange Hals streckt sich und hebt dieses schöne, doch nun gezeichnete und blasse Gesicht wiLe eine Lilie auf ihrem Stengel. Ihr Rücken und ihre Schultern straffen sich, und sie erhebt sich mit einer einzigen fließenden, anmutigen Bewegung. Sie blickt auf den Eindringling herab wie ein königlicher Pharao, keine Spur mehr von einer furchtsamen und verzweifelten Frau.

Als sie mich erkennt, entspannt sie sich und ihre Schultern sacken ein wenig herab. Ich gehe zu ihr und strecke meine Arme aus. In ihren Augen lese ich, daß sie gerne zu mir kommen würde, doch eine kaum wahrnehmbare Bewegung ihres Körpers sagt mir leise, daß sie für diese Nähe jetzt nicht bereit ist. Sie möchte sich selbst behaupten. Sie möchte allem, was es auch sei, allein ins Auge sehen.

Ich lasse meine Arme sinken und stehe nahe bei ihr, aber nicht zu nah. Ich erzähle ihr, daß ich Echnatons Leichnam gefunden und ihm ein wenig von der Würde eines Begräbnisses gegeben habe. Sie hat sich von mir abgewandt und dreht mir den Rücken zu als sie zuhört, als wolle sie nicht, daß ich ihre Gefühle in ihrem Gesicht lese. Als ich fertig bin, schaut sie mich an, und ich sehe all den Schmerz in ihren Augen, den sie durch Echnatons Verlust erlitten hat. Wir sind Liebende. Sie ist Pharao – eine tatkräftige und kluge Frau, die ihr höchstes Ziel erreicht hat. Aber das ist nicht zu vergleichen mit den frühen Jahren, die sie mit Echnaton zusammen war. Nichts kann die Freude gemeinsamer Träume ersetzen, und die Erregung, diese in die Tat umzusetzen, die Nähe von Körper, Seele und Herz, von Schatten, Doppel und Namen, von Ba, Ka und Akh, die sie teilten. Ich weiß, ich bin ihr Liebhaber, weil sie eine einsame und empfindsame Frau ist, aber ich werde ihr niemals das gleiche wie Echnaton bedeuten. Für einen kurzen Augenblick ist mein Stolz verletzt, aber nicht lange. In diesem großen Drama, in dem wir uns befinden, ist kein Platz für persönlichen Groll und selbstsüchtige Besitzgier.

Ich verbeuge mich und verlasse sie.

An der Tür drehe ich mich um. Sie steht an der Wand, ihre Stirn liegt auf einem gemalten Papyrusstengel und die Hände, über ihren Kopf ausgestreckt, an den Blüten. An ihren Schultern sehe ich, daß sie weint.

Während ich eine erfrischende Dusche nehme und auf der Alabaster-platte liege und auf die Massage und die süßen Öle warte, erinnere ich mich mit außergewöhnlicher Lebhaftigkeit an den Glanz und den Triumph vergangener Zeiten.

Im Jahr zwölf der Herrschaft meines Bruders wurde ein riesiges Fest abgehalten, zu dem alle ausländischen Könige eingeladen wurden. Die meisten kamen, und die, die nicht kamen, sandten Kronprinzen als Stellvertreter. Das Fest wurde zum einen deswegen veranstaltet, weil Echnaton seine schöne Stadt der ganzen Welt vorstellen wollte, zum anderen deswegen, weil er seinem Volk, unter dem es einiges Murren gegen die Veränderungen und Reformen gab, beweisen wollte, daß die Welt ihn für das anerkannte und ehrte, was er getan hat.

Noch nicht einmal sein Vater hat je ein derartiges Gepränge veran-staltet. In seinen Tagen näherten sich die ausländischen Edelleute, wenn sie auch überreichlich bewirtet wurden, dem ägyptischen Thron als Einzelwesen, allenfalls zu zweit oder zu dritt. Vielleicht wollte der schlaue Neb-maat-Ra ihnen nicht die Gelegenheit geben, sich zu tref-fen und sich womöglich gegen ihn zu verbünden. Aber Echnaton wollte, daß die ganze Welt den Ruhm des Aton sieht und – wie er – glaubt, daß alles unter seiner Herrschaft und Obwaltung ist.

Ich entsinne mich, daß ich zusammen mit den Prinzessinnen etwas links vom König und der Königin stand. Wir schauten von der Brücke aus zu, die die persönliche königliche Residenz, das Heim der königli-chen Familie, mit dem großen Staatspalast auf der anderen Straßensei-te verband. Ich war froh darüber, daß die Organisation der Ankunft der Boote und die Führung der Prozession nicht meine Angelegenheit war. Ich war als Priester des Aton und enger Begleiter des Königs und seiner Familie zugegen. Ich hatte nur dafür zu sorgen, daß die Rituale in den Atontempeln in vollkommener Weise vonstatten gingen, während Echnaton oder seine Königin einen der fremden Herrscher nach dem anderen hereinführen würde, auf daß sie unserem Gott ihre Huldigung darbrachten.

Jetzt konnte ich erst einmal am Fenster des Erscheinens den Anblick der vorüberziehenden Prozessionen genießen. Auch heute noch kann ich fast das Geschnatter der Prinzessinnen hören, die aufgeregt auf die Unterschiede in Kleidung und Stil der verschiedenen Länder zeigten; da waren die dunklen, geölten und lockigen Bärten der Syrer mit ihren langen, bestickten Roben und die fast nackten Nubier in ihrer barbarischen Großartigkeit. Ich mochte besonders die hellen und schlanken Vertreter der Keften von der Insel im großen Grün, die zu besuchen es mich schon immer verlangte. Die Schritte ihres Königs und seiner Begleiter waren entspannt und locker und schienen nicht im mindesten von der Macht Ägyptens eingeschüchtert. Dem König folgten die Sklaven, die das vorzügliche, blumige Tongeschirr der Insel trugen, das Nofretete immer am liebsten hatte.

Nach der Prozession fand die Übergabe der Tribute in der großen Halle statt, die zu diesem besonderen Zweck errichtet worden war. Echnaton und Nofretete saßen hoch auf einem Thron, der auf einer Empore stand, unter einem Baldachin aus Gold, neben sich ihre Töchter. Ich stand nicht weit dahinter. Unter uns schwitzten die Diener reichlich, während sie versuchten, die Reihen der Tributträger in einem ordentlichen Fluß zu halten. Über unseren Köpfen flogen tausende von weißen Tauben, Kühe muhten, Löwen brüllten, die Prinzessinnen schwatzten entzückt und lachten vergnügt über alles und jedes. Die Nubier brachten so schwere Blöcke von Gold, daß die Träger unter ihnen strauchelten, und Stoßzähne aus Elfenbein, so lang und mit gekrümmten Spitzen, daß es zu Tumulten in der dicht gedrängten Menge kam. Man brachte Stämme von Ebenholz, lebende Leoparden in Ketten, quiekende und schnatternde Affen, die von Schulter zu Schulter hüpften und mehr als einmal eine Perücke ins Rutschen brachten, riesige Behälter mit Myrrhe, Schilde aus steifem Fell, Bögen und Pfeile, die später ohne Zweifel dazu benutzt würden, die eigenen Landsleute zu töten. Die Syrer brachten fein gearbeitete, leichte Wagen und Pferde und Antilopen. Sogar die Tiere zogen durch die Halle und auf der anderen Seite wieder hinaus. Noch nie gab es einen solchen Anblick! Noch nie ein solches Getöse! Wir konnten die Trommeln der Musiker hinter uns nur wie eine Verstärkung unseres Herzschlages vernehmen.

Als die Hälfte des Zuges durch war, konnte ich es nicht länger ertragen und zog mich in den stillen, leeren Hof meines Tempels zurück, um mich auf den Besuch der fremden Könige vorzubereiten. Ich weiß, daß Echnaton die Tribute annimmt, weil es der Brauch verlangt, aber die religiöse Seite dieses großen, internationalen Ereignisses war von größerer Bedeutung für ihn.

Die Absicht dieser großen Versammlung wurde deutlich, während dem Aton in der glänzenden, weißen Hitze des Mittags vor dem Altar im Hof die Opfergaben dargebracht wurden. Die fremden Könige verneigten sich nacheinander bis zum Boden vor dem goldenen Zeichen des Aton, seine lebenspendenden Strahlen berührten jede Stirn und prägten sich hoffnungsvoll für immer in ihre Gedanken ein.

Die Zeit wird erweisen, wie tief der Eindruck der goldenen Berührung eindrang, doch jetzt scheint es, als hätten alle den Geliebten des Aton, Sohn der Sonne, Wa-en-Ra, vergessen. Diese großartige und rege Zeit scheint lange vorbei und weit fort.

Die Diener legen einen dünnen Leinenumhang über meine Schultern und ich verlasse den Raum. Wie ein flüchtiger Blick zwischen ihnen mir zeigt, haben auch ihre Herzen erkannt, daß die großen Tage vorüber sind. Der Traum hat seine Antriebskraft verloren, wie geschickt Nofretete auch immer regieren mag, und der Morgen eines neuen, vielleicht nicht so angenehmen Tages, ist nah.

Zur nächsten Morgendämmerung bin ich wieder im Tempel und bereite mich auf die erste Zeremonie des Tages vor. Die jungen Priester bringen die Opfergaben der Bauern und häufen sie auf die Altäre, so als hätte sich nichts verändert. Andere füllen die großen Vasen mit Blumen und wischen die Fußspuren fort, als alles fertig ist. Als das erste Licht, welches vom Aufgehen der Sonne kündet, stärker wird, werden die Fackeln, die an den vier Seiten des großen Hofes brennen, gelöscht.

Nofretete kommt und wir sind bereit. Die Sterne verlöschen und das Viereck des Himmels, das wir über uns sehen können, wird hell grau-blau. Wir warten. Die ganze Welt scheint auf den Auftritt Atons zu warten. Ich vermisse meinen Bruder an meiner Seite. Er hat diese Zeremonie besonders geliebt.

Von den schattigen Säulenreihen des ansonsten nicht überdachten Hofes kann ich hören, wie die Priester die Hymne des Aton zu singen anheben, die Echnaton komponiert hat. Sie beginnt tief und steigt und fällt die ganze Zeit in reichen und bewegten Klängen. Sie ertönt schon in meinem Herzen.

Während der Himmel sich rot färbt, hebt Nofretete ihre Arme, auf daß ihre Fingerspitzen die herabkommenden Strahlen des Gottes berühren mögen – auf daß sie zu Licht verwandelt wird.

Öfter, als ich zählen kann, habe ich dieses Ritual schon beobachtet und jedes Mal ist es für mich der kraftvollste Augenblick des Tages. Alles ist möglich – nichts ist fest und sicher – und dennoch ist der Eindruck einer tröstlichen Beständigkeit, eines ewigen und unvergänglichen Musters, sehr stark. Aber heute wirkt diese Magie aus irgendeinem Grund nicht. Die Zeremonie berührt mich nicht, und als das Licht in den Tempelhof flutet, wird der Rhythmus der Hymne für einen Augenblick unterbrochen. Die Stimmen, die gerade noch in einer solchen Harmonie gesungen haben, singen stockend weiter. Auch in Nofretete nehme ich eine Veränderung wahr. Sie steht immer noch genauso da wie zuvor, doch sie steht irgendwie steif und streng, und das ist neu.

Es fehlt etwas. Es ist nicht so, wie es war. Ich senke meinen Blick vom Himmel nieder und schaue verwirrt auf den Altar vor mir.

Und dann sehe ich, was die anderen bereits gesehen haben.

Auf den ersten Blick sieht der Altar genauso aus wie immer. Als die Opfergaben im schwachen Licht vor der Dämmerung gebracht wurden, hat niemand etwas bemerkt.

Nun sehen wir, daß die heiligen Bildwerke an den Seiten des Altares beschädigt wurden. Wo Echnaton und Nofretete, göttliche Pharaonen, ihre Arme zum Aton erheben, hat jemand einen großen Spalt quer über die Strahlen der Sonne gemeißelt, sodaß die wohltätige Macht und Kraft des großen Gottes die königlichen Lippen, Nasenflügel und Augen nicht mehr erreichen kann und, umgeformt und verwandelt durch den goldenen Körper ihres Königs, auch nicht die Herzen des Volkes. Verhängnisvoll ist die Unterbrechung der Übertragung von Himmel zur Erde. Was einst ein Ritual voll Kraft und Schönheit war, ist nun leer und wirkungslos. Nofretete läßt ihre Arme sinken. Die Hymne verebbt kläglich. Wir alle starren ungläubig auf den Frevel, der hier im heiligsten und geschütztesten Herzen der Verehrung des Aton begangen wurde. Am meisten fragen wir uns, wie jemand mit einer solchen Absicht in das heiligste der Heiligtümer eindringen konnte. Die Frage, warum er es tat, ist leichter zu beantworten.

Nofretete wendet sich den Priestern zu, die hilflos aus dem Säulengang starren. Sie befiehlt ihnen, sich zu verteilen und den Tempel nach weiteren Anzeichen von Zerstörungswut zu durchsuchen. Unter Verbeugungen entferne ich mich aus ihrer Gegenwart und helfe bei der Suche. Wir finden drei weitere Schändungen, jede an einer Stelle, wo die Kraft und Wirkung des Tempels am nachhaltigsten geschädigt wird. Wer immer das getan haben mag, wußte genau, was er tat.

Derweil steigt die große Sonne ungerührt immer höher in den Himmel.

Mehr als je zuvor wird Achetaton eine Stadt des Mißtrauens und der Schatten. Wir wissen nicht mehr, wem wir trauen können, auch nicht aus den Reihen der Priesterschaft des Aton. Vorher wußten wir genau, daß jeder, der Haremhab treu ergeben oder der dem Kult des Amun eng verbunden war, beobachtet werden mußte. Doch jetzt scheinen sogar jene, die Echnaton und ich persönlich ausgewählt hatten, dem Aton im Herzen des Tempels zu dienen, Verräter zu sein. Ich erinnere mich an den Ausspruch meines Bruders, Achetaton könne nie untergehen, es sei denn, jemand öffnete dem Feind von innen die Tore.

Alle Priester, vom Propheten des höchsten Standes bis zum niedrigsten und neuesten Novizen, werden nacheinander in meine privaten Gemächer gerufen und befragt. Vor dem Eintreten eines jeden einzelnen versuche ich einen Zustand der Ruhe und Bereitschaft zu erlangen, in dem ich das hören kann, was nicht ausgesprochen wird, und sehen kann, was nicht offen gezeigt wird. Die Antworten interessieren mich nicht, denn ich halte Worte für Rauch, die vom Wind der Zweckdienlichkeit hin und her geblasen werden, während das Feuer im Herzen klein beginnt und doch eine Stadt zerstören kann.

Ich schlafe fast nicht mehr, so eifrig bin ich an meiner Aufgabe. Aber trotz meiner Beharrlichkeit finde ich niemanden, dem ich eindeutig die Schuld zuweisen kann. Die Klarheit und Unschuld, die Echnaton und ich angestrebt haben, scheinen fort zu sein, und wir fallen in die schlimmen, alten Tage vor seiner Herrscherzeit zurück, als Gebete ohne Gefühl gesprochen wurden, als Lüge und Gier und Eifersucht vorherrschend waren und niemand die Gegenwart des Göttlichen empfand.

Echnaton hatte den Glauben an die überlieferten Götter zerstört, und nun wird sein eigener Gott in Frage gestellt. Was bleibt noch übrig, wenn auch dieser Glauben aufhört? Ich denke mit Schaudern an eine Welt ohne Führung und ohne jeden Sinn für Werte und Ziele, eine Welt, in der wir alle auf Gedeih und Verderb von den Launen und Grillen der selbstsüchtigen und dummen Menschen abhängen, wo es weder Ordnung noch Wahrheit noch Gerechtigkeit gibt. In einer solchen Welt mag Apep, die Schlange des Nicht-Seins, wohl in einer einzigen dunklen Nacht gegen Ra siegen, und es wird keine Morgendämmerung geben.

Mehr als ein Jahr dümpelt das Land unter Nofretetes Herrschaft dahin. Die verunstalteten Reliefs im Atontempel sind wieder hergestellt.

Wir wissen, daß die Tempel der anderen Götter in den Zwei Ländern allmählich wieder aufgebaut werden. Es geschieht nicht auf Nofretetes Geheiß, aber sie schließt ihre Augen davor.

Was nun geschieht, erinnert mich an den Beginn der Überschwemmung, wenn die ersten Lehmwälle um die Felder brechen und die ersten

Rinnsale das verdorrte Land erreichen. Ich warne sie, daß von Echnatons goldenem Traum nichts übrig bleibt, wenn wir nicht aufpassen. Ich rate ihr, eine Politik des kontrollierten Wiederaufbaus mit königlicher Billigung zu betreiben, ein allmähliches Wiedereinsetzen der alten Götter mit Aton in herausragender Stellung. Ich weise darauf hin, daß es besser ist, einen Kompromiß aus Stärke zu schließen, als aus Schwäche alles aufgeben zu müssen.

Als ich eines Nachts im Bett liege und das merkwürdige Gefühl habe, nicht zu wissen, ob ich wach bin oder schlafe, höre ich ein Flüstern, ein Gemurmel und Gemurre, als wenn alle Menschen des Landes sich gegen uns wendeten. Eine Menge scheint sich um mein Bett versammelt zu haben, und ich kann ihre feindseligen Gesichter sehen. Ihre Worte sind undeutlich, doch sie klingen wie das anschwellende Heulen des Windes in den Palmenhainen, wenn sich ein Sturm ankündigt.

Ich setze mich auf, bereit mich zu verteidigen, aber als ich ganz wach bin, sehe ich, daß ich allein bin. Nur Meritaton ist an meiner Seite. Da ist kein Geräusch von Stimmen oder von Wind, nur die Stille einer tiefen, dunklen Nacht.

Ich liege noch lange wach und denke über das Erlebnis nach. Ich fürchte, es ist eine Vorahnung, eine Warnung, daß sich ein Sturm zusammenbraut und die Bedrohung wächst. Ich drehe mich auf die Seite und schließe Meritaton in meine Arme. Sie seufzt aus tiefem Schlummer. Ich lege meine Wange auf ihr Haar. Ich streichele sie und verliere die beängstigende Erinnerung im Trost ihrer Glieder.

Die Tage vergehen und die Sonne scheint hernieder wie immer. Die Tempelrituale folgen in kunstvoller Ordnung aufeinander. Es scheint sich nichts verändert zu haben, doch ich weiß, es scheint nur so. Zu Echnatons Zeiten gab es eine treibende Kraft. Dinge wurden getan, Veränderungen wurden bewirkt, es gab ein Gefühl von Strömen und Fließen. Jetzt scheint sich das ganze Land in Bewußtlosigkeit zu befinden – es wartet.

Zu Lebzeiten ihres Gemahls hatte Nofretete eine solche Kraft; die beiden entzündeten sich an einander, um alles in Bewegung zu halten, doch nun scheint sie ihre Antriebskraft verloren zu haben. Seit ich sie an jenem Tag im Marschlandzimmer habe weinen sehen, meidet sie mich. In der Öffentlichkeit ist sie kühl und zurückhaltend, und wenn es mir gelingt, mit ihr allein zu sein, möchte ich sie in meine Arme nehmen, denn ihr Blick ist verstört und traurig. Doch sie schüttelt ihren Kopf und wendet sich ab – nicht aus Feindseligkeit oder weil sich ihre Gefühle geändert hätten – aber gerade so, als hätte sie einen geheimen Beschluß gefaßt, sich von keinem Mann mehr anrühren zu lassen.

Sogar in den Angelegenheiten des Staates hat die große Herrin ihr Fingerspitzengefühl verloren. Sie fällt Entscheidungen zögernd und macht den Eindruck, als sei sie genauso unberechenbar wie Echnaton in seinen letzten Tagen. Ich spüre, daß sie beeinflußt wird, gegen besseres Wissen etwas zu tun, obgleich sie etwas anderes tun wollte.

Ob das wohl das Werk der Amunpriester ist? Ob sie Zaubersprüche singen und ihre dunklen Kräfte durch die klare, trockene Luft schicken, ihren Verstand zu verwirren, der bereits vor Sorge und Angst schwach geworden ist?

Ich rate ihr, Na-aghta und seine engsten Mitstreiter zu vernichten, koste es, was es wolle.

»Andere Priester, die weniger gefährlich sind, könnten darauf vorbereitet werden, ihren Platz einzunehmen«, sage ich. »Sogar Haremhab muß erkennen, daß die Macht dieser Männer für die Zwei Länder schädlich ist.«

Nach allem, was sie getan haben, ist es ein Wunder, daß sie immer noch frei herumlaufen.

»Nach allem, was sie getan haben ...« Ich wäge diesen Gedanken. Nichts von dem, was sie getan haben, kann ohne jeden Zweifel zu ihnen zurückverfolgt werden. Ich weiß, daß nichts von dem, dessen sie verdächtigt werden, ohne Schwäche auf unserer Seite hätte geschehen können.

Ich beschließe, die Sache selbst in die Hand zu nehmen. Mein Verlangen nach der Doppelkrone schwächt mich nicht mehr. Mir ist klar, daß ich nichts zu verlieren, sondern alles zu gewinnen habe, wenn ich meine Absicht in die Tat umsetze.

Ein Boot wird mir bereitgestellt und ich verlasse Meritaton und Nofretete ohne Zeremonie und ohne ihnen zu sagen, wohin ich gehe oder was ich vorhabe. Obgleich ich versuche, es so beiläufig wie möglich zu tun, spüren beide Frauen eine Gefahr in der Luft liegen. Nofretete erlaubt mir noch immer nicht, sie körperlich zu berühren, aber ihre Augen sagen mir, daß sie mich nicht gehen lassen will. Meritaton versucht, mich zum Bleiben zu bewegen, und als ich mich weigere, bricht sie in Tränen aus und verläßt den Raum. Gerade als ich über die Planken vom Ufer auf das Boot gehe, höre ich einen Tumult hinter mir. Ich drehe mich um und sehe den königlichen Wagen in einer Staubwolke heranbrausen. Meine Gemahlin stolpert in unwürdiger Hast heraus.

Ich rufe dem Bootsmann zu, das Boot legt ab, bevor sie den Kai erreicht, und sie kann mich nicht mehr erreichen.

Ich sehe sie noch lange am Ufer stehen, und mein Herz tut mir weh angesichts der Verlorenheit ihrer Gestalt.

»Oh, meine Liebe«, denke ich. »Für dich tue ich das. Für uns alle. Ich hätte es schon vor langer Zeit tun sollen. Na-aghta kann sich nicht ändern. Er muß vernichtet werden.«

»Jeder kann sich ändern«, flüstert eine Stimme in meinem Kopf. »Sogar du. Ja, sogar du, Djehuti-kheper-Ra.«

Mein Herz ist voll rachsüchtigen Hasses; ich plane, einen Mann zu töten. Tränen stehen in meinen Augen, und ich kann die junge Frau am Ufer nicht mehr erkennen, die mir so traurig nachschaut.

Ich sitze lange im Bug des Bootes und starre ins Wasser. Und dann rufe ich den Bootsmann und seinen Sohn zu mir. Wenn sie mir helfen, gebe ich ihnen einen goldenen Ring. Ich sehe, daß sie keiner weiteren Überredung bedürfen. In ihren Augen ist keine Feindseligkeit. Dieses ist kein königliches Boot, sondern eines der vielen, die regelmäßig zwischen dem östlichen und dem westlichen Ufern bei Achetaton verkehren. Der Mann ist alt und der königlichen Familie treu, auch wenn ich eine kleine Figur des Flußgottes Hapi an seinem Gürtel hängen sehe, von den Falten seines Gewandes halb verborgen.

Wir verlassen Achetaton nicht unbemerkt, aber hier inmitten des Flusses gibt es viele Boote, die unserem ähnlich sind, und die Menschen, denen wir begegnen, haben unsere Abreise aus Achetaton nicht gesehen. Noch einmal entledige ich mich all meines priesterlichen Schmuckes und der Insignien meiner königlichen Abstammung und werde ein Gemeiner. Nur meinen Dolch mit dem Goldgriff behalte ich in meinem Rock.

Ich bitte darum, in den Außenbezirken von Waset an Land gesetzt zu werden, weit entfernt vom Kai, wo man mich sicherlich erkennen würde. Ich bedecke mich mit Staub, als ob ich in den Feldern gearbeitet hätte, und betrete einen Weg, der in die Stadt führt. Mit großen Bündeln, von trockenem Riedgras beladene Esel wanken vorüber. Ich sehe Frauen, die Wasserkrüge auf ihren Köpfen tragen, und Bälger, die Hunde und Tauben vor sich hertreiben. Das Landleben wird abgelöst von engen Straßen und Lehmziegelhäusern. Ich sehe müde Frauen Türschwellen kehren und Männer streiten. Durch offene Türen erhasche ich einen Blick auf Sandalenmacher, die Leder nähen, Korbflechter, die Riedgras schälen und Weinhändler, die Tonkrüge aufstapeln, jeder zweifellos mit dem Thronnamen »Semenchkare, Jahr eins« gestempelt. Oder ist es schon Jahr zwei?

In der Mitte der Stadt herrscht eine Stimmung nervöser Aufgeregtheit. Gerüchte sind überall. Das Murren, das ich in meinem Traum hörte, ist hier Wirklicheit.

Ich laufe umher wie ein Geist – ich bin nicht mehr ein Teil der Gesellschaft, die ich beobachte.

Ich erblicke den jungen Prinzen Tut-ench-Aton, der in einer goldenen Sänfte getragen wird. Sein Gesicht ist so von Farbe bedeckt und sein Körper in so kostbare Gewänder gehüllt, daß ich kaum glauben kann, daß dies derselbe junge Bursche ist, den ich vor so langer Zeit sah, als er fröhlich, nackt wie ein brauner Fisch im See in Meru-aten schwamm. Damals lachte er. Jetzt ist sein Gesicht verkniffen und müde.

Plötzlich erblicke ich eine dunkle Gestalt, die durch die Straßen hastet, und ich erkenne Ma-nan. Ich folge ihm in der Hoffnung, daß er mich zu Na-aghta führt. Er schiebt sich durch belebte Gassen und ich verliere ihn fast. Schließlich klopft er an die riesige Tür eines Herrenhauses. Ich bin gerade hinter ihm, als die Tür geöffnet wird und schiebe mich mit ihm hinein. Ich berühre ihn an der Schulter und rufe ihn beim Namen. Wir haben so vieles geteilt. Bilde ich mir ein, daß er nun mein Freund ist?

Aber er dreht sich nicht um, mich zu begrüßen. Er eilt durch den Hof. Auf der anderen Seite bleibt er stehen, während eine große Gestalt aus dem Haus tritt. Jetzt dreht er sich um. Neben ihm steht Na-aghta. Dieser hält ihn am Arm, und ich kann sehen, daß er ihn fest packt, als ob er sich seiner nicht sicher völlig wäre. Ma-nan schaut mich an und bittet schweigend um Vergebung. In seinen Augen sehe ich, daß er sich jetzt für das schämt, was er tut. Früher wäre er stolz darauf gewesen. Aber die Stimmung im Land hat sich gewandelt, und jetzt bietet sich ihm die Möglichkeit, wieder eine Macht im Staat darzustellen. Er sehnt sich genauso sehr nach Macht wie immer – aber wir wissen beide, daß er nie mehr das Vergnügen daran finden wird wie einst. Ich empfinde beinah Mitleid mit ihm und ein Losgelöstsein von meiner eigenen Angst.

Ruhig gehe ich auf sie zu. Stehe ich unter einem Zauber oder glaube ich sogar jetzt noch, daß ich das Blatt wenden kann? Meine Hand packt den Griff meines Dolches fester. Ich weiß, was ich beabsichtige ist falsch, und ich werde dafür bezahlen müssen – wenn nicht in diesem Leben, dann in einem anderen – aber ich ertrage es nicht zu sehen, daß alles, was wir uns vorgenommen hatten, verloren ist.

»Das ist nicht der richtige Weg«, beharrt die Stimme, die ich nicht hören möchte. »Es ist noch nicht zu spät. Kehre um. Kehre um!«

Ich zögere. Ich drehe mich um.

Zu spät. Die großen Riegel der Tür hinter mir sind geschlossen. Na-aghta gibt jemandem rechts hinter mir ein Zeichen mit den Augen. Plötzlich rührt sich Ma-nan und reißt sich von ihm los. Er rennt auf mich zu und stößt einen Warnruf aus.

Nur für einen Augenblick bin ich unschlüssig, aber zu lange.

Ein Speer wird geworfen, und ich starre verwundert auf seine Spitze, die aus meiner Brust hervortritt. Es verwirrt mich, daß ich keinen Schmerz spüre.

Ist es so schwer, zu sterben? denke ich. Einst wollte ich so leidenschaftlich nur noch sterben. Auch jetzt?

Oh, aber mit einer unvollendeten Aufgabe zu sterben!

Erst als ich Na-aghtas frohlockendes Gesicht sehe und Ma-nan, der weinend über mir kniet, wird mir klar, daß ich tot bin.

> *Laß Deine Flügel auch meine sein*
> *Oh, Horus, Gefährte der Sonne.*
> *Zeige mir die Strömung der Luft...*
> *die hohe Spirale*
> *des Herzens des Himmels...*
> *das atemlose Innehalten*
> *wenn die Erde anhält*
> *auf daß der Gott spreche.*
>
> *Angst hat meine Füße am Boden gehalten.*
> *Angst hat mich niedergedrückt.*
> *Meine Augen und Ohren sind blind und taub von Staub.*
>
> *Unsterblicher Vogel*
> *befreie mich*
> *erlöse mich*
> *in Deinem Glanz...*
> *Laß mich aufsteigen*
> *unter Deinem Schutz.*
> *Laß mich die Sonne sehen, bevor sie aufgeht.*
> *Laß mich die Welt sehen*
> *im Augenblick ihrer Verwandlung.*

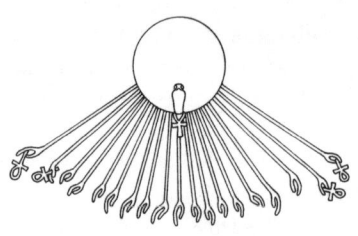

Nachspiel

Na-aghta verlor keine Zeit nach diesem Vorfall und zerstörte alles und jeden, der seine Sicherheit bedrohte.

Er und seine Anhänger mischten sich unter die Menge in Achetaton und schürten in wenigen Tagen ihre Angst und Leidenschaft dermaßen, daß die Gewalttätigkeit des Mobs die Arbeit für ihn erledigte.

Wenngleich Haremhab zu dieser Zeit nicht in der Stadt war, muß ihm doch eine Mitschuld für das, was an diesem schrecklichen Tag in Achetaton geschah, gegeben werden. Er war auf dem Weg von Mennefer, wenige Ruderstunden von Achetaton, als ihn die Nachricht erreichte, und seine Begleiter können seine Erschütterung und seinen Zorn bezeugen. Es stimmt, daß er die Amunpriester in ihren Bemühungen unterstützt hat, einen König auf den Thron zu setzen, der die Zwei Länder in ihren früheren Zustand zurückführen würde. Es stimmt, daß er Echnaton wegen seiner Besessenheit von Aton und wegen seiner Mißachtung des althergebrachten und geregelten Netzwerkes von Göttern und Priestern und Tempeln, das die Zwei Länder so viele Jahrhunderte lang friedlich und ungestört bewahrt hatte, gehaßt hat. Er war ein unnachgiebiger und aufrechter Mann, er wollte, daß alles seinem Platz hatte und jeder sich um seine Pflichten kümmerte. Die Auflösung der Tempel unter Echnaton hatte viele Menschen im Land aufgebracht. Als die heiligen Plätze der alten Götter nicht mehr verehrt wurden, kamen Räuber und Plünderer, und was Echnatons Bilderstürmer nicht gründlich und rituell zerstört hatten, war Steine werfenden Jungendbanden zum Opfer gefallen.

Echnaton zu ermorden, war nicht Haremhabs Idee – dazu hielt er sich zu sehr an die überlieferten Grundsätze – doch an einem Tag nach einer Inspektionsreise, von der er zornig zurückkehrte, stimmte er schließlich widerstrebend zu, daß etwas geschehen müsse, gleichgültig wie tiefgreifend es sei, um das Land wieder zu dem zurückzuführen, was er für Ordnung hielt. Er stimmte zu, die Tat mit Gift auszuführen. Es würde seiner Absicht zuwiderlaufen, wenn der Pharao für alle offensichtlich ermordet würde, denn das würde die Achtung vor den alten Werten weiter unterhöhlen. Der Gott-König war der Allerhöchste und sollte es auch bleiben. Nachdem er sein Herz gründlich befragt hatte, war er überzeugt, daß sein Vorhaben wirklich in Übereinstimmung mit den Gesetzen sei, die die Götter für ihn verkörperten, und für sein geliebtes Land wirklich das Beste.

Haremhab selbst gab das Gift. Er, und nur er allein würde die Tat vor den zweiundvierzig Beisitzern im Gerichtshof des Osiris zu verantworten haben.

Echnaton war kein widerstandsfähiger Mann, und das Volk war schnell davon überzeugt, daß er eines natürlichen Todes gestorben war. Sie nahmen an der Beerdigungsprozession auf ihrem Weg zum Grabmal, das in den östlichen Bergen für ihn vorbereitet worden war, mit Trauer und Ehrfurcht teil. Na-aghta und die Amunpriester taten, ohne Haremhabs Wissen, etwas Widerwärtiges dazu, indem sie den Leichnam stahlen, bevor die Einbalsamierer ihre Arbeit verrichten konnten. Sie brachten ihn in die Wüste, auf daß er von den Geiern und Schakalen verschlungen werde. Sie waren es, die seine Rückkehr zur Erde zu verhindern suchten aus Rache für das, was er ihren Vorrechten und ihrer Macht angetan hatte.

Die Geschichte vom Blutbad von Achetaton gefiel ihm immer weniger, als der unbeugsame General an Deck stand und die Ruderer beobachtete, die gegen die Strömung anruderten, als ob ihr Leben davon abhinge. Die aufrührerischen Kräfte, die er zu beherrschen suchte, schienen zugeschlagen zu haben, und dieses Mal in seinem Namen. Er war sich darüber im Klaren, wenn er nicht schnell und unbarmherzig handelte, um die Täter zu bestrafen, würde er jeder Bande blutdürstiger Rebellen erlauben, die Ordnung umzustürzen, wenn sie gerade wollte – und das nächste Mal könnte es seine eigene sein.

Seine sorgsam eingefädelte, heimliche Hinrichtung Echnatons, seine umsichtige Planung, die den Anschein eines natürlichen Todes oder, im schlimmstem Fall, eines Familienmordes machte, hatte scheinbar nicht alle hinters Licht geführt. Wer hatte den Pöbel eingelassen und ihn dazu gebracht, zu brennen, zu töten und zu plündern? Geschah es aus eigenem Antrieb oder standen diese überheblichen Priester dahinter? Haremhab preßte grimmig die Lippen zusammen. Seine Beine waren weit gespreizt, um ihm auf dem Boot Halt zu geben, und die Arme über der Brust verschränkt. Wenn sie anfingen, die Gewalttätigkeit des Pöbels für ihre eigenen Ziele zu benutzen, mußten ihnen sofort Zügel angelegt werden, bevor ihre Macht, die Macht, die wiedereinzusetzen er mitgeholfen hatte, ihm entglitt.

Um nichts in der Welt hätte er Meritaton und Nofretete ein Leid zugefügt. Und doch hatte die Menge, die in den Palast eingedrungen war, die beiden Frauen ermordet und dabei seinen Namen und den Namen des Armeegottes Amun gesungen.

In Achetaton angekommen, untersuchte Haremhab die Trümmer des königlichen Palastes mit hartem, kaltem Gesicht. Er stand über die Leichname von Nofretete und Meritaton gebeugt, die die Arme umeinander geschlungen hatten, so als hätten sie in diesem letzten schrecklichen Augenblick allen Schmerz des vergangenen Jahres vergessen. Nofretetes Krone war ihr vom Kopf gerissen worden, und nur angetrocknetes Blut zierte jetzt ihre Stirn. Haremhab grübelte darüber nach, wie leicht die Gefühle der Menge zu beeinflussen waren. Unvernünftige und übermäßige Liebe läßt sich leicht in unvernünftigen und übermäßigen Haß verkehren. Die gleiche Menge, die ihr früher Loblieder zu singen pflegte und herbeiströmte, um einen Blick auf sie zu erhaschen, wenn sie in ihrem Wagen vorbeifuhr, und die ihre Hände emporstreckte, um etwas von ihrer Schönheit und Lebenskraft abzubekommen, hatte sich nun auf sie gestürzt und wegen nichts Handfesterem als einem gemeinen Gerücht umgebracht.

Haremhab ordnete ein königliches Begräbnis für sie an.

Er befahl eine Untersuchung, die Verhaftung von Verdächtigen und die Beseitigung der Trümmer.

Achetaton erlitt eine zweite Reinigung durch Blut. Haremhab war ein harter Mann und konnte die Gesetzlosigkeit nicht ungesühnt lassen.

Auch in Waset waren seine Männer streng und gründlich. Haremhab hatte Zweifel, ob der Prinz Djehuti-kheper-Ra stark genug wäre, die Ordnung wieder herzustellen – er stand Echnatons Traumwelt zu nahe – und war deshalb nicht unglücklich zu hören, daß dieser in den Straßen von Waset mit einem Speer im Rücken tot aufgefunden worden war. Aber jene, die an der Macht sind, müssen das Recht durchsetzen. Na-aghta wurde angeklagt und verhaftet, und die erste Pflicht des jungen Tut-ench-Aton als Pharao war es, das Urteil gegen ihn zu verkünden. Seine piepsige Stimme sprach die schrecklichen und gnadenlosen Worte, die ihm aufgetragen wurden. Er wußte kaum, was er tat oder warum er es tat, ein Kind, das unbehaglich auf einem riesigen Thron zwischen dem Wesir Eje auf der einen, und dem General Haremhab auf der anderen Seite saß.

Haremhab und Eje verabredeten, daß die erste Krönungszeremonie Tut-ench-Atons in Achetaton stattfinden sollte. Sie planten andere Zeremonien an anderen Orten, sobald die Tempel und Paläste hinlänglich wiederaufgebaut wären. Hormheb und Eje würden neue Priester und Propheten ernennen, aber der kindliche Pharao würde sie offiziell bestätigen und einsetzen.

Anchesenpaton wurde zur neuen Großen Königlichen Gemahlin des Pharaos erwählt, obgleich sie einige Jahre älter war als er.

Seit sie von dem Blutbad in Achetaton gehört hatte, blieb sie in ihren Gemächern im Palast ihres Großvaters in Per-hay, wo sie mit ihren drei jüngeren Schwestern glücklicherweise war, als der Mob in Achetaton Amok gelaufen war. Sie lauschte aufmerksam allen Nachrichten und Gerüchten, die ihre Spione überbrachten. Es gab nichts, was ihr entging und was sie nicht verstand. Sie machte sich keine Illusionen über die Vorfälle. Sie wußte, auch wenn die Priester des Amun zum Tode verurteilt waren, wäre das nicht das Ende der Gegner ihres Vaters und seiner Ideen. Sie wog sorgfältig ab, was sie hörte, und fand heraus, wer ihre Feinde und ihre Freunde waren. Sie erkannte, daß sie und ihre jüngeren Schwestern in dem gegenwärtigen Machtkampf entweder benutzt oder beseitigt würden. Sie fühlte, daß sie ertragen konnte, was immer auch ihr Schicksal sein würde, aber für ihre Schwestern wollte sie ein besseres Leben.

Eines Nachts kam sie in deren Gemach im Frauenhaus. Sie stand da und schaute auf sie nieder. Setepenre, die jüngste, schlief mit offenem Mund auf dem Rücken, die Arme zu beiden Seiten ausgebreitet, und ihre noch nicht gerundeten Brüste hoben und senkten sich regelmäßig, als ob das Kind ganz ohne Sorgen schliefe – und doch ungeschützt vor allem Bösen. Neferneferure, die zweitjüngste, lag zusammengerollt wie ein Fötus, die dünne Decke über ihren Kopf gezogen, als ob sie sich vor der Welt verstecken wollte. Die Dritte, Nefernefruaten Tasherit, murmelte im Schlaf und warf sich von einer Seite auf die andere, als ob sie ein Alptraum quäle.

Anchesenpaton weckte sie alle leise auf und erklärte ihnen, daß sie sie um ihrer eigenen Sicherheit willen fortgeschicken würde, weit fort. Auf ihre ängstlichen Fragen antwortete sie nur, daß man nach ihnen schicken würde, wenn alles wieder friedlich und in Ordnung sei. In der Zwischenzeit würden sie weit weg vom Hof bei einer Familie im Flußdelta wie gewöhnliche Mädchen leben, nicht wie Prinzessinnen, und sie sollten bloß aufpassen, niemandem zu erzählen, wer sie wirklich waren.

Noch vor der Morgendämmerung hatten sie alle den Palast in der Obhut treuer Diener verlassen.

Hellwach erwartete Anchesenpaton den Sonnenaufgang in ihrer Kammer.

Beim ersten Licht schlich sie sich in den Garten, und nachdem sie sich vergewissert hatte, daß sie nicht beobachtet wurde, erhob sie ihre Arme zum aufgehenden Aton und flüsterte das Lieblingsgebet ihres Vaters, und ungewohnte Tränen liefen über die Wangen der Prinzessin, die alle für kalt und hartherzig hielten.

Später an diesem Tag teilte man ihr mit, daß sie als Königin an der Seite ihres jungen Halbbruders regieren solle. Sie zeigte keine Regung – nicht Freude, nicht Kummer noch Furcht.

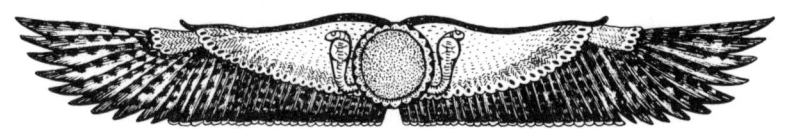

Nachwort

Das meiste, was wir über das Leben der Pharaonen und der ihnen nahestehenden Adligen wissen, entnehmen wir ihren Gräbern und Totentempeln. Uns bezaubert diese großartige, alte Zivilisation und für unsere Neugier ist es ein Glück, daß ihre Besitztümer mit ihnen begraben wurden und sie ihre eigene Geschichte in dauerhaften Stein geschrieben haben.

Tut-ench-Amuns Grab, welches im Jahre 1922 von Howard Carter unter der Schirmherrschaft von Lord Carnarvon gefunden wurde, verursachte eine Menge Aufregung, denn es war eines der wenigen Gräber des alten Ägypten, das beinahe unversehrt entdeckt wurde und in dem der königliche Leichnam noch immer in seiner Umhüllung aus unschätzbaren, goldenen Särgen lag. Fast alle anderen Gräber waren ausgeraubt worden, lange bevor wir sie fanden. Aus den wunderbaren Monumenten des alten Ägypten wurden Steine zum Bauen gehauen, zu Kalk gebrannt und auf den Feldern verteilt, sie wurden auf alle erdenklichen Arten zerstört und wiederverwendet. Ziegen wurden an aufs Feinste behauene und bemalte Säulen gebunden, und arabische Lehmziegeldörfer wurden in den Innenhöfen und auf den Dächern gebaut. In einigen der Grabmale und Tempel lebten christliche Einsiedler, die die Bildnisse der Götter verunstalteten, die sie für Bilder von Dämonen hielten.

Einige der königlichen Körper wurden schon in frühester Zeit von den Aufsehern der Totenstadt aus ihren Grabmalen entfernt, denn sie konnten sie nicht mehr vor der Zerstörung durch Räuber schützen, und im späten neunzehnten Jahrhundert unserer Zeit wurden zwei verschiedene Verstecke von ihnen gefunden. Eines befand sich in einer Höhle in den Bergen nördlich von Hatschepsuts Tempel in Deir el Bahri. Dort entdeckte man die Körper von Ahmose, dem Begründer der großen achtzehnten Dynastie, der Ägypten von der verhaßten Herrschaft der fremden hyksischen Könige befreit hat, von Thutmosis III. (Menkheper-Ra, Hatschepsuts Stiefsohn und Neffe), von Amenophis I., seinem Sohn, Seti I., der den großartigen Osiristempel in Abydos erbaute, den wir heute noch mit großer Freude besuchen, und von Ramses II., seinem Sohn, einem der mächtigsten und bekanntesten der ägyptischen Pharaonen, der ungefähr siebzig Jahre regierte und mehr als einhundert Kinder zeugte. Man fand auch den Leichnam einer Frau und nahm zunächst an, er sei der von Hatschepsut, dem weiblichen Pharao, die dazu beitrug, die Amunpriester zu noch nie dagewesener Macht zu erheben. Aber es ist ungewiß, ob sie es wirklich ist.

Das zweite Versteck wurde entdeckt, als das Grab von Amenophis II. (der Sohn von Thutmosis III.) geöffnet wurde. Mehrere spätere Könige der neunzehnten Dynastie wurden darin gefunden, aber auch, und das ist für die Leser dieses Buches am interessantesten, der Leichnam von Königin Teje, Echnatons Mutter, mit langem, rötlichbraunem Haar. Diese königlichen Mumien befinden sich nun die meiste Zeit im Museum in Kairo, aber seit 1982 werden sie in einem verschlossenen Raum aufbewahrt, den Blicken der müßig Vorüberziehenden entzogen.

In den ersten Jahren dieses Jahrhunderts wurde im Tal der Könige ein großartiges Grab gefunden, in dem alles noch an Ort und Stelle war. Doch es war nicht das Grab eines Königs, sondern von Yuya, dem königlichen Wagenmeister, und seiner blonden Frau, Thuja. Obwohl sie selbst nicht königlicher Abstammung waren, wurden sie dennoch in den königlichen Gräbern bestattet, denn sie waren die Eltern von Teje, der Großen Königlichen Gemahlin und Lieblingsfrau von Amenhotep III., und sie waren die Großeltern von Echnaton.

1907 wurde ein kleines, von Hochwasser schwer zerstörtes Grab gefunden. Es ist als Grab 55 bekannt, und der Streit darüber, wer es ist, der darin gefunden wurde, dauert noch an. Die Namen Teje, Echnaton und Tutenchamun wurden zwischen den Sachen entdeckt, aber es gilt als erwiesen, daß es nicht das Grab von einem von ihnen ist. Man fand den Leichnam eines jungen Mannes zwischen zwanzig und dreißig Jahren. Medizinische Untersuchungen beweisen, daß er zur selben Familie wie Tutenchamun gehört. Er wurde scheinbar hastig in einem Sarg für eine Frau bestattet und in einem Grab, das nicht für ihn bestimmt war. Namen sind herausgekratzt worden. Ich möchte glauben, daß es der Leichnam des Prinzen Djehuti-kheper-Ra ist, der die Geschichte dieses Romans erzählt.

Das Fleisch zerfiel zu feinem, grauen Staub, als die ersten Archäologen, die das Grab betraten, den Leichnam berührten. Nur ein paar Knochen blieben übrig. Das folgende Gedicht, welches am Fußende des schönen, aber beschädigten Sarges stand, wurde wieder zusammengesetzt:

»Ich atme den Atem, der aus Deinem Munde kommt.
Jeden Tag erblicke ich Deine Schönheit.
Ich sehne mich, Deine Stimme zu hören, gleichmütig wie der Nordwind,
auf daß meine Glieder verjüngt werden durch das Leben und deine Liebe .
Reiche mir Deine Hände, die Deinen Geist tragen,
auf daß ich ihn erhalte und durch ihn lebe.
Rufst Du meinen Namen in die Ewigkeit
wird er niemals vergeblich von Deinen Lippen kommen.«

Echnatons Körper ist nie gefunden worden – auch nicht in seinem sorgsam vorbereiteten, doch unvollendetem Grab in den Bergen hinter seiner Stadt Achetaton, die jetzt als Tel el Amarna bekannt ist. Von den Bildern an den Wänden seines leeren Grabes und von den Gräbern seiner Adligen können wir eine beträchtliche Menge an Information sammeln über die religiöse Revolution, die er begründete, doch sehr wenig über das, was am Ende seines Lebens geschah.

Nun sieben die Archäologen jedes Korn und jedes Bröckchen, das von 3500 Jahren Räuberei und Zerstörung übrig geblieben ist, und was sie finden, bringen sie in die seelenlose Sicherheit der Museen. Ein Freund, dessen Großvater ein früher Archäologe in Ägypten war, erinnerte sich wieder daran, wie die Dörfler sich am Ufer entlang des Nils versammelten und die vorbeiziehenden Toten beklagten, während die Särge und Mumien der alten Könige auf Boote geladen und den Nil hinuntergefahren wurden. Ein Reisender am Anfang dieses Jahrhunderts beschreibt, wie die Leichen aus den königlichen Gräbern in Amarna (dem alten Achetaton) geholt wurden und mit allen Ehren einer Bestattung verbrannt wurden – wahrscheinlich um sie vor den Archäologen zu retten. Er konnte nicht sagen, wessen Körper es waren, und wir werden es niemals erfahren.

Achetaton als Stadt lebte nur kurz. Sie wurde von Echnaton auf unberührtem Boden gegründet, und das meiste wurde schon wenige Jahre nach seinem Tod wieder zu Wüste. Für einige Jahrhunderte waren kleine Gebiete noch bewohnt, und sogar heute noch finden sich dort verstreut liegende Dörfer, die jede Untersuchung der Überreste erschweren. Aber sie hörte auf, als erwähnenswerte Stadt zu bestehen, als Tutenchaton seinen Namen in Tutenchamun änderte und seine Hauptstadt nördlich nach Men-nefer (Memphis) verlegte, die alte Hauptstadt der Zwei Länder. Schließlich wurde die ausschließliche Anbetung Atons mit einem Bannfluch belegt und Echnaton selbst wurde zum Verbrecher und Ketzer erklärt. Sein Name und die Namen derer, die kurz nach ihm kamen, Smenkhkare, Tutenchamun und Eje (die wir als armanaische Könige kennen), wurden in allen Königslisten ausgelassen, als ob es sie nie gegeben hätte. Erst im letzten Jahrhundert setzten die Archäologen Teile ihrer Geschichte zusammen.

Lange Zeit wurde Semenchkare für einen männlichen König gehalten, der Echnaton nachfolgte und weniger als zwei Jahre regierte. Doch allmählich setzt sich unter den Ägyptologen (angeführt von J.R. Harris und Julia Samson) die Meinung durch, daß Semenchkare der Name war, den Nofretete angenommen hat, als sie kurz nach dem Tod ihres Gemahls die Herrschaft übernahm. Danach folgte Tutenchaton, später Tut-ench-amun, der im Alter zwischen sechzehn und achtzehn starb, etwa im Jahr 1323 vor Christus.

Ihm folgte kurz der ältere Eje, Wagenmeister unter Amenophis III., wahrscheinlich Nofretetes Vater und Wesir unter Echnaton. Ihm wiederum folgte Haremhab, der Ägypten etwa siebenundzwanzig Jahre regierte. Er hatte kein königliches Blut, aber er heiratete Nofretetes Schwester Nezem-mut (Mutnodjeme). Er starb kinderlos und übergab die Doppelkrone an einen seiner ältlichen Generäle, Mitglied einer mächtigen Familie aus dem Delta. Er wurde Ramses I. – der damit die neunzehnte Dynastie begründete. Wahrscheinlich erkannte Haremhab die Qualitäten im Sohn des Ramses und wählte ihn aus, weil ihm eine starke und verläßliche Dynastie folgen würde. Der Sohn Ramses I. war Seti I., sein Enkel war Ramses II.

Die Macht der Amunpriester wuchs ständig.

Abb. 4: Echnaton führt seine Mutter, Königin Teje, zu einem für sie erbauten Tempel; hinter ihnen Prinzessin Baketaton mit einer Salatopfergabe.

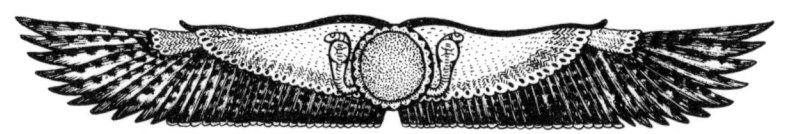

Chronologie

Für die Leserinnen und Leser dieses Romanes wird eine kurze chronologische Zusammenfassung der ägyptischen Geschichte von Interesse sein. Die Daten stammen aus: John Baines und Jaromir Málek, Atlas of Ancient Egypt, Oxford 1980.

Außerhalb von Ägypten wurden zwischen den Jahren 3000 und 2000 v.Chr. die alten Tempel von Malta gebaut wie auch Stonehenge, das Langgrab von West Kennet, Silbury Hill und Avebury auf den britischen Inseln. Auf den östlichen Mittelmeerinseln und auf Kreta blühten die kykladische und die minoische Zivilisation. Und im Osten erlebten die Kulturen von Mohenjo-Daro in Indien und Sumer ihre Höhepunkte.

Das Ägypten vor 3000 v.Chr. wird von den Historikern als vordynastische oder vorgeschichtliche Periode bezeichnet.

Frühzeit 2920 – 2770 v.Chr.
1., 2. und 3. Dynastie
3. Dynastie: König Djoser 2630 – 2611
Imhotep, der große Weise und Architekt des Königs Djoser, entwarf und baute das erste große Steinbauwerk der Welt, die erste Pyramide: die Stufenpyramide von Sakkara. Später wurde Imhotep vergöttlicht und mit dem griechischen Gott der Heilung, Asklepios, in Verbindung gebracht.

Altes Reich 2575 – 2134 v.Chr.
4.- 8. Dynastie
4. Dynastie: Khufu (Cheops) 2551 – 2528
    Chephren 2520 – 2494
    Menkaure (Mykerinos) 2490 – 2472
erbauten die großen Pyramiden von Gisa. Während des Alten Reiches wurden noch zahlreiche andere erbaut.

5. Dynastie: Unas (Wenis) 2356 – 2323
Zum ersten Male wurden auf den Innenwänden der Pyramide von
Sakkara »Pyramidentexte« eingraviert. Es handelte sich um kunstvolle
Dichtungen und Zaubersprüche als Hilfe und Führung für die Ver-
storbenen durch die Anderswelt.

6. Dynastie:
Sie endete mit der langen Regierungszeit von Pepi II, nach welcher
Ägypten einen Niedergang erlebte.

Erste Zwischenzeit 2150 – 2040 v.Chr.
9. und 10. Dynastie
Zerfall der zentralen Macht. Kriege unter den Lokalherrschern. Eine
Phase der Unsicherheit und der Gewalt.

Mittleres Reich 2040 – 1640 v.Chr.
11.- 14. Dynastie
11. Dynastie:
Einung der beiden Reiche, Ober- und Unterägypten, unter verschiedenen
Königen des Namens Mentuhotep 2061-2010.
Einer von ihnen baute seinen Totentempel und seine Grabstätte bei
Der el-bahri, wo viel später in der 18. Dynastie Hatschepsut auch den
ihren bauen ließ. Der Regierungssitz wurde nach Waset (griech.: Theben,
modern: Luxor/Karnak) verlegt. Die Könige der späten 18. Dynastie
sahen diese Epoche als eine große an und versuchten, ihr nachzueifern.
In jener Zeit wurde eine Expedition nach Punt, ans Horn von Afrika
gesendet; und später sandte Hatschepsut ihre Expedition ebenfalls dahin.

Zweite Zwischenzeit 1640 – 1532 v.Chr.
15.- 17. Dynastie
Die Hyksos wanderten aus dem Nahen Osten ein und brachten Pferde
und Wagen mit. Ihre Hauptstadt war Avaris im Delta. Für die Ägypter
war es eine finstere Zeit.
Gegen Ende dieser Phase führten Fürsten aus Theben eine Revolte
gegen die Hyksos, vertrieben sie aus dem Land und festigten ihr eigenes
Herrschaftsrecht über das Doppelreich.
Ta'o I und Ta'o II (Sekenenre) und Kamose 1555-1550 führten die
Rebellion an und gründen die nächste Dynastie. Sekenenre hatte eine
sehr kraftvolle und langlebige Frau, Ah-hetep I.

Neues Reich 1550 – 1070 v.Chr.

18.- 20. Dynastie

Die 18. und frühe 19. Dynastie wird für den Höhepunkt der ägyptischen Zivilisation gehalten. Ägypten war im Inneren stark und eroberte zahlreiche Nachbarstaaten, deren Tribute Ägypten reich machten. Die Pyramide waren nicht mehr in Mode, und die Könige bauten ihre Gräber tief in die Felsentäler. Außerdem wurden großartige Tempel gebaut.

18. Dynastie: Ahmose 1550-1525
Kriegerischer König mit der starken Königin Nefertari.

Amenhotep I 1525-1504
Er hatte eine Tochter, Ah-mes, von seiner Schwester und einen Sohn von einer Nebenfrau, Senseneb.

Thuthmosis I (Aa-kheper-ka-Ra) 1504-1492 (Sohn von Amenhotep und Senseneb)
Ein kriegerischer König, der die Grenzen des Reiches ausdehnte und seine Macht durch diplomatische Eheschließungen festigte. Er wurde mit seiner Schwester verheiratet, die ihm eine Tochter namens Hatschepsut gebar. Sein Sohn von der Nebenfrau Mutnofre wurde der nächste Pharao und Mann Hatschepsuts.

Thuthmosis II (Aa-kheper-en-Ra) 1492-1479
Als Thuthmosis II nach kurzer Regierungszeit starb, war sein Sohn der nicht-königlichen Frau Ast noch ein kleines Kind. Seine Witwe und Schwester Hatschepsut wurde Regentin für ihn. Sie beschloß, den Thron selbst zu übernehmen und wurde Pharao, wobei sie die männlichen Titel und die männliche Bekleidung eines Pharao übernahm.

Hatschepsut I (Maat-ka-Ra) 1473-1458. Weiblicher Pharao.
Berühmt für den großartigen Tempel bei Der el-bahri und ihre erfolgreiche Expedition nach Punt.

Thuthmosis III (Men-kheper-Ra) 1479-1425
Niemand weiß, wie er die Macht von seiner Tante und Stiefmutter Hatschepsut an sich nahm. Er regierte dann aber lange und war ein starker, kriegerischer König. Er ließ ihren Namen und ihr Bildnis vernichten, wo er sie fand.

Amenhotep II 1427-1401

Thuthmosis IV 1401-1391

Amenhotep III (Neb-maat-Ra) 1391-1353
Er lebte lang, war reich und mächtig, und wählte sich als Große Königliche Frau und Mutter seines Erben eine nicht-königliche Frau – Teje, Tochter von Thuya, seinem Wagenmeister, und dessen Frau Yuya. Ihrer

aller Mumien sind in sehr gut erhaltenem Zustand gefunden worden. Er ist verantwortlich für die Memnons-Kolosse bei Luxor, die riesenhafte Statuen von ihm sind und beiderseits eines aufwendigen Totentempels gestanden haben.

Amenhotep IV/Echnaton (Wa-en-Ra) 1353-1335

Er verlegte seine Hauptstadt von Theben nach Memphis an eine ganz neue Stätte namens Achet-Aton (heute: Tell el Amarna). Er stürzte die traditionelle ägyptische Religion und lenkte alle religiösen Bemühungen allein auf den durch die Sonnenscheibe symbolisierten Gott, das Zeichen des ewigen Lebens, Aton. Seine Frau, die berühmte und schöne Nofretete, hatte einen ihm gleichen Rang. Sie bekamen sechs Töchter.

Semenchkare 1335-1333

Tutanchamun 1333-1323

Eje 1323-1319

Haremhab 1319-1307

Haremhab setzte die Amunpriester wieder als eine starke Macht ein und beeinflußte das Reich gegen die Erinnerungen an Echnaton und seine Religion. In den Königslisten wurden die »...aton«-Könige ausgelassen, und Haremhab wird direkt nach Amenhotep III aufgeführt, als hätte es die anderen nie gegeben. Er starb kinderlos und ernannte seinen General Ramses zum nächsten Pharao.

Danach beginnt die 19. Dynastie der Ramessiden-Könige. Am Ende dieser Dynastie wird Ägypten mehrmals erobert. Seine Blütezeit ist vorüber.

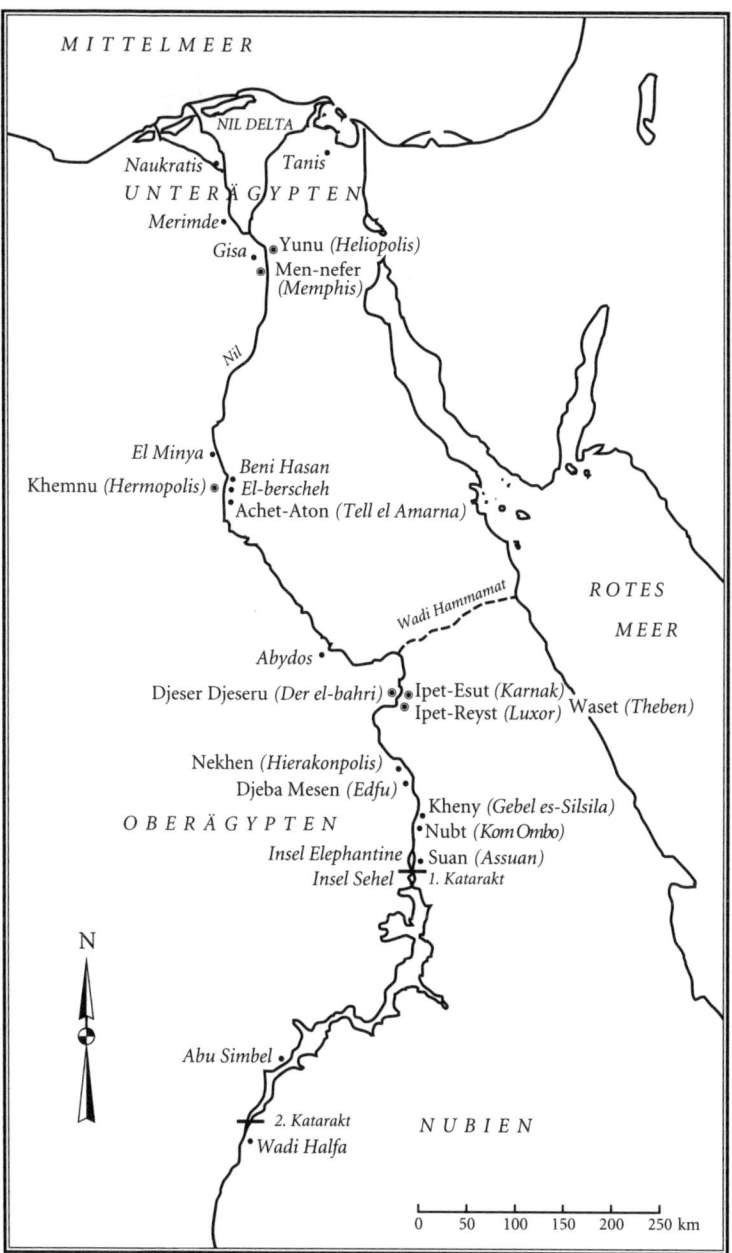

MITTELMEER

NIL DELTA

UNTERÄGYPTEN

Naukratis •

Tanis •

Merimde •

Gisa •

Yunu *(Heliopolis)*

Men-nefer
(Memphis)

Nil

El Minya •

Beni Hasan

Khemnu *(Hermopolis)* • El-berscheh

Achet-Aton *(Tell el Amarna)*

Wadi Hammamat

ROTES

MEER

Abydos •

Djeser Djeseru *(Der el-bahri)* • Ipet-Esut *(Karnak)*

Ipet-Reyst *(Luxor)* Waset *(Theben)*

Nekhen *(Hierakonpolis)* •

Djeba Mesen *(Edfu)* •

Kheny *(Gebel es-Silsila)*

OBERÄGYPTEN

Nubt *(Kom Ombo)*

Insel Elephantine

Suan *(Assuan)*

Insel Sehel

1. Katarakt

N

Abu Simbel •

2. Katarakt

Wadi Halfa

NUBIEN

0   50   100   150   200   250 km

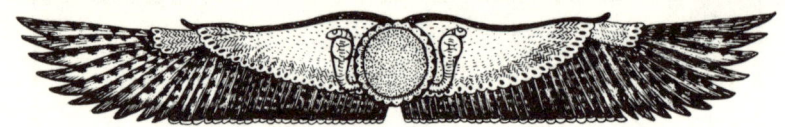

Ortsnamen

altägyptische Version	Variante	moderner Name
Djeba Mesen	Appollinopolis	Edfu
Djerty	Tuphum	Tod
Djeser Djeseru	Djeser-menu	Hatschepsuts Tempel bei Der el-bahri
Ipet-Esut Ipet-Reyst	Ipet-Sut Ipet-Resut	Theben
Iuny	Hermonthis, Iuni	Luxor
Keftiu	Stierinsel	Kreta
Kepel	Byblos	Jbail
Khemet	Kemet, das schwarze Land, das Doppelreich	Ägypten
Khemnu	Chmun, Hermopolis	Ashmunein
Kheny	–	Gebel es-Silsila
Men-nefer	Menufer, Weiße Mauern	Memphis

Nekheb, Nekhen	Der rote Berg, Hierakonpolis	Kom el-ahmar
Nubt	Ombos	Kom Ombo
Per-Hathor	der Doppelberg, Pathyris, Aphroditopolis Inerti Per-Hathor	Gebelèn
Punt	–	wahrscheinlich Nord-somalia, nahe Djibuti
Serui	Klippenbucht	Der el-bahri
Suan	Elephantine, Syene, Sunu	Assuan
Waset	Theben	Luxor
Yunu	Iunu, Lunu, bibl.: On, griech.: Heliopolis	heute unter einem nördlichen Vorort von Kairo vergraben

Abb. 5: Ra-Harakti und Djahuti (Thoth).

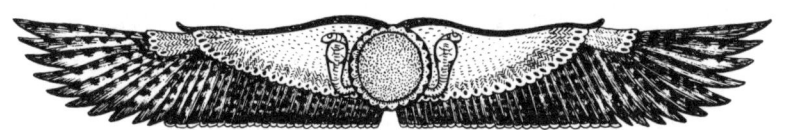

Die Gottheiten

Es folgen ein paar kurze Bemerkungen zu den in diesem Roman vorkommenden vergöttlichten Mächten.

Ausführlichere Informationen können Sie folgenden Büchern entnehmen:
George Hart, A Dictionary of Egyptian Gods and Goddesses, 1986.
Erik Hornung, Der Eine und die Vielen. Ägyptische Gottesvorstellungen, Darmstadt 1953.
Manfred Lurker, Götter und Symbole der alten Ägypter, München 1977.
R.T. Rundle Clark, Myth and Symbol in Ancient Egypt, 1978.

Ammit

Ein hybrides Monster, das in der Halle des Osiris neben der Waage der Maat wartet, um die Seelen der »Ungerechtfertigten« zu verschlingen.

Amun

Sehr alte, schon in den Pyramidentexten erwähnte Gottheit. Er wurde später zu einer mächtigen Lokalgottheit in der Region von Theben und zu einem Hauptgott im ägyptischen Pantheon. Gewöhnlich wird er als ein Mann dargestellt, der ein göttliches Szepter und ein Ankh hält und der eine Krone mit zwei Federn trägt. Sein Name hat damit zu tun, daß er als verborgen und unsichtbar gilt: »Verborgenen Antlitzes und geheimnisvoll in der Gestalt«, »der allen Dingen innewohnt«. Sein Symboltiere sind der Widder und die Gans. Sein großer Tempel im heutigen Karnak ist noch immer höchst eindrucksvoll.

Apophis

erscheint in Gestalt einer Riesenschlange und stellt das »Nichtsein« dar, die »Leere«, die für die alten Ägypter ein ebenso wirklicher Zustand war wie das Dasein. Die tägliche und nächtliche Schlacht zwischen Ra und Apophis steht für den ständigen und ewigen Kampf zwischen Sein und Nichtsein. Bisher ist Apophis immer geschlagen, aber niemals zerstört worden. Es besteht immer die Möglichkeit, daß Ra eines Tages unterliegt. Das bedeutet, daß unser Dasein nur auf der ständigen Tätigkeit unserer Schutzgottheiten gegen Apophis beruht.

Djahuti (oder Thoth)

»Der silberne Aton«, der aus der Dunkelheit auftauchende Mond, der erleuchtendes Wissen und Weisheit bringt. Der Herr der Zeit und Buchführer der Jahre. Der Erfinder der Schrift und Schutzgott der Schreiber. Hüter des »Lebenshauses«, in dem alle Weisheitsschriften aufbewahrt wurden. Er trägt eine Krone mit einer Mondsichel, die eine Vollmondscheibe trägt. Er wird in zwei Gestalten dargestellt: als Mensch mit einem Ibiskopf oder als Pavian. Der Ibis ist schwarz-weiß und hat einen sichelförmigen Schnabel. Der Pavian wurde von einem bereits existierenden Gott in Khemnu (Hermopolis) übernommen. Die Griechen identifizierten ihn mit ihrem Gott Hermes, dessen Name »Hermes Trismegistos« von einer Inschrift in Esna stammt: Djahuti, der Große, der Große, der Große.

Hathor

Ihr Name bedeutet »Haus des Horus«, und ihr Hauptaspekt ist der der lebenspendenden und nährenden Mutter. Manchmal sind Isis und sie als Mutter des Horus austauschbar, obwohl sie auch als die Frau des Horus betrachtet wird. Ihr Kulttier ist die Kuh. Pharaonen werden in Reliefs und Malereien oft dargestellt, wie sie aus dem Euter der Himmelskuh Hathor körperliche Nahrung und mystische Weisheit trinken. Ihr heiliges Instrument ist das Sistrum oder die Rassel, und in ihrem Kult sind Musik und Tanz sehr wichtig. Sie wurde von den Griechen mit der Göttin der Schönheit und der Liebe, Aphrodite, gleichgesetzt. Ein Kind von Hathor und Horus ist Ihi, der die Freude an der Musik verkörpert. In Dendera ist noch ein gut erhaltener Tempel von ihr zu sehen.

Horus

Der Himmelsgott wird als Falke mit den allsichtigen Augen Sonne und Mond gezeigt. Der Pharao ist Horus auf der Erde. Das »Horusauge« ist eine sehr vielschichtige Vorstellung, die unter anderem auf der Geschichte beruht, daß Horus seinem Vater eines seiner Augen angeboten habe, um ihm neues Leben zu geben. Er hat viele Gestalten, von denen eine Ra-Harachte ist, der einen Aspekt der Sonne bildet. Manchmal wird er als Bruder von Seth angesehen, manchmal auch als sein Neffe. In beiden Fällen bilden sie entgegengesetzte, aber sich ergänzende Seiten eines Ganzen – Gut und Böse, Licht und Dunkelheit. Er ist der ägyptische Gott, der sich am ehesten mit Christus vergleichen läßt. Als Sohn von Isis und Osiris vervollständigt er eine heilige Dreifaltigkeit, und als Mann der Hathor und Vater ihres Sohnes Ihi eine weitere. Sein Tempel in seinem Kultzentrum Edfu ist einer der am besten erhaltenen ägyptischen Tempel, der noch immer steht. Das heute sichtbare Gebäude wurde aber lange nach der Zeit von Hatschepsut errichtet.

Maat

ist eine Göttin, die eine Straußenfeder an einem einfachen Band um ihrem Kopf trägt. Sie personifiziert die Ordnung des Universums, die harmonisch nach dem Willen der göttlichen Schöpferkraft arbeitet. Oft trägt der Pharao ein Bild von ihr, um anzuzeigen, daß er mit der Maat herrscht, das heißt, in Einklang mit den göttlichen und natürlichen Gesetzen des Universums. Gegen ihre Feder wird das Herz der Verstorbenen in der Anderswelt gewogen.

Mut

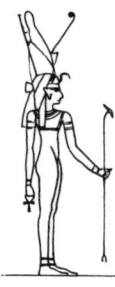

Hauptfrau Amuns in Theben. Zusammen mit ihrem Sohn Khonsu sind sie und Amun eine der wichtigen Trinitäten der ägyptischen Mythologie. Sie trägt einen Geierkopfschmuck, und ihre Namenshieroglyphe ist ein Geier, aber sie kann auch als Löwin oder katzenköpfige Göttin erscheinen wie Sekhmet im Norden. Ihr Name bedeutet »Mutter«. Der Tempel von Luxor war hauptsächlich ihr geweiht.

Osiris

König der Lebenden in der Unterwelt (den Ägyptern als die »Duat« bekannt). Sein Fleisch wird häufig grün dargestellt, da er der Gott des Wachstum und der Wiedergeburt ist. Seine Bilder wurden bei Beerdigungen oft niedergelegt, mit Nilschlamm gefüllt und mit Gerste bepflanzt. Solche Osiris-förmigen Platten mit verwurzelter und einst gewachsener Gerste wurden in Gräbern gefunden. Ra und er gelten als »Zwillingsseelen«, der eine herrscht »über« der Erde, der andere »unter« der Erde. Es heißt, er sei einst ein auf der Erde herrschender König gewesen, der von seinem eifersüchtigen Bruder Seth vernichtet wurde. Seine zauberkundige Schwester Isis konnte ihn aber gerade lange genug wieder zum Leben erwecken, um ihr Kind, Horus, zu empfangen. Isis, Osiris und Horus bilden eine göttliche Trinität.

Ptah

Eine der wichtigsten Schöpfergottheiten der alten Ägypter. Es gibt einen Bericht, wie Ptah sich selbst erschafft, über den Kosmos nachdenkt und ihn dann ins Dasein ausspricht. Er wird oft als Schöpfer-Handwerker gezeigt und spielt eine wesentliche Rolle bei der Zeremonie der »Mundöffnung« bei den Beerdigungen. Diese Zeremonie bereitet die Mumie oder Statue darauf vor, den lebendigen Ka des oder der Verstorbenen zu beherbergen, indem ihr Mund mit einem Instrument aus Meteoreisen berührt wird. Ptahs Kultzentrum befand sich in Memphis (Men-nefer). Sein gewaltiger Tempel wird zur Zeit gerade ausgegraben, wobei die meisten der großen Blöcke fehlen, denn sie wurden in den vergangenen Jahrhunderten weggetragen, um damit Kairo zu erbauen.

Ra

George Hart sagt über ihn: »Er ist der Schöpfer-Sonnengott von Heliopolis. Ra ist die Quintessenz aller Manifestationen des Sonnengottes, der die drei Bereiche des Himmels, der Erde und der Unterwelt durchdringt. Deshalb gewinnen viele Gottheiten an Göttlichkeit, indem sie mit einem Aspekt des Sonnengottes verschmelzen« – zum Beispiel Amun-Ra. In den Mythen erscheint der Sonnengott aus den Urwassern auf dem ersten Berg und bricht als eine Trinität der Kraft – Kheper (Morgendämmerung), Ra (Mittag) und Atum (Sonnenuntergang) – aus dem kosmischen Ei, welches er/sie irgendwie gelegt hat, in vielfältiges Leben hervor. Es gibt viele Schöpfungsmythen in Ägypten, die alle nicht logisch sind, aber eine tiefe mystische Würde und Kraft haben.

Sekhmet

Gefährtin des Ptah, Löwengöttin von Memphis, »groß in der Magie«. Sie wird mit Zerstörung assoziiert, oft aber in dem Sinne, daß für weitere Schöpfung Raum geschaffen wird, weniger um der Zerstörung selbst willen. Sie war als Heilerin der Pest ebenso bekannt wie als ihre Ursache.

Seschat

Die »Erste in der Bibliothek« wird gewöhnlich mit ihrem männlichen Gegenstück Djahuti verbunden, da sie sich beide mit dem Aufzeichnen und Vermessen beschäftigen. Sie wird mit einem siebenzackigen Stern über ihrem Kopf dargestellt.

Seth

George Hart beschreibt ihn als »Gott der chaotischen Kräfte, der sowohl Verehrung als auch Feindschaft auf sich zieht«. In der Mythologie wird er als der Mörder seines Bruders Osiris gezeigt und als Gegenspieler des Horus. Doch in der Sonnenbarke verteidigt er Ra gegen die noch größere Bedrohung durch die Apophisschlange, den größten Feind allen Daseins. Er ist die gewalttätige und zerstörerische Kraft auf der Erde, bedroht aber nicht das Dasein selbst wie Apophis. Manchmal kann Seths Kraft bezwungen und gelenkt werden. Traditionell wird er mit dem »Bösen« verbunden und Horus mit dem »Guten«. Aber, wie wir alle wissen, ist nichts so einfach. Er steht in Verbindung mit den Bereichen der roten Wüste und mit den Sandstürmen und im Gegensatz zum schwarzen, fruchtbaren Land am Fluß.

Abb. 6: Echnaton und Nofretete bringen dem Aton Opfergaben.

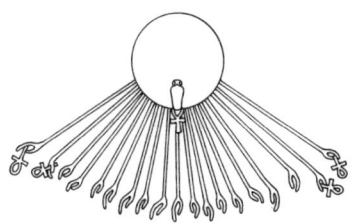

Anmerkungen

Seite

9   Prof. John Harris, »Nefernefruaten«, Göttinger Miszellen, Deutschland 1978

»Nofretete Rediviva«, Acta Orientalia, Kopenhagen 1973

Julia Samson, »Amarna, City of Akhenaten and Nefertiti« Aris and Phillips, 1978

»Nefertiti and Cleopatra«, The Rubicon Press, 1973

12   Nut ist die Himmelsgöttin.

Der Stern, den die alten Ägypter Sopdt und die Griechen Sothis nannten, ist Sirius.

21   »Du, der Du nicht in Stein gemeißelt werden kannst...« aus Wallis Budge, The Gods of the Egyptians (Methuen).

»Ehre sei Dir...« aus »Hymn to Osiris«, The Gods of the Egyptians.

29   »Oh, Osiris...« Pyramidentext Nr. 2063, zitiert aus Lucy Lamy »Egyptian Mysteries« (Thames and Hudson, 1981) S. 3.

32   »Heil Dir, der Du ...« R. O. Faulkner, The Ancient Egyptian Book of the Dead, Spruch 15, (British Museum Publications, 1985). Das sogenannte »Ägyptische Totenbuch« hieß bei den alten Ägyptern »Das Buch vom Heraustreten am Tage«.

39   »Oh, Du Wesen...« Book of the Dead, Kap. CXXV, zitiert in Alan Shorter, The Egyptian Gods (Routledge and Kegan Paul, 1979) S. 5

»Oh, mein Herz meiner Mutter...« Book of the Dead, Kap. XXXV

40   Die Heiligen Neun, die Neunheit von Heliopolis (Yunu) umfaßt den ursprünglichen Sonnengott (Ra-Kheper-Atum) und seine unmittelbaren Abkömmlinge. Shu (Luft) und Tefnut (Wasser), Geb (Erde) und Nut (Himmel), Osiris und seine Schwester-Gemahlin Isis, Set
und seine Schwester-Gemahlin Nephtis.

52   »Ich bin gekommen, damit Du die Fürsten…« von der Sieges-
stele von Thutmosis III, die sich nun im Kairoer Museum befindet.
Aus Alan Shorter, The Egyptian Gods.

55   »Er ist nicht die Sonne von diesem oder jenem Augenblick…«
aus Charles H. S. Davis, The Egyptian Book of the Dead.

59   Das Jubiläum oder »Sed« Fest wird abgehalten, um zu beweisen, daß der König noch im Vollbesitz seiner Macht ist.

68   Zitate von der Gründungsstele voîn Achetaton. Entnommen
aus Julia Samson, City of Achenaton ansd Nefertiti, und von J.D.S.
Pendlebury Tel el Amarna (Lovat Dickinson and Thomson, 1935).

68   »Mögest Du wachen in Frieden…« aus dem Gebet an den
Sonnengott, Pyramiden Text, Ausspruch 573. Zitiert nach Jill Kamil,
The Ancient Egyptians: How they lived and worked (David and Char-
les, 1976), S. 46

69   »Denn Du bist Er…« Übernommen und bearbeitet aus E. Na-
villes Übersetzung des Ägyptischen Totenbuches, Kap. CLXIV.

108   Therapeutisches Träumen. Rosalie David, Ancient Egyptian
Religious Beliefs and Practices, S. 142

129   »Schön ist dein Erscheinen …«
»Du bist in meinem Herzen…« Rosalie David, Hymne an Aton, An-
cient Egyptian Religious Belief and Practices (Routledge and Kegan
Paul).

146f   »Ich bin Djehuti…« Übernommen und bearbeitet von E. Na-
villes Übersetzung des Ägyptischen Totenbuches, Kap. CLXXXII.

Weitere Titel von Moyra Caldecott in unserem Programm:

Tochter das Amun

Das Alte Ägypten vor 3.500 Jahren – ein Land, regiert von einer allmächtigen Königin: Hatschepsut. Sie ist ehrgeizig, rastlos und klug. Eine Frau, die Amun als den obersten Gott der Ägypter einsetzt, die Amun-Priester mit unermeßlichen Reichtümern überschüttet und ihnen unerhörte Macht gibt.

Doch wie sicher kann Hatschepsut ihre Macht behaupten gegen den Mann, dessen Thron sie an sich gerissen hat? Und würde die Fehde zwischen der zu neuer Macht gekommenen Priesterschaft des Gottes Amun und der alten Priesterschaft des Gottes Ra alles zerstören, was sie aufbauen wollte?

Dies ist die Geschichte einer großen Pharaonin, einer faszinierenden Frau und einer ergriffenen Mystikerin. Einer Frau, die hin- und hergerissen ist zwischen dem Auftrag ihres Gottes und ihren persönlichen Wünschen, zwischen ihrer Liebe und ihrem Streben nach Macht.

Tochter des Ra

Dies ist die Fortsetzung von »Sohn der Sonne« und schildert das kurze Leben Tut-ench-Atons, der bald in Tut-ench-Amun umbenannt wird, und das Leben seiner Frau Anchesenpaton. Sie versuchen gemeinsam, sich von der Bevormundung durch den General Haremhab zu befreien. Doch der ist skrupellos, und noch jung stirbt Tut-ench-Amun eines ungeklärten Todes. In ihrer Verzweiflung unternimmt Anchesenpaton einen tollkühnen Versuch, ein für alle Mal ihren Widersacher loszuwerden...

Erscheint 1997

Die Hohen Steine

Maal, der alte Priester der Hohen Steine, hat nicht mehr lange zu leben. Da tritt sein Nachfolger Wardyke auf den Plan. Aber der nutzt seine Stellung und seine Macht für eigennützige Zwecke und beseitigt Maal. Das junge Mädchen Kyra ist die einzige, die gemeinsam mit ihrem Bruder und dessen Freundin ihrem Dorf helfen kann, die Macht von Wardyke zu brechen. Dies gelingt ihnen durch ihre innere Stärke, nicht durch äußere Macht.

Dieser in der Bronzezeit spielende Roman zeigt das Bild einer hohen geistigen Kultur. Er schildert glaubhaft die übersinnlichen Fähigkeiten und geheimes Wissen, vermittelt zugleich zeitlose Wahrheiten; ein Roman, der seine Leser aufs tiefste anrührt und herausfordert.

Der Tempel der Sonne

In diesem zweiten Band, in dem die Geschichte von Kyra, Karne und Fern ihre Fortsetzung findet, machen sich die drei auf die Reise zum Tempel der Sonne.

Dort soll Kyra zur Priesterin ausgebildet werden, dort soll sie den Herrn Khu-ren wiedersehen...

...aber hier trifft sie auch wieder auf Wardyke, der seine Kräfte wiedergefunden hat. Selbst der Tempel der Sonne wird von seinen bösen Machenschaften erschüttert.

Zug um Zug schälen sich immer tiefere Bedeutungen und Zusammenhänge heraus.

Schatten auf den Steinen

Kyra ist nun, wie Khu-ren, eine geweihte und anerkannte Priesterin im Tempel der Sonne, und unter ihrer weisen Führung hat die Kultur der Heiligen Steine wieder ihre feste Verwurzelung in geistiger Kraft, psychischer Energie und im Frieden unter den Menschen gefunden.

Aber es fällt ein Schatten auf die Steine – der wachsende Einfluß des neuen und schrecklichen Gottes Groth, dem Gott des Chaos und der Barbarei.

Nur die Priester der Sonne haben die Macht, seiner zerstörerischen Kraft zu widerstehen... doch als sie sich anschicken, die alte Lebensweise zu beschützen, wird ihre Anstrengung unterminiert:

Deva, die Tochter von Kyra und Khu-ren, hat sich von ihren Eltern abgewandt... und ist dem Bann des neuen Gottes erlegen...

Der Silberne Strudel

Kyras Tochter Deva gerät in den Bann der bösen Zauberin Urak, die sie lehrt, durch Gedankenkraft Dinge zu schaffen. Mit dieser verführerischen Gabe bringt Deva den Tempel der Sonne in höchste Gefahr. Wird sie sich rechtzeitig besinnen? – Band 4 des vorgeschichtlichen Romanzyklus um Magie, Mysterien und mediale Kraft.

Die grüne Göttin

Der im Kloster von Glastonbury aufwachsende Waisenjüngling Lukas gerät plötzlich in seine frühere Existenz als keltischer Held der Sagen.

Und diese Vergangenheit lebt fort. Sein Widersacher aus damaliger Zeit ist auch in seinem jetzigen Leben.

Vom ersten Augenblick gefesselt, erleben wir, wie Lukas den Kampf von damals zuende führen muß.

Es geht um magische Kräfte, um die Unterjochung der Natur und ihre Befreiung, um Liebe und um unsere alte Mutter Erde.

Dieser esoterische Roman macht die Urkräfte und ihre Antriebe deutlich. Ein Roman, der auf zwei Ebenen – in grauer Vorzeit und im 10.Jahrhundert – unsere heutige Zeit und ihre Schicksale spiegelt.

Das Auge von Callanish

Die vielen Wasser der Marschlande spiegeln den blauen Himmel wider, als Neil nach Kirkoway reitet, um eine weiße Stute zu kaufen.

In Kirkoway entdeckt Neil, daß ein Geheimnis dieses außergewöhnliche Pferd umgibt, denn eigentlich gehört es Mairi. Sie ist die Tochter des Mannes, der es verkaufen will.

Auf eigentümliche Weise scheinen das Pferd und Mairi mit den Steinen zu tun zu haben, die das Volk als »teuflisch« ansieht. Ist Mairi eine Hexe? Und stammt das Pferd aus einer anderen Welt?

Erst als Neil in das »Auge von Callanish« blickt, enthüllt sich ihm das Geheimnis...

Dieser mitreißende Roman spielt um das Jahr 1.000 n.Chr. auf den Äußeren Hebriden, wo ein imposanter Kreis magischer Steine steht: Callanish. Noch heute meiden die Bewohner der Gegend diesen von ihnen als unheilvoll angesehenen Ort.

Frauen in keltischen Mythen

Moyra Caldecott macht in allen Einzelheiten die faszinierende und mächtige Zauberkraft der starken und lebensfrohen Frauen der keltischen Mythen lebendig. Sie erzählt die Überlieferung von Rhiannon, Aianrod, Grania und vielen anderen neu und beleuchtet in ihren Kommentaren den kultischen, magischen und psychologischen Hintergrund.

Erscheint Herbst 1996

Stier und Lilie

Auf der wunderschönen Insel Kreta, in der Zeit der alten Minoer, verirrt sich Ierii, ein junges Mädchen, im Labyrinth kosmischer Mysterien. Herausfinden kann sie erst, als sie Tod und Verwandlung begegnet. Und nur die Liebe zwischen ihr und Thyloss – dem prächtigen Akrobaten, der so leichtfüßig über die Stiere hinwegspringt – und ihr Glaube an die Herrin der Lilien kann ihre Welt vor der völligen Zerstörung bewahren...

Erscheint Herbst 1996

Kristall-Legenden

Kristalle und Edelsteine faszinieren den Menschen seit der Jungstein-
zeit: Sie dauern fort, wenn die Knochen jener, die sie schmückten, zu
Staub zerfallen sind. Das Wissen um die Kristalle hinterließ so tiefe
Spuren, daß die alten Völker Kristalle und Edelsteine als dynamische
und machtvolle Symbole in ihre Sagen und Mythen aufnahmen.

Heute erlebt die Wertschätzung der Kristalle beim Heilen, bei der
Meditation und beim Weissagen eine Wiedergeburt. In ihren »Kristall-
Legenden« betrachtet Moyra Caldecott Kristalle aus einem neuen
Blickwinkel. Indem sie Mythen aus aller Welt nacherzählt, zeigt sie
uns, welche Bedeutung Kristalle und kostbare Steine als Symbole in
den verschiedenen Überlieferungen haben. In tiefgründigen
Kommentaren deutet sie ihren verborgenen Sinn. Sie schöpft aus
buddhistischen und biblischen Texten, europäischen und ägyptischen
Erzählungen, Arthur- und Atlantissagen. Diese fesselnde Auswahl
spricht alle an, die sich für die Kraft der Kristalle und für die ewige
Reise der Seelen zum Licht interessieren.

Diese Bücher erschienen bei NEUE ERDE